优势城市

城镇化浪潮中的突围

Advantaged City

The Breakout of the Urbanization Tide

吴健　丁玉芳　曹伟 ◎ 编著

机械工业出版社
CHINA MACHINE PRESS

本书主要从我国新型城镇化的新内涵及我国如今部分城镇发展出现的问题出发，在迈克尔·波特的国家竞争优势理论（钻石模型）的基础上，提出了适宜于现阶段我国城市发展的模型与城市优势的概念。城市优势由三个基本要素和一个主体要素构成，其中，三个基本要素包括生产要素（重点关注城市资源）、相关产业（重点关注产业集群）、产业市场；一个主体要素是政府与国有成分，它们通过对三个基本要素产生作用而形成城市优势。之后，本书通过西安、南京和深圳三座城市的发展来阐述在以资源要素为依托、以产业集群发展为依托和以政策红利为推进器的城市中，其城市优势是如何发挥作用并提升城市竞争力的。最后，通过对我国城市进行全面的分析，提出适宜于我国城市发展的策略。

本书适合政府部门、城市投融资平台及城市发展理论研究学者参考使用。

图书在版编目（CIP）数据

优势城市：城镇化浪潮中的突围/吴健，丁玉芳，曹伟编著. —北京：机械工业出版社，2018.3

ISBN 978-7-111-58469-8

Ⅰ. ①优… Ⅱ. ①吴… ②丁… ③曹… Ⅲ. ①城市化－研究－中国
Ⅳ. ①F299.21

中国版本图书馆CIP数据核字（2017）第277556号

机械工业出版社（北京市百万庄大街22号　邮政编码100037）
策划编辑：时　颂　责任编辑：时　颂　刘　静
责任校对：王　欣　封面设计：张　静
责任印制：常天培
涿州市京南印刷厂印刷
2018年1月第1版第1次印刷
169mm×239mm · 14.75印张 · 242千字
标准书号：ISBN 978-7-111-58469-8
定价：59.00元

凡购本书，如有缺页、倒页、脱页，由本社发行部调换

电话服务	网络服务
服务咨询热线：010-88361066	机 工 官 网：www.cmpbook.com
读者购书热线：010-68326294	机 工 官 博：weibo.com/cmp1952
010-88379203	金 书 网：www.golden-book.com
封面无防伪标均为盗版	教育服务网：www.cmpedu.com

序言一

城市战略与城市发展是一个世界性的重大问题，不仅国人关注，而且世人关注。该书对城市问题做了深入的研究与思考，比如第一章从世界的角度对城市化的一般规律性问题做了分析，并对我国当前新型城镇化内涵做了深入的分析，如城市化的内涵、中国的新型城镇化内涵、城市化与新型城镇化之间的内在联系。对于这些问题，作者都从新的视角提出了自己的观点，给人以启发。第二章从城市化的转向发展的视野论述城市化与城市发展的关系，确实提出了一些新的见解与新的观点。第三章、第四章、第五章对城市发展的理论框架以案例为典型，作者做了系统的分析，同样提出了一些新的见解和新的观点。例如中国城市有传统的历史文化名城，这些文化名城一般都有厚重的文化沉淀，如西安、北京等城市；更有一些新型的城市，而这些新的城市更多是以新型的产业优势为特点的城市，如深圳等。作者对这些不同类型的城市同样做了深入的研究与思考，提出了独特的见解，让人看了感到深受启发，相关内容极具可读性。

近几年来，尤其是改革开放以来，我国城市化与新型城镇化进入快速发展时期，由此带来了众多的政府和社会关注的新问题，需要研究与思考。例如城市优势如何定位，每类城市的文化优势和产业优势如何定位，产业发展与环境问题如何处理，环境与人口聚集带来的一些新的问题如何处理，还有城市人口密集与农村空壳化的问题等。对于这些新问题，作者同样做了一些研究与思考，提出了一些新见解和新的观点，同样让读者得到启发。

我注意到城市的快速发展引起了人们的关注和重视，但是关于城市问题的研究与思考的哲学，我并没有看到更新的研究成果。看到这部研究城市问题的著作我很兴奋，所以我高度评价该书，希望该书能得到更多读者的关注和重视。

四川省社会科学院研究员　第九届全国政协委员　刘茂才

2017 年 6 月于成都

序言二

每个城市都有自己的优势，或大或小，或先或后，或长或短。几乎所有的优势都是相对的：相对于过去与现在；相对于同类型的城市与不同类型的城市；相对于国内与国外；相对于发达地区与欠发达地区。因此，城市的优势一定是有前提的，是在某些方面、某种条件下，以某种类型或者方式的存在以及这种存在的发展趋势。古代中原以及内陆的某些城市因建都立城而具有其他城市不可比拟的经济文化中心的优势，中世纪沿海的部分城市因通商口岸而形成了商业贸易的优势；计划经济时代，东北地区的城市因国有经济比重大、矿产资源丰富而具有工业发达、城镇化水平高的优势；改革开放之初，东部沿海地区一批思想解放、敢作敢为的城市获得了先行先试、先富起来的优势；进入 21 世纪，转型升级及时的城市重新获得了持续增长的优势。对城市而言，优势不仅是相对的，而且是可变的，今天的优势明天可能出现颓势甚至变成劣势，同样，今天的劣势，明天可能转换成突出的优势，一切在于如何去利用与发现城市自己业已存在的或者可以去发展的优势。

为什么要关注城市的优势？在全球化的时代，我国城市面临着前所未有的高度竞争环境：既要实现新型的城镇化与工业化，同时又要转换发展路径与模式，实现城镇化与工业化的升级转型；既要利用全球化的“红利”进一步开发开放，又要规避并且破解地方保护主义的种种壁垒；既要善于发挥自身的优势，又要在优势中持续保持与扩大自己的优势。正如书中描述的那样，从城市的优势转变为“优势城市”。“优势城市”的提出正是对城市优势相对性、可比性、可变性的一种良好期许，一种将相对性变成绝对性的希望。因为谁都明白，当一个城市具有绝对优势时，这个城市就可能掌控一个地区、一个国家，甚至一个时代。

如何成为优势城市？优势城市在不同的发展阶段有不同的标准，

尽管这个标准也是相对的，但当局部的优势变成全面的优势、暂时的优势变成长期的优势、资源的优势变成可持续发展的优势、产业的优势变成城市与区域的优势、物质的优势变成文化与精神的优势时，就可能成为某种类型的优势城市。我国的城市都有自己独特的优势，无论是资源型、工业型、商贸型等传统型城市，还是科技型、生态型、宜居型等新型城市，都有可能成为一定地域空间范围内的优势城市。优势城市不仅会获得更多的发展机遇与挑战，而且会产生克服困难的更多能量与更强自信。培育与打造优势城市既是城市政府的职责与担当，也是城市人民共同的诉求与愿望。这是当下中国快速城市化以及后工业化进程中全社会共同关注的热点。

培育优势城市需要积累，形成优势城市需要战略，保持优势城市需要创新，这正是该书观察与研究的重要贡献。作为国内少有的介绍优势城市的优秀著作，书中不仅有丰富的实践素材作支撑，而且能上升到一定的理论高度进行研究总结。尽管书中还存在一些不尽如人意的地方，但不影响我们从中获得有益的启示与感悟，尤其是对于政府的管理与决策者们以及关注城镇化与城市发展、城市竞争、城市经营等的读者们。

南京大学教授　中国城市规划学会理事　朱喜钢

2017 年 4 月 25 日于南京大学鼓楼校区

前 言

2012 年，南京卓远资产管理有限公司出版了第一本书籍《通往持续增长之路》，全面阐述了地方政府投融资平台公司（简称“平台公司”）的发展理论与实践。接下来的几年时间，平台公司面临的环境发生了巨大的变化，政策、经济、金融、产业等因素全面重塑了平台公司的发展格局：2014 年，《国家新型城镇化规划（2014—2020 年）》发布，为城市发展带来了战略机遇，平台公司长期来看仍然具有发展的意义和空间；然而，以《国务院关于加强地方政府性债务管理的意见》（国发〔2014〕43 号）、新《预算法》和《财政部等关于进一步规范地方政府举债融资行为的通知》（财预〔2017〕50 号）为代表的各种融资政策对地方政府的融资进行了更严格的规范；同时，PPP 模式被广泛采用，国企改革进入深水期……在多类政策叠加下，平台公司逐步陷入与政府必须分开、但又不得不以另一种方式紧密结合的两难困境，野蛮生长已经不可持续，转型成为平台公司的必然选择和唯一出路。

我们发现，孤立地探讨平台公司已经不合时宜、有失偏颇，甚至成为无源之水、无本之木。我们唯有将其置身于新型城镇化这个大的背景条件下，通过研究城市发展并重新明确平台公司在城市中的使命和定位，才能实现城市和平台公司的共赢。于是，我们陷入了这样的思考：

我国的新型城镇化与世界城市化有何区别和联系？新型城镇化的内涵是什么？它究竟如何影响我国城市的发展？

城市究竟应该如何发展？学术界有没有适合我国城市发展的理论？我国的城市应该如何抓住机遇和挑战并存的城镇化转型期？

平台公司的发展如何与城市的发展更加紧密地结合在一起，在城市发展中找到新的定位，并从城市发展中汲取市场化的发展能量？

这一系列问题不仅困扰着地方政府及其平台公司决策者、经营者和从业者，也时刻在考验着我们的智慧。如何解决这些问题，便成为本书的意义和内容所在。基于此，本书做如下布局：

第一章“全球城市化与中国新型城镇化”，从世界的角度看待城市化的一般规律，并对我国当前新型城镇化的内涵做出阐述，找出现今我国城镇化过程中存在的矛盾及问题，并引出新型城镇化与城市发展的关系。本章旨在解决第一个问题：城市化是什么？中国的新型城镇化又是什么？

第二章“从城市战略到优势城市”，由新型城镇化转向城市发展，从鄂尔多斯和温州的城市发展案例出发，分析城市化与城市发展的关系，引用迈克尔·波特的钻石模型，建立中国城市发展的钻石模型，并采用“城市化→城市战略→城市优势→优势城市”的城市发展逻辑线，指出城市战略的主题是产业，本质是城市竞争与协同，核心是城市优势，关键是发挥主体作用，目标是成为优势城市。本章旨在解决第二个问题：在世界的城市化和中国的新型城镇化大背景下，中国的城市应该如何发展？应遵循何种战略？

第三章、第四章、第五章分别由三大案例出发，从某一城市某一产业的视角，论述城市发展模型中主体（地方政府与以平台公司为核心的国有成分）如何与其他三个要素共同发挥作用，提升城市优势，并从“竞争”走向“协同”，将单一城市竞争转变为城市群竞合，通过协同优势的打造来进一步构建优势城市。这三章旨在解决第三个问题：如何构建优势城市？地方政府与国有成分在构建优势城市过程中又将如何发挥作用？

第六章“变迁的优势城市与永恒的‘铁三角’”，对前五章进行了总结，从更高、更广、更具历史性的视角阐述了优势城市的塑造与重构，强调了优势城市模型的实践性和发展性，并提出创新在构造优势城市过程中的重要作用。

综上所述，本书以新型城镇化为起点、以城市发展为落脚点，兼顾平台公司在新型城镇化和城市发展过程中的新使命、新价值和新作用。读者不仅可以从中发现全球化的城镇化思维、找到本地化的城市发展路径，还可以获取实效化的平台公司转型策略。

囿于能力和时间因素，本书内容难免存在疏忽与不当之处，恳请读者不吝赐教。本书所选择的一些城市及国有成分案例，都是基于当时公开的资料和数据，是为了更加客观而真实地佐证和阐述本书观点，并不存在任何带有色彩的评判和褒贬之义。诚如本书所言，优势城市并非一成不变，过去的优势可能成为今天的劣势，反之亦然。最后，真诚感谢李根先生、闵赟伟先生、褚昭华女士、唐蜜女士、李学乐女士、吕林杰女士和陈光女士等人在成书过程中付出的努力，书中大量案例来源于他们日常工作的积累与总结，使本书更具针对性和实务性。

目　录

第一章
全球城市化与中国新型城镇化
——城市化既是中国的，也是世界的

本章导读：在第一章中，我们主要从世界和中国两个视角阐述两个基本问题：城市化是什么？中国的新型城镇化又是什么？城市化的迅速发展为整个世界的发展带来了更为丰富多元的物质与精神享受，也快速推进了世界各国城市在经济、人口、社会等方面的发展，其作用有积极也有消极的一面。党的十八大提出的新型城镇化又将我国城市发展提升到了新高度。

第一节　地球就是一座城市

自公元前 5400 年苏美尔人在美索不达米亚平原建成世界上第一座城市埃利都起，城市便成为集结人口、经济、文化与政治的中心，全球城市化也从此开启了快速发展模式。1950 年世界城市化水平仅为 29%，而 2015 年年末，世界城市化水平已经达到了 54%，世界上居住在城市中的人口已超过了居住在乡村的人口。

全世界 54% 的人口在城市集聚、工作与生活，这群人将如何改变并主宰世界的发展？城市爆炸性扩张又将如何影响世界？我们似乎无法完美解答这一系列的问题，然而不可否认的是，现今城市正改变着一切——世界的生态、全球的经济、各国的政治话语和社会关系等，而结果的好坏都取决于城市的生长模式。

一、世界越来越小

自 19 世纪以来，世界经历着快速变革的过程。19 世纪初，全世界人口仅 10 亿人[1]；自 20 世纪开始，世界人口开始爆发式增长；截至 2015 年年中，全球人口总量已达 73 亿人[2]。在全球人口流动的过程中，大量人群不断向城市集中，据联合国有关组织的预测，到 2025 年，全球将有 67% 的人口（约 53.7 亿人）居住在城市中，从这个角度来说，世界正逐步变成人口流动构成的大都市群。

在全球一体化的背景下，日益便捷的物质交流与信息交流正不断加深全球各地经济、文化发展的趋同性，让世界变得更像一座“城市”。首先，国家和地区在政治、经济方面的交流日益增多。以欧洲联盟为例，20 世纪 70 年代的“欧洲政治合作机制”正式开启了欧洲的政治合作；80—90 年代，欧共体各国签署《单一欧洲法令》与《马斯特里赫特条约》，建立起共同外交和安全政策[3]；1999 年，欧元正式发行，欧盟就此加速了一体化进程；21 世纪以来，《欧盟宪法条约》《里斯本条约》等文件的签署强化了欧盟的管理并提高了行政效率。由此，整个欧洲联盟成为一个联系密切的整体，仿佛整个欧洲成为一座“城市”。毋庸置疑，这样的政治经济联盟与一体化极大地缩短了联盟国家之间的“距离”。

其次，国家和地区的经济发展趋同性也日益明显。经济全球化的特征日益显著：跨国公司在全球经济中的主导地位日益突出，管理－研发－生产的空间配置已突破了地区和国家的界限；各国的经济体系越来越开放，国际贸易占各国生产总值的比重逐渐上升；信息、科技、资金和人力等发展资源的跨国流动规模不断扩大；信息、通信和交通的技术革命为经济全球化提供了强有力的技术支撑；全球化进程中的空间经济结构重组导致了城市和区域体系的演化[4]。2003 年全球三大金融市场的趋同度仅为 10%，2013 年达到 70%~80%；亚洲新兴国家和拉美国家的经济趋同度在 2003—2013 年间由 40% 增加到了 80%。这意味着，全球经济市场将由以往的多元化渐渐过渡到一体化态势，大大减小了国家、地区之间的沟通和操控成本。

在政治经济趋同的前提下，世界各经济体之间互联互通的物理联系也在加强。作为经济、安全、环保的交通模式，铁路得到了持续快速发展。一方面，各国政府日益重视国内高速铁路的建设，趁着高速铁路第三次浪潮，亚洲、美洲、大洋洲等地多国政府制定了全国性的整体修建规划。另一方面，跨境高速铁路的修建相继启动，欧洲高速铁路网密切了欧洲各国的物理联系，泛亚高铁、欧亚高铁等跨境高速铁路也在筹谋之中。地区往来时间的缩短大大减少了人们的空间距离感，再加上日益发达的海运和空运，世界各国和地区之间的空间距离正变得越来越小。

综上所述，政治和经济的趋同性缩短了人们的心理距离，日益发达的交通往来则减少了人们的空间距离感。以往我们觉得遥远和陌生的事物距离我们越来越近，甚至成为生活中必不可少的内容。这个世界对我们而言正变得越来越小，无论身在何方，我们越来越感觉自己仿佛生活在同一个城市中。

二、城市正在改变一切

作为人类文明的重要标志之一，城市为世界的发展奠定了物质基础与文化基础。在人类的第三次大分工之时，村庄在不断成长的过程中孕育出早期城市的胚胎，一些发展较好的村落逐渐演变为城市。当时，由于社会制度变革、商业经济发展和政治统治集中等多种因素的共同作用，城市成为非农经济与文化发展的载体。在封建社会时期，城市承载着宗教、政治、军事、文化等职能，是地区的社会功能中心。从此，人类陆续远离象征着原始与初级的村庄，在城市这样一个充满人工痕迹的环境中生活。

工业革命之前，城市的发展较为平稳。有关资料显示，13 世纪后期，全世界的城市大约容纳了420万人口，仅占当时世界人口的1.5%~2%。此时的城市规模较小，除巴黎、佛罗伦萨、威尼斯等大城市外，其余城市人口不超过2000人。14—17世纪，文艺复兴和宗教改革为世界文化和科学的发展奠定了良好的基础。17世纪以来，由于欧洲的海外殖民扩张，英国、西班牙、荷兰等国家的港口城市规模迅速扩张：1700年，伦敦人口已达50万人，里斯本和阿姆斯特丹等港口城市人口也达到了17.5万人[5]。这一时期城市对世界的改变逐渐显现。

工业革命时期，机器发明和工业化极大地提高了劳动生产率，城市开始吸纳大量的农村剩余劳动力，人口快速增长，城市迅速扩张。1800—1900年，世界城市化水平由3%激增到13.4%[6]，10万人以上的城市超过900个。从此，城市凭借先进的生产力、较好的医疗条件和生活条件，为世界持续创造财富，对世界发展做出了巨大的贡献。

如今，伴随着城市经济的快速增长，城市在全球经济体系中发挥着越来越重要的作用。在经济全球化的背景下，城市正如一个大熔炉，在集聚大量人口、提供经济交流以及融合多元文化的同时，将这些推动城市发展的要素协同起来，进一步激发城市的革新。联合国有关数据显示，2015年全球城市化水平已经超过54%，这意味着在全球范围内，城市已经成为承载大多数人工作、居住、生活的载体，对全球范围内的产业发展、经济提升及文化演化起着无比重要的作用。可以说，世界已经成为由物质财富丰富、科学技术迅速发展的城市组成的世界。

中国正面临着全球化发展带来的机遇，习近平总书记建设“丝绸之路经济带”和“21世纪海上丝绸之路”的倡议强调相关各国打造互利共赢的“利益共同体”和共同发展繁荣的“命运共同体”[7]，充分反映了世界的“城市化”趋势。与此同时，英国脱欧事件与美国特朗普上任事件却反映了以英美国家为首的发达国家正在掀起地方保护主义的热潮，资本主义国家一边高筑壁垒，限制以中国为首的发展中国家商品的出口，一边极力要求别国对其开放门户。在全球化的复杂背景下，我国如何发展民族经济、保护我国市场并维持健康可持续的发展成为我国城镇化发展的关键问题。

第二节 城市化的世界视角

本节分为三部分。

第一部分从理论研究入手，详细介绍了城市化的研究情况，并具体介绍诺瑟姆曲线、城市化速度的“倒U形”曲线（诺瑟姆推论）、集聚扩散规律、城市群协调发展规律、城市化发展动力规律等城市化的衍生理论，为世界城市化与中国城镇化的发展动力机制、发展模式与路径做了理论铺垫并提供了理论支撑。

第二部分主要介绍世界的城市化，包括城市化的背景、发展与主要模式，描述了全球范围内不同国家及地区的城市化实践，有助于了解当前世界城市化的基本发展模式及发展水平，并通过对实践经验的分析，总结出不同地区城市化发展方向的动力机制与影响作用。

第三部分主要介绍城市化对城市发展的影响。

一、城市化的理论基础

（一）城市化的定义与内涵

一般认为，城市化是指农村人口向城市转移，居住在城市的人口比例逐渐增加，以及由此引起一系列经济社会变化的过程。在我国，《城市规划基本术语标准》（GB / T50280—1998）中将城市化描述为“人类生产和生活方式由乡村型向城市型转化的历史过程，表现为乡村人口向城市人口转化以及城市不断发展和完善的过程”。可见农村人口向城市人口转化是城市化的核心。然而许多学者认为，随着国内外城市化不同阶段的发展，其内涵也在不断丰富与延伸，其中不仅包括人口规模、城镇规模、空间结构以及产业结构的调整，同时也包含了现代文明、城市生活方式以及精神意识层面的扩散与渗透过程。综合来讲，城市化发展的内涵涉及两方面：生产变革引起的人口城市化与城市的发展与完善。

人口城市化是城市化的主要特点，也是我们评判城市化水平的主要标准。人口城市化即农村人口随着生产方式的变化迁移到城市转变为城市人口，或农村地区转变为城市地区使农村人口转变为城市人口，由此使城市人口规模增大、比重提高的过程[8]。其中，农村人口迁移到城市转变为城市人口的人口城市化称为迁移城市化，农村地区转变为城市地区使农村人口转变为城市人口的人口城市化称为就地城市化[9]。一般情况下，迁移城市化是主流，当人口城市化发展到一定阶段后，城区扩建或设立新城会带来的就地城市化，这种现象在当今城镇化快速发展的情况中也越来越普遍。

城市的发展与完善是城市化的另一重内涵，包括土地城市化、公共服务城市化、生产方式城市化与生活方式城市化等内容。人口城市化是基础，土地、公共服务、生产与生活方式城市化等都是由此衍生而来的。例如，首先，人口城市化导致城市人口不断增加、城市规模日益扩大，进而引发了将农村用地转变为城市用地的“土地城市化”，然后使原本居住在其上的农村居民转变为城市居民，完成了“就地城市化”；其次，农村人口由于城市扩张和城市的吸引力而进入城市工作和生活，逐渐接受城市的生产和生活方式，完善自己生产和生活方式的城市化。

综上所述，人口城市化主要体现为农村生产要素和农村劳动力向城市集中的非农化过程，而城市的发展与完善主要强调的是城市功能的完善与强化，是实现、提高及优化经济效益、社会效益、文化效益和环境效益的过程。前者更多体现了城市规模的扩大，重心在“量”的提高与增加，而后者则更多体现了城市“质”的发展与提升。在我国新型城镇化背景下，城市质量的优化与提升被视为城镇化的重点，一系列针对城市质量提升的实践也掀起了一次又一次浪潮，快速推动城市化内涵的优化。

（二）城市化的研究历程

城市化被认为是现代化发展和现代经济增长的直接指标[10]。随着社会的不断进步，我们越来越多地将目光从“后工业化”“现代化”“数字化”等概念转移到实实在在承载我们生活的这个空间——城市，并将城市的发展与相关概念结合起来上升到了新的高度。城市化研究具有多学科性，自然会受历史上各种主流地理学、经济学、哲学、社会学等思潮的影响[10]；而且城市化研究旨在解决不同时期具体城市和区域发展的问题，属于“问题导向”性研究，因此其发展受到众多因素影响。这里我们将从城市发展的不同阶段出发，梳理城市化的研究历程。

1. 城市形成初期的城市化研究（产业革命之前）

城市首先诞生于美索不达米亚平原（公元前 10000—公元前 8000 年）。公元 1—2 世纪，古罗马帝国的兴盛使欧洲的城市空前繁荣。然而随着古罗马帝国崩溃，欧洲的城市生活停滞，德黑兰、巴士拉，北非及非洲南部等地区的城市生活则继续繁荣。10—11 世纪，欧洲城市复兴，城市发展在人类发展史上变得重要起来。12—13 世纪，商业资本主义的发展使整个欧洲出现了前所未有的城市大增长。14—18 世纪，文艺复兴运动、贸易扩张及侵略性的海外殖民奠定了今天欧洲大多数城市和城市体系的格局，也奠定了世界的城市及城市体系形成的基础[10]。

这一时期的城市化研究实质上关注城市起源的动力机制，发现影响城市起源的动力主要包括人口增长、防卫需要和宗教功能、贸易发展以及商业资本主义和殖民主义发展（具体功能见表 1-1）[10]。

表 1-1　城市起源的动力机制

动力	功能
人口增长	人口的增长及农业生产的出现促进了人类由原始社会部落群居生活逐渐向城市聚集生活转变
防卫需要和宗教功能	生产活动的增加和农业剩余产品的出现促使早期互惠社会结构被人类社会等级结构体系所代替，出现了城市等级再分配
贸易发展	许多城市中心最初是围绕市场区发展的，不少专家据此将城市的出现解释为贸易的功能
商业资本主义和殖民主义发展	城市随着欧洲大陆重商主义和资本主义的形成而发展。城市和经贸的进一步发展需要大量的资本和资源作支撑，于是殖民主义应运而生

2. “孕育”期的城市化研究（18 世纪中叶至 1859 年）

大多数学者认为，真正意义上的城市化是由 18 世纪的英国工业革命带来的。严格说来，这一时期城市化的概念和理论研究仍属空白，但是同期的其他社会研究中已经涉及了城市化发展的相关问题。例如，亚当·斯密的《国富论》开启了城市发展进程中地域分工理论的先河；杜能的《孤立国同农业和国民经济的关系》开辟了区域经济学及空间经济学中区位理论的思想；马克思和恩格斯的《共产党宣言》从城乡对立的角度，阐述了以资产阶级为代表的城市社会必将取代以乡村社会为代表的封建势力，这实质上就是城市化发展的动因及本质[10]。

3. 城市化诞生初期的理论研究（1859—1900 年）

历经近百年的积淀，“城市化”的概念终于成型。1859 年，马克思在《政治经济学批判》中指出“现代的历史是乡村城市化”。8 年后，西班牙工程师塞达在《城市化基本理论》一书中首次使用了“urbanization”（城市化、都市化）的概念[11]，标志着城市化理论研究的新开始。虽然尚未形成体系，但是当时已有不少论著专门研究城市化问题。社会学家霍华德的《明日的田园城市》被认为是近代城市规划思想的开山之作，广泛涉及了城市地理、经济、规划、建设、生态、管理等问题，并影响了后世相关学科的发展。阿德纳·斐伦·韦伯也在《十九世纪城市的发展》一文中强调城市化是 19 世纪最显著、最普遍的特点之一。

4. 全球化背景下的城市化研究阶段（1900 年至今）

随着全球化与信息化的深入，劳动力、资本、技术等生产要素的全球化流动和全球范围内劳动地域分工及产业结构的重组，生产的国际化与城市空间组织的巨型化、制度化对城市化的进程产生了巨大的影响（具体研究发现见表 1-2）。

这一阶段的研究强调制度要素，西方学者认为，制度是塑造不同经济地域发展轨迹的重要中介及产物[12]，因此其研究有助于解释经济地域发展（包括城市化）中存在空间差异的机理，同时也有助于理解制度变迁对城市化发展的作用（机会或限制）。

表 1-2　20 世纪至今城市化研究发现

序号	研究发现
1	世界城市化进程与产业结构升级以及经济全球化与区域一体化趋势相联系
2	跨国公司在全球经济中的作用越来越突出，管理 / 控制、研究 / 开发、生产 / 装配三个基本层面的空间配置已突破地域影响
3	全球化加剧了世界城市体系（层级）的塑造，形成了全球性城市（纽约、东京、伦敦等）、国际性城市（上海等）、区域性城市（沈阳、大连等）等新的城市等级功能体系
4	技术、信息、资金和人力等发展要素和条件的跨国流动及跨区域流动规模不断扩大
5	起源于“新区域地理学”的城市化制度因素研究强调社会过程及社会结构对区域经济发展过程（包括城市化）所起的作用

从上述研究历程可以发现，城市化的研究滞后于城市化本身。虽然人们普遍认同现代城市化始于工业革命，但是“城市化”的概念直到 19 世纪才被提出。城市化的研究也是一个动态的过程，随着全球化不断加深、城市化不断发展而不断演变，从关注城市化现象本身发展到如今关注全球化与城市化的关系等问题。

（三）城市化的发展规律研究

1. 城市化进程的规律——诺瑟姆曲线

美国学者诺瑟姆提出的诺瑟姆曲线（又称纳瑟姆曲线、城市化 S 形曲线）揭示了城市化发展水平同发展阶段的对应关系，是城市研究最为重要的理论成果之一。诺瑟姆将一个国家或地区的城市人口占总人口比重的变化过程描述为一条稍被横向拉伸的 S 形曲线[13]，城市化水平表征不同的城市化发展的三个阶段（详见图 1-1）：城市化率不足 25% 为初级阶段，此时农业占国民经济绝大比重且人口分散分布，城市人口比重很小，城市化发展水平较慢；城市人口从 25% 增长到 50% 乃至 70% 为加速阶段，该阶段经济社会活动高度集中，第二、三产业增速超过农业且占国内生产总值（GDP）比重越来越高，制造业、贸易和服务业的劳动力数量持续快速增长[14]；城市人口比重超过 70% 为成熟阶段，此时仍有少量农业人口从事农业和非农业生产来满足城市居民的需求，城市化水平达到 80% 后增长就变得很缓慢[15]。

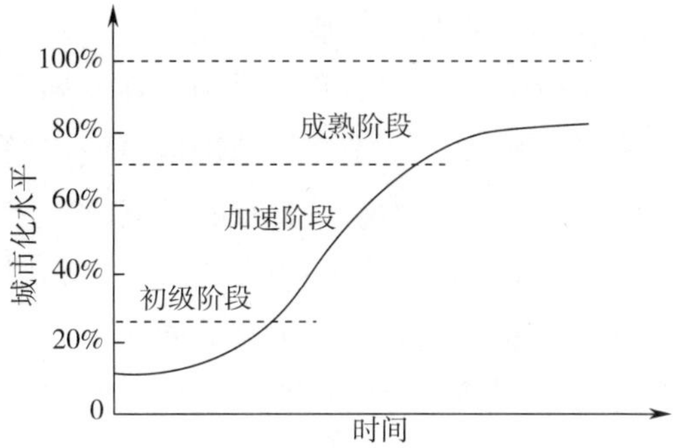

图 1-1　城市化过程 S 形曲线

2. 诺瑟姆推论

诺瑟姆还认为，城市化发展到一定阶段时可能发生郊区化现象，此时城市中心人口向外迁移，外迁人口数量可能超过农村向城市迁移人口数量与城市人口自然增长之和，导致城市化水平下降。此外，在城市化过程中，由于人们逐渐排斥拥挤嘈杂的城市环境，部分地区会出现逆城市化现象，即人们为了追求更好的生活和居住环境，从大城市和主要大都市区向小城镇甚至非都市区迁移的分散化现象。

3. 城市化发展的集聚扩散规律

20 世纪 60 年代，弗里德曼首先将中心—外围理论运用于城市化发展的规律当中。随后，克鲁格曼在中心—外围理论的基础上，提出引发经济活动空间聚集的非均衡力主要缘于市场接近效应、生活成本效应和市场拥挤效应。其中，市场接近效应和生活成本效应会形成中心城市的集聚，而市场拥挤效应则会助力资源从中心城市向外围地区扩散。随后，又有学者总结出中心城市的集聚与扩散主要秉承增强规律、衰减规律和指向规律[16]；以及随着中心城市到外围地区距离的增加，存在中心城市的影响力逐步减弱的现象[17]。

由此可见，集聚扩散规律包括两方面内容：①由于中心城市在空间系统中具有支配地位，形成了一定的极化效应，吸引外围地区剩余劳动力及技术等资源的涌入，促进中心城市的快速发展并不断壮大；②在中心城市发展到一定阶段时，会出现资源匮乏等问题，此时，中心城市周边的外围地区由于中心城市的外溢效应而受到技术创新及理念创新的冲击，逐渐被同化并成为中心城市的一部分。城市化也在资源转移的过程中完成了集聚扩散的过程。

4. 城市群协调发展规律

作为一个动态过程，城市化在发展到一定阶段时会形成功能相互依存的城市体系。此时，一定区域范围内，城市增长极与增长极的联系日益紧密，由各种交通组织交织为联系紧密的经济、社会网络，由此形成城市群。城市群之中，每个城市之间的边缘性逐渐消失，中心城市逐步通过横向与垂直的网络联系，实现整个区域的合理分工与共同繁荣，区域体系最终演变为“中心城市 + 网络联系 + 地域分工”的组织结构良好的综合体[18]。

城市群内部城市之间的协作往往遵循集聚扩散规律，表现出如下特征：①内在有机性，即城市群中现代化的交通工具、综合运输网络和高度发达的信息网络成为构成城市群的关键因素；②城市群的大、中、小城市协作密切，大城市作为中心城市，不断向外围和下级城市进行经济、人口等资源扩散；③城镇化水平较高，中心城市的极化、外溢效应明显，使城市的外延不断扩大，外围地区和乡村地区中非农产业发展迅速，人口不断向城镇集聚，提高整个城市群的城镇化水平和能级。

5. 城市化发展动力规律

城市化发展动力规律是推动城市化发生和发展所必需的动力产生机理，以及维持和改善这种作用机理的各种经济关系、组织制度等所构成的综合系统的总和[19]。20 世纪 80 年代以来，国内学者提出了推动城市化发展的“推 - 拉力”作用机制。该机制认为城市在经济收入、个人发展机会及生活水平等方面对人口产生的拉力和农村人地关系紧张及就地改善生活环境难度大等因素对农业富余劳动力的推力是构成城市化持续推进的动力[20]。此外，还有部分学者结合我国特色城市化背景与格局提出了二元动力机制，即来自中央政府制度与政策的“自上而下”的动力和来自于农村非农化发展、政策、资金与基层政府力量的“自下而上”的动力[21]。生产力水平、外资、多元主体、比较利益机制等也是影响城市化发展的动力机制[22]。

然而，目前我国城市化动力的研究仍存在不足：第一，研究对象多为全国性的、大尺度区域，针对局部地区的区域性城市化动力机制的解剖较少；第二，研究视角往往局限于普适性理论，较少实证探究城市化发展路径与模式，导致缺乏实践经验支撑推动地区城市化发展的理论。

二、世界的城市化

世界城市化经历了三次浪潮。早期的城市发展约始于 5500 年前，伴随了若干帝国的兴衰，推动了城市文明的全球性扩张。然而直到18世纪中叶，才出现以英国工业革命兴起为标志的全球城市化第一次浪潮。美国等北美国家始于1861年的城市化是第二次浪潮。第三次则是拉美及发展中国家的城市化，这些国家在第二次世界大战后取得民族独立，发展本国工业，经济的迅速增长加快了城市化步伐。

（一）全球城市化的背景

学术界对城市化的起源持两种观点。一种观点认为城市化和城市同时产生，其结构、内涵、功能、区域特征一直在不断变化。另一种观点认为，城市化始于工业革命，它是近现代城市形成的必经过程，是一种社会历史现象，与城市的历史过程并不相同[23]。第一次工业革命打破了自给自足的自然经济，机器化的大生产代替了以作坊式手工业为主的分散的小商品生产，使社会生产力得到高速发展，进而导致城市的数量、规模、布局、形态等发生了根本性的变化。至此，城市才成为主要的、占统治地位的社会聚落形式。在本书中，我们认为城市化是以工业革命为起点引起的世界城市数量和性质的根本性变化[23]。

1. 城市化发生的前提

城市及城市化的产生首先来自农业发展的推动。在生产力不够发达的农业社会，几乎全民从事农业生产活动，但农业产出仍然难以满足人们的需求。随着生产力的发展，一部分人种地生产的粮食可以供应更多人消费，于是开始出现剩余劳动力和剩余粮食。这些农业剩余劳动力可以依赖剩余粮食，集中到适宜的地方从事用具制作及市场交易等非农业生产活动，于是产生了以非农业人口为主、非农产业活动集中的城市。可以说，农业生产力发展产生的两大“剩余”是城市形成和城市化发展的两大前提[8]。

2. 城市化的动力机制

正如前文所述，城市化发展动力的一个主要表现是“推－拉力”机制，然而在经济发展的不同阶段，推－拉力的侧重也有所不同。根据刘易斯经济增长理论，在经济发展初期及之后较长一段时间，农业劳动生产率低下，边际劳动生产率通常为零甚至为负值，存在大量过剩劳动力，后来伴随农业劳动生产率逐步提高，农业剩余劳动力不断增加，其收入水平甚至降低到“生存水平”以下。即使此时城市工业部门的企业主按照市场规律将雇佣工资压低到农业部门劳动力的生存水平（或平均水平），只要存在就业机会，农业劳动力仍然会从农村向城市工业部门迁移。这时，城市工业部门的“就业机会”和农村农业部门对过剩劳动力的“推力（排斥力）”是影响农村人口向城市迁移和城市化发展的主要动力。这一状态将一直持续到经济增长的“刘易斯拐点”[9]。

随着生产力的发展和经济增长，农村农业部门和城市工业部门劳动力的边际劳动生产率逐步接近。经济增长一旦达到“刘易斯拐点”，农村农业部门的剩余劳动力就基本转移完毕。这时，迁移城市化能否继续发生将主要取决于城市工业部门的工资水平以及两部门之间的收入差距。低工资雇佣形成的资本积累、较高劳动生产率的产业属性、一定的集聚经济和规模效益将使城市工业部门发展相对较快，生产效益及劳动力收入水平相对较高，由此吸引农业劳动力继续向城市迁移、就业。这时城市工业部门较高的收入水平和较大的城乡收入差距对农村农业部门劳动力形成的“拉力（吸引力）”变成了影响农村人口向城市迁移和城市化发展的主要动力[8，9]。

（二）世界城市化的发展

1. 世界城市化的发展阶段

世界城市化的总体进程可以分为三个阶段，见表 1-3[24]：

表 1-3　世界城市化进程

时间	进程	表现
1760—1850 年	初始阶段	以英国工业革命为标志。1760 年英国城市化率仅为 10% 左右，1850 年超过 50%。欧洲资本主义国家的城市化开始起步
1851—1950 年	局部发展阶段	欧洲和北美等资本主义国家的城市化快速发展，城市人口从 1850 年的 0.4 亿人增加到 1950 年的 4.5 亿人，城市化水平达 52.5%，基本实现了城市化。到 1950 年，全世界城市人口占总人口的比重达到 29%
1950 年至今	全面发展阶段	发展中国家实现民族解放和工业化，促进世界城市化水平迅速提高，改变了世界城市人口分布。整个世界进入了城市化的全面发展阶段

2. 发达国家和地区的城市化

发达国家和地区的城市人口比重在 1950 年就已经超过了总人口的 50%，之后城市化增长率逐渐放缓，在 1980 年达到 69.2% 以后增长更加缓慢。然而，发达国家和地区内部的城市化发展水平并不均衡。东欧、苏联、南欧和日本等国家和地区当时还处于城市化中期，因此城市化进程十分迅速。日本在 1960—1980 年间经济高速发展的推动下，迅速推进城市化，迈入了高度城市化的国家行列。而北欧、西欧、北美以及澳大利亚和新西兰等地区则在 1960 年左右进入了城市化后期，增速趋缓，有的地区甚至出现了郊区城市化（Suburbanization）和逆城市化（Counter-urbanization）现象[24]。

郊区城市化最早出现于 20 世纪 30 年代前后。第二次世界大战以后，一些大城市的人口开始由城市中心区或中心城市大量向郊区及更远的乡村地区迁移，更多的人口开始集居在大城市的边缘地带。商业服务业部门和工业企业也随着人口迁移到了中小城镇及乡村地区，导致中等城市人口迅速增加，城市化区域不断扩大。在 20 世纪 70 年代，大都市区人口外迁又出现了新动向，除了中心市区人口外迁之外，郊区人口也开始流向大城市之外的农村和小城镇，因而城市人口出现了负增长，这种现象被称为逆城市化，首先出现在英国，随后出现在丹麦、法国、德国、意大利、美国、日本等发达国家中[24]。

郊区城市化和逆城市化现象带来了前所未有的问题，如中心城区衰落、失业人口增多、公共设施闲置等。为解决问题，美国一些城市在 20 世纪 80 年代积极发展高科技产业和第三产业，改善城市中心区的生活条件，以吸引人口回流。加之较为开放的移民政策影响，1980—1984 年，纽约、波士顿、费城、芝加哥等 7 个城市再次实现了人口增长，出现了再城市化（Re-urbanization）。与之类似，英国伦敦在人口连续减少 30 多年后，终于于 1985 年出现了再城市化[24]。

3. 发展中国家的城市化

第二次世界大战前，发展中国家城市化发展相对缓慢。据统计，从 1800 年到 1950 年共 150 年间，发展中国家的城市人口由 3000 万人增加到 3.06 亿人[24]。自 1950 年起，发展中国家的城市化速度开始加快。发展中国家城市人口比重虽不及发达国家城市，但城市化人口增速却远远高于发达国家，1970—2000 年间新增城市人口的 85%（即 12.97 亿人）在发展中国家和地区[24]。截至 2015 年，发展中国家城市人口比重已经超过 50%，城市人口总数是发达国家的两倍多㊀。

发展中国家的城市化进程同样存在地区差异。1950 年，亚洲和非洲的城市化率分别只有 16.6% 和 14.9%，而拉丁美洲和加勒比海地区的城市化率已高达 41.9%。拉丁美洲和加勒比海地区的城市化速度也很快，2005 年时城市化率已

㊀ 数据来自世界银行数据库的统计信息，由南京卓远资产管理有限公司整理。

经达到了 80.8%，远高于亚洲和非洲的 39.9% 和 39.7%，甚至高于欧洲、北美洲和大洋洲的部分发达国家和地区[24]。

甚至在各大洲内部，城市化进程也存在地区差异。在亚洲，中国自改革开放后便加速推进城市化，2015 年时，城市化率已经从不到 18% 上升为 56.1%；东亚、东南亚和南亚在该地区中城市化水平最低，2000 年时的城市人口比重分别为 32.9%、35.5% 和 33.6%[24]。拉丁美洲近长期保持着相当高的城市人口增长速度。玻利维亚有 61% 的人口生活在城市里，阿根廷是 89%，乌拉圭和委内瑞拉为 91%，而中美洲国家的城市人口处在 45%~60%[25]。非洲的城市化进程较慢，且不同地区城市化水平差距十分明显。2000 年，非洲城市人口只占 37.1%；东非和西非的城市化率最低，分别为 32% 和 34.9%；南非最高，达 60.9%。

城市的极化和扩散作用均对城市化进程产生了影响，各种发展要素源源不断地涌入城市，城市自身得以壮大的同时也密切了与其他地区的联系。随着经济全球化以及城市化不断推进，世界上逐渐出现了有别于以往的高级形态的大城市，如全球性城市（Global City）、世界城市（World City）、国际大都市（International Metropolis）、国际城市（International City）等，这些大城市除了人口规模庞大，还在全球经济政治生活中发挥着显著影响。

（三）城市化的主要模式

1. 欧洲与东亚：市场主导、政府调控的城市化

欧洲发达国家的城市化水平和质量较高，在实现过程中注重结合政府调控和市场主导。英国的城市化最初由市场主导：工业革命促进了农业现代化，释放了大量农村剩余劳动力；工厂设立和交通运输、金融等第三产业的发展加速了农村剩余劳动力的转移[26]。然而随着城市人口迅速扩张，市场主导的城市化出现了混乱局面，城市管理和规划需求日益迫切。于是英国在 20 世纪初颁布了《住宅与规划法》等法律法规引导城市化，既发挥市场主导作用，同时进行必要的调控，从而保障了城市化程度和质量同步提高。德国基本复制了英国的城市化之路。普法战争后，统一的德国通过一系列经济法规和政策措施调控引导城市发展，第一次世界大战前城市化率便超过了 60%。第二次世界大战后，在政府和市场的双重推动下，德国通过土地整理，在不增加城市建设用地、不改变农业和森林用地性质的前提下，把一些传统乡村转变为二、三产业主导的工商城市，走出了可持续的乡村城市化之路，目前城市化率接近 90%。由此可

见，欧洲发达国家的城市化起步早，市场机制发挥主导作用，政府调控辅助提升城市化的质量。

与欧洲国家相比，东亚国家和地区的城市化中政府作用更加显著。日本在政府主导下走出了一条集中型城市化道路：政府主导完成町（镇）村合并，制定并实施了全国性开发规划，形成了较为完善的规划体系，颁布了《新事业创新促进法》《关于促进地方中小都市地区建设及产业业务设施重新布局的法律》等法律法规，建立起以大城市为核心的空间集聚模式。但是随着人口集聚和城市扩张，日本也开始出现大城市住房紧张、地价高昂，而农村和边远地区空心化、老龄化严重的现象。韩国以“新农村运动”为起点开创了城乡互动式的城市化模式。新农村运动迅速缩小了城乡差距，为韩国推进城乡一体化的城市网络群带建设奠定了基础。随后韩国首先实行以城市为中心、以集聚效益为目的的经济区域综合开发战略，带动农村劳动力进入城市就业；然后推动大城市人口向周边小城市分散，形成多个城乡一体化的城市网络群带。韩国城市化面临的主要问题是，首都圈的过度集聚导致了交通拥挤、住房紧张、污染严重、失业剧增等现象。我国台湾地区通过一系列促进人口均衡分布和城市规模体系均衡发展的政策措施，先后实施工业区发展方案、公用事业建设方案和次级城市发展战略等，以政府为主力推动城市化进程与经济发展同步协调，城乡发展互促共进，走出了一条同步协调的城市化之路。台湾地区大中小城市在功能上呈层级模式，有效缓解了城乡对立，克服了“大城市病”，成为城市化比较成功的典型案例。

2. 美洲国家：自由放任式的城市化

尽管美国和拉美国家的城市化水平和质量存在显著差距，但其城市化方式却存在相似之处，即均缺乏总体规划和政府调控，属于自由放任式的城市化。美国政治体制的特点决定了联邦政府调控职能弱，城市化发展缺乏全国性的总体规划和政府调控引导[26]。在第二次世界大战后，美国的大城市虽然不断吸引外来人口集聚，但城市内部的现有人口却不断外迁到郊区和城市外围。这种自由放任式的城市化使大城市不断向郊区扩张、低密度蔓延、无序建设，造成大量的自然资源消耗、土地资源消耗和较高的经济代价。这种现象引发的问题已经引起了政府和社会反思，逐渐开始强调土地的紧凑利用，抑制郊区化的过度发展。

由于历史传统和现实因素的影响，拉美国家的工业化严重滞后于城市化，属于典型的过度城市化。一些拉美国家城市化率高达 70% 以上，工业化水平却只有30%左右。这主要是因为这些国家的经济对外依存度过高，工业化被外来资本主导，政府调控乏力[26]。20世纪50—80年代，得益于大量国际资本的涌入，一些拉美国家在没有奠定工业基础的情况下，吸引了大量农村人口进入城市从事传统的第三产业，城市化速度“惊艳”一时。但是随着国际资本撤离，经济周期波动和国际性传导的发生，拉美国家陷入了畸形的过度城市化状态：城市工业吸纳的劳动力严重不足，第三产业层次较低，大量城市群体失业；基础设施严重匮乏，城市之中存在大量“贫民窟”，城市生活和生态环境持续恶化。

综上所述，如果政府调控能力不足，一旦市场失灵，自由放任式的模式将会导致高成本和畸形发展的城市化。

3. 南亚欠发达国家：城乡连绵区域式城市化

由于人口爆炸式增长，南亚国家的大都市及都市外围城市和村落在空间集聚形态上连绵不断，虽然具有城市的形态特征，但公共设施建设落后，经济、社会和制度等方面又具有明显的乡村性，因此形成了具有南亚特征的低水平发展的城乡连绵区域式城市化[26]。印度、孟加拉国颇为典型。其中印度重视资本密集型产业的发展，导致涌入城市的剩余劳动力在大城市形成大规模的失业人口，进一步限制了城市基础设施、公共设施的投入，城市生活环境恶化。出现这种现象的原因在于，人口增速与经济发展速度存在尖锐矛盾，农业劳动力大量剩余，经济发展提供的就业岗位严重不足[26]。南亚国家的城市化模式也是当前世界城市化中的典型模式，虽然实现了工业化和城市化的同步，但同步水平低。

4. 基本认识

结合上述分析可以发现，相对成功的城市化发展模式均具备如下特点：①城市化发展具有规律性，符合诺瑟姆曲线特征。②城市化与产业演进紧密相关。城市化早期，工业化是城市化的基本动力；城市化的高速发展期，工业化与城市化同步快速发展；随着后工业社会出现，城市化出现了依靠非工产业支撑的现象，如依靠大学支撑的剑桥大学城、依靠电影产业发展的好莱坞影城等。③小城市与大都市的发展同步进行。发达国家城市化基本经历了从小到大的发展过程，然而由于大城市人口过于密集、生活质量下降等问题，小城市建设引起更多关注，出现了人口郊区化、大城市外围卫星城市布局分散化的趋势。④政府与市场在城市化进程中发挥双重作用。政府在城市发展规划、提供公共服务方面发挥职能，市场在调节人口流动、工业化与城市化融合发展等方面发挥作用。政府引导、市场主导是城市化进程中的成功模式[27]。

虽然城市化首先由工业化推动，在发展到一定阶段后推动第三产业的协调发展，最后过渡到第三产业的发展和成熟。但是，并不是所有城市化都按照工业化的模式进行。资源丰富的地区可以凭借资源优势直接发展旅游业、传统服务业等第三产业城市化（后文将做详细论述），拥有明显区位优势的城市可以利用交通优势发展商贸业等来实现城市化。同时，随着信息科技的进步，城市化的推动越来越依靠地区科技的支撑，在全球经济一体化的背景下，地域、距离限制的影响较以往来说逐渐变小，世界城市的作用也日益增大，成为影响全世界城市化进程的重要力量。

三、城市化对城市发展的影响

城市化的迅速发展既为整个世界的发展带来了更为丰富多元的物质与精神享受，也快速推进了世界各国城市在经济、人口、社会等方面的发展。与此同时，城市化的快速推进需要大量的资源开发，大规模的城市建设也造成了生态环境破坏等负面影响。

（一）城市化对城市发展的积极影响

1. 城市化带来产业经济发展

在城市化发展过程中，社会生产效率大大提升，乡村劳动力被大量释放到城市中从事非农产业的生产及城市建设。由于城市中的工业、贸易及其他经济活动高度聚集，生产力的提高和经济效益的增长成为城市发展的典型特征。

2. 城市化促进了城市功能和城市体系的完善

随着城市化进程加速，城市与城市、城市与外部之间的互相联系越发紧密，不同地域之间的壁垒与局限逐渐消失，具有经济、政治、文化等多功能的综合增长极逐渐形成，进而带动周边新兴城市和具有专业功能的特色城市不断发展，进一步完善区域城市体系。

3. 城市化推动科技发展

城市化促进了科技发展所需的土地、劳动力、资本与信息等要素资源集聚与流动，这些集聚为科技发展带来了信息经济和规模效益的递增，使城市成为科技的“孵化器”。在城市化的推进过程中，孵化器不仅使得技术产业得以集聚，还促进了专业技术的再次深化，推动了创新技术的发展。

（二）城市化对城市发展的消极影响

1. 城市化带来生态环境的恶化

随着城市化不断推进，城市人口密度将大幅上升。过高的人口密度给城市的生态环境造成了较大的负面影响，部分发展中国家城市的快速增长已严重超出了其城市环境承载能力，既无法满足居民的基本服务需求，又导致了全球变暖、空气污染、水资源污染等生态环境问题，严重影响了全球生态的可持续发展。

2. 城市化带来严重的二元化现象

城市化的加速也加剧了城乡二元经济结构的问题。城市中的交通、通信与公共服务等较发达，而乡村地区基础设施建设严重滞后；城市居民的可支配收入和人均消费水平要远远高于乡村居民。这种现象在发展中国家尤为突出，导致发展中国家发展后劲不足、社会隔离严重等问题，已经成为未来城市化健康发展亟待解决的问题。

第三节　中国的城市化

本节主要针对我国城市化的阶段和主要矛盾，分析我们的做法和由此产生的问题，以及为解决问题而提出的新型城镇化的概念。

一、我国城市化现状及问题探究

（一）我国的城市化阶段与特征

区域发展不平衡导致我国各地区的城市化发展水平及进程参差不齐[28]。根据国家的城市化发展战略和总体城市化发展特点，可分为以下四个阶段：

第一阶段：城市化起步阶段（1949—1979 年）

新中国成立之初，大规模的战后重建和经济恢复，以及第一个五年计划带来的工业化发展加速，都促进了我国城市化进程的加快。1957 年，我国城市化率达到了 15.4%。然而随后由于三年自然灾害影响，加之上山下乡、三线建设等运动，国家凭借政治力量的控制力和动员力将大量人口从城市疏散到农村，抑制了城市人口的增长和城市的发展。在该阶段，城市化与工业化严重脱节，1949—1978 年间，我国工业产值占国民经济的比重从 25.1% 增长到 59.4%，但同期城市人口比重仅从 10.6% 增加到 17.9%。20 世纪六七十年代期间，我国的城市化进程基本停滞。由此可见，在起步阶段，我国的城市化发展不但缓慢而且有所反复。

第二阶段：城市化初步发展阶段（1980—2000 年）

改革开放以后，我国的工业化与城市化终于接轨。至 2000 年，我国城市人口比重达到 36.1%，国民经济逐渐摆脱束缚与迷茫，城市化的进程也终于走上了快速发展的通道。

第三阶段：城市化快速发展阶段（2001—2010 年）

研究表明，此阶段中国特色的城市化道路仅局限于城中村的改造、行政区划调整和乡镇、县城的改制，高污染、高成本的运行模式依旧，贫富差距拉大、房价飞涨、交通堵塞成为这一时期城市的标志 [28]。但相比于前两阶段的 50 年时间（实际上前 50 年时间城市化率并非从 0 到 36.1%），这十年间的城市化率稳步提升，基本形成了三个城市群、七大城市带、50 个城市圈的区域一体化城市发展模式 [28]。

第四阶段：新型城镇化发展阶段（2011 年至今）

中国社会科学院社会学研究所在 2011 年 12 月 19 日发布的 2012 年社会蓝皮书《2012 年中国社会形势分析与预测》中称，2011 年是中国城市化发展史上具有里程碑意义的一年，城镇人口占总人口的比重将首次超过 50%[29]。这标志着我国的发展进入了新的成长阶段，城市化已经成为继工业化之后推动经济社会发展的新引擎 [30]。

2014 年，《国家新型城镇化规划（2014—2020 年）》出台，明确了现阶段以“新型城镇化”为表现形式，而新型城镇化是实现现代化、保持经济持续健康发展、加快产业结构转型升级等的必由之路。该规划还在原有规划的基础上，加入了“推动新型城市建设”“城市群”等概念。

（二）主要矛盾与表现形式

城市化发展的不同阶段各有其主要矛盾，不同时期的城市化实际上就是解决不同阶段的主要矛盾，从而推动城市与社会经济的跨越发展，因此，城市化发展的重点会随着时间的推移而改变（见表 1-4）。

表 1-4　城市化发展的不同阶段

阶段	城市化率	主要矛盾	表现形式
阶段一	0~30%	生产力水平低下与人民生存的基本需要之间的矛盾	发展市场经济，解放生产力
阶段二	30%~50%	现代化与传统生产方式之间的矛盾	调整产业结构，基础设施带动
阶段三	50%~70%	城市化速度与质量的矛盾	可持续发展、新型城市建设，以人为本，尊重市场，强调内生与协作

1. 城市化起步及初步发展阶段（阶段一）：生产力水平低下与人民生存的基本需要之间的矛盾

该阶段的地区生产力水平低下，人民最基本的生存需要得不到保障，此时解决主要矛盾的根源在于解放思想以推动生产力的发展，通过工业化带动城市化。同时，市场经济成为影响地区经济发展的重要推力。在此背景下，城市化的重心在于建设一批如上海、深圳等有代表性的大城市，以其自身的规模、聚集、资源、政策等的优势，更为有效地推动生产力发展。而生产力的发展又反哺于这些城市，加速了城市化，并最终积累起难以取代的优势。

2. 城市化快速发展阶段（阶段二）：现代化与传统生产方式之间的矛盾

在该阶段，部分地区受制于传统的生产方式，面临着科技落后、生产低效、产业结构不合理等问题，因此这一时期的城市化主要表现为产业结构的快速调整。例如，江苏和重庆的城市化主要是将产业结构由“二一三”调整为“三二一”或“二三一”。期间，城市基础设施建设及公共服务水平提升不仅为产业发展带来源源不断的劳动资源，也提升了城市承载力及城市形象。由此可见，该阶段城市化主要由产业结构调整、人口流入及城市基础设施建设带动。

3. 新型城镇化发展阶段（阶段三）：城市化速度与质量的矛盾

城市化率达到 60% 左右时，增速就会放缓，同时，对城市发展的“质”的需求会更加突出。在快速发展阶段，我国出现了千城一面的普遍现象，类似的产业结构、相似的城市空间布局和发展计划导致越来越多的城市开始恶性竞争，忽略了差异化发展、协调发展、以人为本的发展。因此，新型城镇化更加强调可持续发展、产业结构调整及多方协调发展等注重提升质量的方式，从而实现城镇化的合理发展。

（三）存在的主要问题

目前，我国城市化建设已经取得了重要进展。但由于长期以来对城市化规律的普遍性认识不足，过于片面强调我国基本国情的特殊性，特别是急功近利的 GDP 崇拜以及不同利益集团以城市化为幌子的相互博弈，导致我国在城市化的发展上走了不少弯路[9]，出现了诸多严重问题。概括起来，主要有以下四点：

（1）城乡二元化发展现象明显，半城市化问题严重。我国的户籍制度将人口划分为城市人口和农村人口，控制了农村人口向城市的迁移与转变。在城市化快速发展阶段，城市人口因户籍制度享受了就业、住房、教育、医疗、社会保障等若干福利，就此形成了以户籍制度为基础的二元社会体制，成为阻挡农村人口城市化的制度性屏障。这种二元社会体制不仅导致我国城市化长期以来水平低、发展慢、过程曲折，更延缓了我国现代化的发展进程——即使今天，我国仍有数以亿计常住在城市工作、生活的“农民工”难以真正实现“完全城市化”[9]。

（2）盲目追求速度，土地城市化速度远超人口城市化速度。理想情况下，土地城市化应与人口城市化相适应，但我国的土地城市化、人口城市化及产业城市化等进度之间却存在巨大矛盾。一方面，部分地方政府在盲目追求 GDP 提高及土地财政诱导的情况下，以推进城市化为幌子，利用各种手段征用农民土地，再以“招拍挂”方式出售给开发商；一些房地产开发商更顺势借助人口城市化的“刚需”，与政府部门相互配合掀起近年房地产开发及城市用地扩张狂潮，以土地城市化倒推人口城市化，并超越人口城市化疯狂发展[9]。另一方面，对农民土地低征高卖、以地生财的行为也严重侵犯了农民的土地和财产权益。

（3）“城市病”困扰大城市发展。随着我国大城市的快速发展，部分大城市面临人口规模过大、环境污染、交通拥堵等问题，城市的资源生态承载能力已达极限；同时，大城市的服务管理并未与城市化水平同步，城市空间利用效率低下、基础设施管理运营水平不高、基本公共服务供给能力严重不足等制约了城市化的发展。此外，由于基础设施建设不足、公共服务水平较低，中小城镇面临严重的人口流出和人口数量下降的威胁。有关数据显示，2010 年我国小城镇人口总量仅占城镇总人口的 20.7%[31]，中小城镇有限的吸纳能力严重延缓了我国的城市化进程。

（4）人口红利消失，将影响我国未来经济与城镇化减速发展。根据国家统计局公布的数据，2012 年起我国 15~59 岁劳动年龄人口第一次出现了绝对值下降[32]。劳动力的减少将导致资本投入增长率的放慢，并可能导致产能过剩、通货膨胀及产业结构偏离比较优势的后果。因此，新型城镇化在产业发展方面的调整成为我国现今城镇化发展的重点。

二、新型城镇化的提出

传统城市化在高速增长的发展中忽视了对城乡关系的协调及城市发展质量的提升，因此遗留了农业发展动力不足、环境污染严重、社会不公平问题突出以及城乡关系不协调等现象。而我国城市发展缺乏战略性和长期性，也使得城市在经济增长方式、技术创新、规划管理、生态环境建设等方面面临突出问题。

面对这一系列问题，在党的十八大中正式提出了“新型城镇化”概念[㊀]，其核心是以人为本、协同竞争，对我国的城市化发展具有战略指导意义，是我国城市化以及城市发展的新方向。2012年中央经济工作会议中也首次明确要“把生态文明理念和原则全面融入城镇化全过程，走集约、智能、绿色、低碳的新型城镇化道路”，由此，新型城镇化成为城市经济发展及城市建设的关注重点。

（一）遵循客观规律

我国传统城镇化过于依赖土地城镇化，通过新城开发推动经济提升和人口集聚。事实上，土地城镇化的过度蔓延不仅无法实现这个目的，还会导致资源浪费。新型城镇化发展应建立在尊重现状事实及遵循发展规律的基础上，考虑如何健康有序地协调产业发展与环境保护、人的发展与城市发展、经济发展与市场规律之间的关系。通过注重质与量的共进规律，城市发展才能真正实现优化与提升。

（二）人的城镇化

当前，我国城镇化水平已超过了56%。虽然我国城镇人口在数量上已超过了农村人口，但仍存在大量农民工难以市民化、进城人口难以享受市民待遇等严重问题。党的十八大报告中透露出，新型城镇化应当是以人为本的城镇化，城镇化应建立在人民的生活水平真正提升、城镇与乡村统筹发展的基础上。

（三）可持续发展的城镇化

在传统城市化过程中，人口过度集聚使得城市承载力问题凸显，城市中阶层利益冲突加剧，城乡系统的脆弱性、高风险性持续增加，导致了城市化发展的不可持续和严重的大城市病，因此新型城镇化强调城乡统筹发展、产城融合发展等模式，关注城市发展的可持续性。

第四节　新型城镇化与我国城市发展新战略

一、新型城镇化内涵

新型城镇化是以产业演变和空间功能转变为基础的、以人的全面转变为核

㊀ 党的十八大正式提出：坚持走中国特色新型工业化、信息化、城镇化、农业现代化道路。

心的经济社会文化协调发展过程，可以简要概括为“一个核心，两个基础”[33]：

“一个核心”是人的全面转变。农业生产率提高以及农村人口增长使农业劳动力出现剩余，推动农业人口向非农产业转移，因而农村人口向城市集聚，生活与生产方式逐渐向城市靠拢，由农民变成市民，享受城市文明。由此可见，人的全面转变至少包含四个方面：一是就业转变，二是居住地转变，三是身份转变，四是生活方式转变。

“两个基础”之一是产业结构演变，资本和劳动力等生产要素由农业向工业和第三产业转移，非农产业增长超过农业增长，逐步形成非农产业占主导地位的产业结构；之二是空间功能变化，随着产业结构变动，非农产业和财富向城市集中，城市数量增多、规模扩大，农业用地向非农业用地转化，农村用地向城市用地转化[33]。

二、新动力、新路径、新常态

新型城镇化的“一个核心”与“两个基础”之间以及“两个基础”之间都是相辅相成、辩证统一、不可割裂的，并且是一个历史范畴，具有鲜明的历史阶段性和不断升级演化的动态特征[33]。这决定了未来相当长的时期内，我国城市建设发展新战略主要包括了新动力、新路径、新常态三方面的内涵。

（一）新动力

新型工业化和现代服务业或非工业产业共同推动，是与新型城镇化相适应的城市建设发展新动力。

以非农产业发展为特征的产业演变是新型城镇化的根本动力和最重要的物质基础。不同于传统的城市化动力机制，新型城镇化的动力机制中既包含了新型工业化，也包含了现代服务业及非工业产业的发展，二者共同推动了新型城镇化的发展。

首先，要以新型工业化推动城市化。传统的工业化模式过度追求GDP增长，过量消耗资源和破坏生态环境，因而难以持续推动当代城市化。而新型工业化是科技含量高、投入产出高、可持续发展水平高、就业率高的工业化，在未来相当长的时期内，以“四高”为主要特征的新型工业化将会是推动城市化的主要动力[33]。

其次，要充分发挥非工业产业的重要作用。我国已经进入工业化和后工业化时期，信息化、知识化、服务化等后工业社会的经济因素已渗透在城市化进程中，成为城市化新的重要的内在驱动力[33]。在此情况下，大城市和特大城市要通过服务经济、知识经济和信息经济来提升城市发展水平；中小城市则应从实际出发，因地制宜，积极开创多种模式的非工业化的新型城镇化道路[33]。

按照自然地理和经济条件的差异，我们可以将非工业化的新型城镇划分为以下六种类型，详见表 1-5[33]：

表 1-5　非工业化的新型城镇化类型

模式	表现
教育兴城	利用区位和环境优势，吸引大学入驻，发挥大学的教育、科技、经济、城市景观等综合功能，推动县城镇向中等城市发展
旅游兴城	利用风景名胜和历史文化资源，大力发展旅游业及其配套的运输业、商业服务业、工艺品和小商品制造业，推动特色镇向小城市发展
商贸兴城	利用区位优势，兴办各类专业大市场，大市场带动大流通，大流通带动大规模的专业化生产，推动县城镇和重点中心镇向中小城市发展
物流兴城	水陆交通枢纽、航运港、航空港等地区通过大力发展以第三方物流业为核心的现代服务业，推动城市化进程，实现向现代化中小城市的跨越
房地产兴城	交通便利、人居环境优良的县城镇和特色镇可大力发展房地产业吸引人口集中：一方面吸引大城市和特大城市人口分流；另一方面为农村人口创造服务业就业机会，吸引非农人口和非农业产业集聚
都市农业兴城	发展面向城市居民日常生活消费的，工厂化生产兼有旅游观赏功能的都市农业（如花卉、果品、大棚蔬菜等），造就市民化生活、职工化工作的农业工人，这也是农业和农村现代化的重要标志，是有中国特色的新型城镇化道路之一

（二）新路径

新型城镇化发展的新路径要坚持以大中小城市为主体、特大城市和超大城市为主导，大中小城市协调发展。

城市发展是以人的全面转变为核心的新型城镇化的另一个重要基础[33]。按照功能分工的基本规律，我国的大城市及特大城市是区域中心城市，要承担起带动周边中小城市发展、参与区域竞争和国际竞争的使命；而农村经济的发展则主要依靠中小城市的带动来实现。中小城市在空间地域、产业结构、生产力发展水平诸方面更接近农村，地处大城市、特大城市与农村之间，对农民有较强的亲和力，是农民进入成本较低、进入愿望较强的地方，因而其发展是农业产业化和现代化、农村经济社会全面进步与发展的最直接和最基本的动力源泉[33]。

中小城市的发展不仅可以聚集科技、人才、资金、信息等要素促进农业本身的全方位发展，还能较好、较快地结合城乡两个市场、两种优势、两个层次的生产力要素，促进农村经济协调发展[33]。与此同时，中小城市通过优化产业结构，加速二、三产业发展，可以为农民提供更加丰富的就业创业以及增收创收机会，从而吸纳更多农村剩余劳动力，这不仅提高了农民的收入，也为农业规模化经营提供了便利。

上述优势使中小城市成为新型城镇化的关注重点。在新型城镇化建设中，中小城市发展要坚持以县城镇、特色镇和重点中心镇为重点，把县城镇建设成为 20 万 ~50 万人口的中等城市，把一批特色镇和重点中心镇建设成为 5 万 ~10 万人口左右的小城市[33]。同时，中小城市要从实际出发，因地制宜，科学选择发展模式和发展重点，在人无我有、人有我新、人少我多、人多我特上下功夫[34]；充分发挥廉价劳动力丰富的优势，优先发展劳动密集型产业；积极吸引外资，利用地理或区位优势承接大城市产业转移；积极推动高新技术产业和新兴产业的发展。在此基础上，中小城市可以大力发展特色产业集群，增强核心竞争力，形成一批功能完整、产业发达、环境优美、生态宜人、个性独特的中小城市[35]。

加快中小城市发展还可以通过探索市制创新来实现，如实行“镇改市”“县管市（中小城市）”等。这不仅限制了城镇化，还限制了区域的发展。县域经济作为我国国民经济和社会发展的基本单元，却没有县辖市，这是导致我国县域经济发展相对滞后的重要原因之一[33]。作为县域经济的核心，县城镇、特色镇和重点中心镇有必要向中小城市的方向发展以带动县域经济发展。因此，我们认为，开创“镇改市”和“县管市（中小城市）”新体制，把符合条件的县城镇改设为中等城市建制，把符合条件的特色镇和重点中心镇改设为小城市建制，用中小城市的功能定位来规划建设县城镇、特色镇和重点中心镇，是加快中小城市发展的重要措施之一[36]。

至于特大和超大城市，则要走多中心、组团式的空间发展道路，充分利用存量土地来合理建设新城。根据《简明不列颠百科全书》的解释，新城是“城市规划的一种形式，目的在于重新安排大城市的人口，使大量居民迁移到大城市以外，在那里设立医院、工厂及文化、娱乐、商业等中心，组成相对独立的新社区”。世界新城建设发展一般遵循 7 条基本规律，见表 1-6，把握这些规律，加快组团式新城的建设和发展，是我国大城市发展的必由之路[33]。

表 1-6 世界新城建设发展规律

序号	规 律
1	新城是综合性的，其开发建设要为人的全面发展创造条件，提供充分均衡的就业机会和良好的居住条件，吸引“母城”各阶层人士来新城居住、生活、学习、创业和工作
2	新城是“母城”的组成部分，同时又独立于“母城”，是独立性、多样性与独特个性的统一
3	新城建设必须以地域开发为目标，疏散中心城区功能，优化人口和产业布局，保护和合理利用资源，保持生态平衡
4	新城要充分利用现有的非农业土地资源和经济条件，因地制宜，优化布局，扩大规模，实现人、自然环境、基础设施、建筑、企业、社区之间的和谐统一和协调发展
5	新城规模有大有小，第一代为3万~15万人，第二代为7万~25万人，第三代为15万~50万人，少数新城会超过 50 万人
6	新城规划建设要有前瞻性，一方面，中心城市区域新城数量和空间布局要总体规划，分期分批建设；另一方面，新城的建设要做好总体规划，有计划地按片分期执行，实现可持续发展
7	新城的规划建设要引入“都市圈”或“小城市群”理念，要沿干线交通轴向分布，建设快速交通体系，连接“母城”与新城，以及新城与新城

（三）新常态

改革开放以来，我国的城市化已经取得了显著成就，但也存在诸多不足，其中最突出莫过于生态破坏现象，以及由此而来的土地资源严重浪费、乡村和农业发展滞后的后果。因此，未来城市建设发展的新常态是走生态型、节地型、城乡一体化发展之路。

生态型城市化要求统筹人与自然和谐发展。这就要求城市的规划建设必须重视生态平衡。首先，空间设计要因地制宜，尽量全面考虑当地的地质、地貌、水文、气候等自然条件，建筑布局随坡就势，尽可能维持城市的天然面貌和自然景观。其次，规划设计要创造性地在市区形成一定数量和面积的水域以及多功能、立体化的城市绿化系统（包括城郊绿化、城区公共绿化和庭院绿化）来改善城市气候。另外，生态型城市化也十分重视环境保护工作，要求在城市建设过程中分类防治并及时处理大气污染、水污染、噪声污染等多种污染；加快恢复和增强区域生态功能区、自然保护区和风景名胜区的生态功能，开展山体、水面及其植被保护工程、湿地恢复和改善工程、多样化生态廊道建设工程[33]。

节地型城市化要求土地利用节约集约化。人多地少、土地资源短缺是我国的基本国情。随着经济发展，我国建设用地与耕地之间的矛盾日益凸显，约 20

亿亩㊀耕地关系我国的粮食安全，而18亿亩是不可逾越的红线。因此，解决土地供求矛盾的最佳途径就是节约集约化用地，这是由我国国情和土地特殊性所决定的。要实现这个目的，首先必须大力调整产业结构，降低工业用地标准和规模，提高工业用地和各类园区用地的投资强度和产业效能。其次，引入工业用地市场化配置机制，提高工业用地效率。再次，要优化建筑设计，改进建筑结构和形式，大力发展节地型住宅和公共建筑；建设节地型的综合交通运输体系，优先发展公共交通，提高综合交通运输效率；积极开发利用城市地下空间。最后，应加强规划对城市土地利用的引导和调控作用，大力发展紧凑型城市，控制城市空间的低水平扩张，提高大中小城市发展的土地利用率[33]。

城乡一体化发展要求将工农业、城乡、城镇和农村居民视为统一的整体进行统筹谋划，从而使城乡产业、人口、技术、资本等要素相互融合，互为资源，互为市场，互相服务，逐步实现城乡之间在经济、社会、文化、生态上协调发展的过程[33]。城乡一体化的根本目标是消除城乡二元体制和制度，因此不仅要转变发展思路和增长方式，也要积极调整产业布局和利益关系。一体化的关键是实现农业现代化，让农民分享城市化成果。农业是耕地密集型产业，然而我国农民人均耕地仅为世界农村人均耕地的1/3，人均占有资源太少已经成为制约我国农民收入增长的根本原因[37]。此外，粮食、棉花、油料等大宗农产品高昂的生产费用又增加了农民的生产成本，减少了纯收益。因此，减少农民数量、增加农民人均占有资源量成为增加农民收入的根本出路[38]，而减少农民数量正是城市化推进的目标与结果之一。因此改革户籍管理制度成为新型城镇化顺利推进的必然要求，它为农村剩余劳动力向城镇转移创造了有利条件。新型城镇化最终一定是双重目标均衡实现：一部分农民进入美丽城市变成市民，过上幸福美满的都市生活；另一部分留在美丽乡村务农，过着同样幸福美满的乡村生活。

本章小结

本章主要从世界范围内城市的起源及发展出发，探讨了城市与自然、城市与人、城市与文明之间的关系。正如文章所言，城市的发展正改变着地球的一切，城镇化也随着人口迁移、城市扩张及文化沟通对城市、乡村及整个世界产生积

㊀ 1亩=666.67平方米。

极和消极的影响。新中国成立以来，我国的城镇化在经历大起大落之后进入快速发展期，2011 年我国城镇化水平突破 50%，这就意味着，我国城镇人口首超乡村人口，城镇化也将由重“量”转换到对“质”的提升。2014 年新型城镇化推广以来，我国城镇化进行了核心动力和路径的调整，在未来，注重内涵提升和集约发展将成为我国新型城镇化的常态。

参考文献

[1] 尹豪 . 21 世纪全球人口与发展 [J]. 人口学刊，2001（1）：8-13.

[2] United Nations. World population prospects：key findings and advance tables[R]. NewYork：UN-DESA，2015.

[3] 陈小兰 . 欧盟共同外交与安全政策机制研究 [D]. 乌鲁木齐：新疆大学，2006.

[4] 刘玉芳 . 北京建设世界城市评价与对策研究 [D]. 北京：北京工业大学，2009.

[5] 赵煦 . 英国早期城市化研究——从 18 世纪后期到 19 世纪中叶 [D]. 上海：华东师范大学，2008.

[6] 张莉 . 大庆市城市化进程研究 [D]. 天津：天津大学，2007.

[7] 秦大河 . 丝绸之路：开放交流的永恒通途 [J]. 知识就是力量，2014（12）：7-7.

[8] 王桂新 . 城市化基本理论与中国城市化的问题及对策 [J]. 人口研究，2013，37（6）：43-51.

[9] 王桂新 . 城乡一体化发展的一般规律与中国困境 [J]. 人民论坛·学术前沿，2014(2)：4-16.

[10] 陈春林，梅林，刘继生，等 . 国外城市化研究脉络评析 [J]. 世界地理研究，2011，20(1)：70-78.

[11] 吴莉娅 . 生产要素市场化与江苏城市化动力机制演变 [J]. 地理科学，2006，26（5）：529-535.

[12] 魏成 . 面向全球化时代的中国制度空间与区域发展研究 [D]. 广州：中山大学，2007.

[13] 杨家洋，王国辉，陈洋，等 . 新生代农民工社会保障问题对城镇化的影响研究——以常州市武进区为例 [J]. 社会保障研究，2012（5）：69-75.

[14] 程艳 . 徐州市城市化与生态环境耦合协调发展研究 [D]. 徐州：中国矿业大学，2014.

[15] 马启秀，李文涛，钱志鸿 . 中国乡村内生型城市化路径 [J]. 重庆与世界（学术版），2013，30（8）：11-14.

[16] 张剑 . 兰白西城市群集聚与扩散研究 [D]. 兰州：西北师范大学，2015.

[17] 周光霞，余吉祥 . 长三角城市体系的“中心—外围”模式 [J]. 华东经济管理，2013，27(4)：68-72.

[18] 刘德平 . 大珠江三角洲城市群协调发展研究 [D]. 武汉：华中农业大学，2006.

[19] 葛淼 . 21 世纪以来中国城市地域结构研究的综述 [J]. 城市建设理论研究（电子版），2012（8）：1-12.
[20] 唐蜜，肖磊 . 欠发达地区人口大县城镇化动力机制分析 [J]. 农业经济问题，2014，35（8）：100-109.
[21] 郑涛 . 重庆城市化的动力机制研究 [J]. 重庆理工大学学报（社会科学版），2008，22（11）：85-86.
[22] 唐蜜，肖磊，葛幼松 . 四 川省欠发达人口大县城镇化动力特征分析 [J]. 浙江农业科学，2014（08）：1278—1283.
[23] 李明 . 城市化定义界定探析 [J]. 安徽农学通报，2009，15（15）：7-9.
[24] 佚名 . 第 7 章　世界城市化与全球性城市 [EB/OL].（2014-10-26）[2017-07-28]. http：//www.doc88.com/p-9129482434351.html.
[25] 王前福，李红坤，姜宝华 . 世界城市化进程解读 [J]. 产经评论，2002（2）：15-17.
[26] 佚名 . 国外城镇化的典型模式 [EB/OL].（2016-12-13）[2017-07-28]. http：//qd.house.ifeng.com/detail/2016_12_13/50958545_0.shtml.
[27] 谢振东 . 国外和台湾地区城镇化的典型模式及其启示 [J]. 国家行政学院学报，2013（3）：114-117.
[28] 郭阳阳 . 中国特色新型城市化道路研究——以浙江省为例 [D]. 杭州：浙江理工大学，2012.
[29] 汝信，陆学艺，单天伦 . 2012 年中国社会形势分析与预测 [M]. 北京：社会科学文献出版社，2012.
[30] 李世兰 . 新型城镇化与经济转型：反思与借鉴 [J]. 城市观察，2013，26（4）：146-152.
[31] 国家发展和改革委员会宏观经济研究院课题组 . 迈向全面建成小康社会的新型城镇化道路研究 [M]. 北京：经济科学出版社，2013.
[32] 顾和军，沈坤荣，刘倩雯 . 中国劳动力结构演变与经济增长 [J]. 江苏社会科学，2015（3）：1-7.
[33] 周金良，高艳娟，陆玉龙 . 新型城镇化的科学内涵与战略路径 [J]. 唯实，2014（6）：67-70.
[34] 张强 . 县域经济与税收协调发展的实证分析——以山东省德州市为例 [D]. 济南：山东大学，2007.
[35] 陆玉龙 . 长三角呼唤宁杭城市带崛起 [J]. 城乡建设，2004（9）：44-45.
[36] 王克群 . 谈谈强镇扩权改市的意义 [J]. 机构与行政，2011（2）：18-20.
[37] 刘波 . 制约农民收入增长的因素及对策 [J]. 海南广播电视大学学报，2002，3（3）：37-39.
[38] 边泽祥 . 如何有效推进城乡一体化发展 [J]. 华人时刊，2013（6）：46.

第二章
从城市战略到优势城市
——城市化与城市发展互为战略条件

本章导读：在梳理世界城市化脉络及对中国当代城市化的内涵进行剖析后，我们将眼光回到当前中国城市的发展上来。空城、鬼城、千城一面、恶性竞争、城乡失调等弊端已经在城市发展中一览无遗，我们不禁要思索，在当前轰轰烈烈的城市化背景下，中国城市发展为何困境重重？两者之间到底存在何种关系？中国城市该如何发展？这是一个战略问题，是过去多年以来中国城市缺乏的思考，也是在城市化潮流中的迷失。目前中国各级城市都应该关注并制定城市战略，要以城市战略来引导城市发展，而非仅仅城市规划。我们认为，城市战略的主题是城市产业，本质是城市竞争与协同，核心是城市优势，关键是发挥主体作用，目标是成为优势城市。本章以鄂尔多斯与温州案例为起点，结合相关理论基础，提出“优势城市”理论，阐述“优势城市”的构建全过程。

第一节　透过城市看城市化与城市发展

一、鄂尔多斯：资源，发展优势抑或羁绊？

鄂尔多斯是内蒙古自治区下辖市，位于自治区西南部，辖七旗二区。据相关资料显示，作为呼包鄂城市群的中心城市、省域副中心城市之一，自改革开放以来，鄂尔多斯一直是改革的典型区域之一，同时也是内蒙古的经济新兴城市。

这座城市曾经是中国经济增长最快的地方，在 2001 年设立鄂尔多斯市之前，这片河套地区在内蒙古属于贫困之地，GDP 排名全国倒数。但此后，在上一轮经济繁荣周期中，鄂尔多斯 GDP 增速连续 9 年全国第一，人均 GDP 先后超过北京、上海和香港，成为全国最富的城市[1]。然而，奇迹戛然而止。从 2011 年下半年起，鄂尔多斯房地产有价无市，同时随着 2012 年宏观经济增速放缓、国际煤炭价格下跌，另一个支柱产业——煤炭业也突然坍塌，“鄂尔多斯光辉”就此停滞。

随后，鄂尔多斯积极寻求产业转型升级路径，国家发改委也把鄂尔多斯列为资源型经济创新发展综合改革试点。鄂尔多斯虽仍立足于煤炭资源，但变简单的能源输出为能源深加工，依托提高能源的附加值来抗拒风险，建起了四个煤化工产业集群及国家清洁能源输出主力基地[2]。该地房地产也在不断盘活，新区生活配套不断丰富，入住率逐步增加，2013 年，当地政府决定三年内不审批新的房产项目，2014 年政府回购了 7666 套房，用于棚户区改造[2]。同时，鄂尔多斯的非煤产业得到了迅猛发展，不但建立了面向全国的绿色农畜产品生产加工输出基地，而且无人机制造等高新技术产业和加工制造业发展也得到大力支持。

2017 年 1—5 月份，鄂尔多斯市公共财政预算收入完成 145.7 亿元，同比增长 24.5%，在建施工项目个数 1919 个，同比增长 35.5%，全社会固定资产投资 892.6 亿元，同比增长 10%，社会消费品零售总额 300.2 亿元，增长 10.2%[3]，鄂尔多斯提交的这份抢眼的“成绩单”，无一不在彰显着其在经济换挡调速时期中释放出的增长新动能与新活力。

今天，我们再次以鄂尔多斯曾经的危机为例，并非简单重复，而是从城市化与城市发展的“双重视角”出发，围绕资源、产业与承载力三方面，客观地探寻两者存在的问题。毕竟，鄂尔多斯从默默无闻到举世瞩目再到危机突现，而今又逐步走上正轨，仅仅用了十几年的时间。

（一）资源羁绊，误解的城市化

鄂尔多斯市拥有丰富的煤炭资源，煤炭资源开发是探索鄂尔多斯的城市化起点，用“成也萧何，败也萧何”来形容资源对鄂尔多斯的城市发展一点也不为过，20 世纪 90 年代以前，鄂尔多斯还是内蒙古经济的“后进生”，然而，2002 年前后，煤炭的黄金十年到来，鄂尔多斯人开始坐拥大量的财富，煤炭资源成为推动这座城市经济的强大引擎。然而，2011 年年底，煤炭量价齐跌，鄂尔多斯经济逐步进入谷底，被债务危机所笼罩。

1. 资源羁绊

资源型城市是以本地区矿产、森林等自然资源开采、加工为主导产业的城市[3]。作为以煤炭开发形成经济飞速增长的鄂尔多斯实际上一直在努力摘掉“煤都”的帽子，并寻找其他经济增长点。然而，对于鄂尔多斯这类城市来说，由于过分依赖资源开发，而忽略了对人才及其他产业的投入，如此一来，城市在发展过程中逐渐失去发展动力，最终陷入停滞甚至是倒退。

（1）产业结构单一，“棘轮效应”明显。资源型产业在鄂尔多斯市的经济发展中起主导作用，这导致了鄂尔多斯市的工业企业对这些煤炭、炼焦、电力等行业的深度依赖。鄂尔多斯市的工业以煤炭、炼焦、电力等行业为主，这些行业已经形成较为完整的产业链，从上游设备供应企业到中游的生产企业，都对基础设施、机器设备、大件耐用消费品、资金技术等方面投入了较大的资金，且设备的使用年限较长，不易废弃，如果转型必将承担巨大的转移成本。这种特点使得企业转型、退出的难度较大，凸显了产业发展的棘轮效应。

（2）资源浪费严重，能源安全问题突出。鄂尔多斯煤炭资源还处于粗放型发展阶段，一方面开采回采率低，煤系伴生矿体未能得到充分开发，导致煤炭资源利用效率降低。另一方面，鄂尔多斯在煤炭开采过程中需要大量水资源的补给，不仅造成水资源的极大浪费，也造成环境污染。根据相关统计，鄂尔多斯每年因采煤而损失的水资源量已达到 1.31 亿立方米[4]，甚至造成了地下水位的下降。由于煤炭资源是不可再生资源，如果不提高煤炭资源的利用效率，可能会面临矿竭城衰的危险。

（3）环境污染严重，地质问题突出。资源开采、运输、使用过程中产生污染物和有害气体，如二氧化硫、氮氧化物排放量呈增长态势，导致环境污染严重，突发环境事件增多。而且煤炭资源的长期开采，也使鄂尔多斯采煤区及周边环境恶化，采煤区地表塌陷、植被破坏、煤层自燃等地质问题严峻，并伴随出现土地干旱、人畜饮水困难等问题。全市采空塌陷区面积已达120平方公里，火区面积达87平方公里，并且每年以3%的速度在蔓延[5]。

2. 被误解的城市化

2001年撤盟建市后，鄂尔多斯中心城区仅含面积近20平方公里的东胜老城区，城市总人口不到20万人。鄂尔多斯城镇化严重滞后于工业化进程，“小城镇，大工业”的矛盾日益突出。鄂尔多斯寻求的另外一条路径便是：大规模、高标准甚至是有些超前的城市化。

鄂尔多斯通过大手笔的地产开发和基础设施建设，快速提高城市化水平，壮大城市规模，吸引外来人口，发展第三产业。2001年后的10年，按照“百年鄂尔多斯、百万人口城市”的行动指南，鄂尔多斯提出了“三化互动”“集中发展”的发展思路和“四个超一”的跨越式发展目标，制定了《关于推进城镇化的决定》，编制了《城镇化发展规划》。同时，紧紧抓住自治区打造呼包鄂城市群的重大机遇，鄂尔多斯喊出了“抓城市建设就是抓经济建设”的口号，“城市化促进产业化”成为主导思想，提出了“拉大、补欠、崛起”的三步走战略和“先规划、后建设”“先地下、后地上”的建设原则，超前构筑全力打造一体化协进的城市核心区。

公开数据显示，到2012年，鄂尔多斯城镇建成区面积由69.2平方公里拓展到243平方公里，中心城区扩展到134平方公里，累计完成旧城拆迁765.4万平方米，新建各类建筑面积6500万平方米，在建项目总投资超过1500亿元，其中包括600公里的高速公路、18个大型变电站以及14个分布在全市各旗县的工业园，每个工业园区的面积均达数十平方公里。鄂尔多斯的在建项目总投资在2010年为800多亿元，2011年为1070亿元。而鄂尔多斯2010—2012年地方财政总收入分别为365亿元、538亿元和810亿元，这意味着，政府每年拿出相当于财政收入两倍的钱来进行城市建设。

（二）产业转型，城市发展没有落到实处

几乎所有失败的城市发展案例最终都会归因于该城市产业转型的问题，鄂尔多斯也不例外。然而我们注意到，产业转型升级一直都是鄂尔多斯城市管理者的理念，而且一直在努力尝试及实践中，但最终却以失败告终。

1. 产业转型

煤炭资源快速带动了鄂尔多斯的经济发展，却也成为鄂尔多斯单一产业结构的象征。十年来，真正支撑鄂尔多斯发展的产业只有煤炭及房地产，而后者也正是源于鄂尔多斯人因煤暴富后资金无处可投造成的。鄂尔多斯政府对于单纯依靠煤炭发展的模式也深感忧虑，并先后打造了装备制造基地、云计算产业园，它们也是政府规划产业转型的抓手，但发展情况并不乐观。

同时，为了降低对外部市场的依赖，鄂尔多斯曾提出大力发展与煤相关的各种重化工业。一批全国之最和世界之最的项目陆续建成投产：亿利能源重化工循环经济产业基地规模全国第一；伊泰集团年产 16.5 万吨煤间接液化项目全国第一；博源集团 100 万吨天然气制甲醇项目全国第一。然而，这些重化工业基地及项目的投产并没有拉动鄂尔多斯的城市发展，也并没有给这座城市带来活力。

2. 城市发展没有落到实处

实际上，鄂尔多斯的发展被激情或其他力量所推行，对客观条件考虑不足。这点从鄂尔多斯大力发展各种重化工业可以推断。这些产业都需要大量的水，而这正是鄂尔多斯最稀缺的资源，加上经济形势不明朗和技术尚不够成熟，这些前沿的煤化工业根本没有条件得到大力发展。而城市的产业定位是由城市管理者制定的，政府的主体作用尤为重要。

（三）承载矛盾，没有将以人为本贯彻到底

探索城市发展成败的根源，最终还是要回归核心“以人为本”。新型城镇化规划频繁地提及“城市承载能力”，并明确要“以人为本”。但鄂尔多斯的发展实践与之相矛盾，不过与一般情况不同之处在于，该矛盾是由于产业单一及基础设施建设过量而造成的，其本质原因当属鄂尔多斯对“以人为本”核心的忽视。

1. 承载矛盾

在城市发展过程中，鄂尔多斯不断打造“森林城市”、建设新城区，相对于有限的人口而言，基础设施可以用过量、过于完善来形容。同时，2010 年，鄂尔多斯商品房销售面积 1009.4 万平方米，城区人口仅 65 万人。同年，北京的商品房销售面积是 1639.5 万平方米。

到了 2012 年 4 月底房地产泡沫破裂后，鄂尔多斯市房地产市场成交量不足 10%，呈现出典型的“有价无市”现象。成交商品房主要集中在两种形式：

一是过去已认购但因手续不全未签订商品房买卖合同，现在是补签，占销售总量的 62%；另一种则是开发企业以房抵债，占销售总量的 29%。2006—2011 年鄂尔多斯市房价走势如图 2-1 所示。

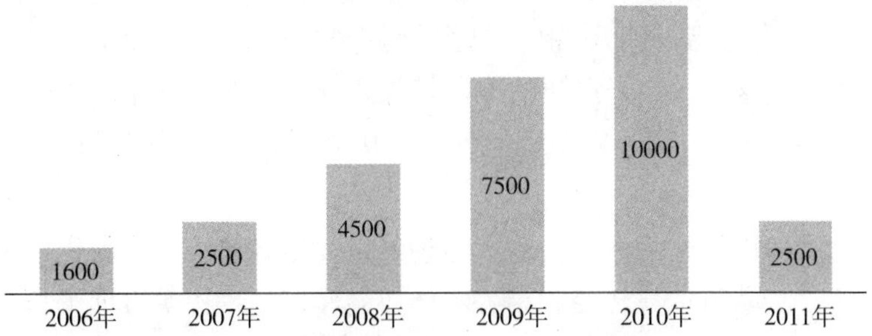

图 2-1　2006—2011 年鄂尔多斯市房价走势（单位：元 / 平方米）

2. 没有将"以人为本"贯彻到底

以 2001—2012 年为例，城镇建成区面积的年均增长率为 37%，而同期的城镇人口年均增长率仅为 13.1%，土地城镇化速度远快于人口城镇化速度。意在维持经济持续增长的鄂尔多斯将大力推进基础设施建设作为一个必要手段，却忘记了经济发展的驱动原动力在于人的发展。虽然这种"用基础设施投资拉动经济"是一种普遍的模式，但鄂尔多斯的步子迈得过快，以至于造成"以人为本"的缺失。政府仅给了人们财富暴增的机会，却没有就此搭建起完善的就业能力培育机制，使城市危机突现。

二、温州：产业，曾经被遗忘的东方犹太人之都

温州位于浙江省东南部，是浙江省辖地级市，下辖 4 个区、5 个县、2 个县级市，至今已有 2000 余年的建城历史。温州交通发达，高铁网密布，与长三角城市群互联互通，温州航空口岸也跻身国家一类对外开放航空口岸行列。全市陆域面积 12065 平方公里，海域面积约 11000 平方公里，土壤肥沃，河流湖泊众多，海洋资源丰富。温州自然资源主要为非金属类矿产，素有"世界矾都""世界蜡都"之称。

作为我国民营经济发展的先发地区与改革开放的前沿阵地，自 20 世纪 80 年代中期，温州人民大胆进行市场取向改革，率先发展多种所有制经济，大力推进工业化和城市化，走出了一条具有鲜明区域特色的发展路子，创造了生机勃勃的"温州模式"[5]，取得了举世瞩目的巨大成就，并一度成为我国改革开

放中民营经济的代名词，因此，温州也有着“东方犹太人之都”的美誉。

因辉煌的成就受到世人瞩目的温州在城市建设与发展过程中也曾经历过严重的挫折，房地产破产、民间金融体系分崩离析、银行不良贷款率急剧上升，民营企业纷纷倒闭一度使温州陷入深重的危机之中。

直至2015年，温州地区银行不良贷款率才下调至3.82%，比年初下降0.27个百分点，这是五年来温州的不良贷款率首次出现了下降；2016年，温州GDP同比增长8.4%，高于浙江平均水平0.9个百分点，温州经济已然重新焕发生机。

如今，我们以温州为案例，重新梳理城市发展脉络，探究城市发展过程中存在的问题，从城市优势转变和相关主体协同作用的发挥等方面解析城市发展危机。

（一）温州模式，产业的迅速崛起

由于地理条件的限制，温州当地的可利用自然资源极少，除了矾矿外，几乎没有更多可开发利用的自然资源；同时，温州多样性的地形直接导致了温州人均耕地少、交通条件差，在改革开放之初，温州只有一条通上海的水路和一条路况很差的104国道与外界相接。在此背景下，温州人民自强不息、敢为人先的创业精神，为大力发展民营经济奠定了基础。

温州从自然资源匮乏、经济发展乏力的后进生到民营经济活跃、成为引领我国市场经济发展的排头兵，主要得益于“温州模式”的开创与完善。“温州模式”有如下特征：①生产方式家庭化，温州主要以手工小商品生产制造为主，而此类小商品生产均以家庭为单位生产经营，呈现出典型的“前店后厂”模式；②经营方式专业化，温州模式有专门的工艺分工、产品的门类分工和区域分工等家庭模式分工；③生产要素市场化，温州模式主要按照市场的供需要求组织生产与流通，同时配置资金、技术、劳动力等生产要素；④服务环节社会化。在当时的社会背景下，“温州模式”富有生命力，使温州在改革开放的浪潮中取得了先发性制度优势。

由于人多地少，大量农业剩余劳力向第二、三产业转移，为发展非农产业提供了充足的劳动力。由于过去农村生产力发展缓慢，人民公社的地位一直处于边缘地带，这使得温州以手工业为特点的家庭经济和自发经济在资本主义泛滥的批判声中酝酿成长[6]，他们自办了各种非农经营的经济实体，同时通过流通信息网络的建立与完善，为其后来的规模化发展奠定了坚实的基础。十一届三中全会的召开，极大地鼓励了温州人民的创业热情，人们纷纷到外面做生意，干部领着老百姓去办厂子。在各种内外部因素的共同作用下，温州逐渐形成了自身的城市优势和特色产业。

1982 年，温州出现创业小高潮，当地个体工商企业超过 10 万户，约占全国总数的 1/10；1983 年，温州创办了全国第一个专业市场：永嘉桥头纽扣市场，形成了纽扣市场等十大商品产销基地和专业市场[7]；此后，在中央提倡农村发展商品经济、搞活流通的号召下，以家庭企业为主的乡镇企业迅速崛起，家庭工业、专业市场、购销大军迅速发展，形成了“小商品、大市场”的经济发展特色和以“一村一品、一乡一业”为特色的块状经济。通过采取“自我投资、自我建设、自我完善、自我发展”的方式，构筑了以家庭工业为基础、以股份合作经济为导向的“走南闯北、拾遗补阙、小商品大市场”[8]的经济格局。

在民营经济发展浪潮中，温州形成了具有代表性的制鞋、制革、服装、工业电器、塑料制品、打火机、眼镜、纽扣拉链、印刷包装、制笔等日用品和小商品特色产业[9]。通过龙头企业的带动，温州产业发展基本上呈现出“以市场为依托、以龙头企业带动经济及社会发展、以产业发展空间集群为基础”的社会化分工和专业化协作的发展格局，这种方式极大地促进了温州经济与城市的发展。

（二）时代变迁，城市优势的沦陷

城市优势的相对性要求城市必须在积累优势的同时，坚持与时俱进的发展观念，提高创新意识，依据市场环境、政策等的改变转换自身优势，创造新的增长点。然而，随着我国市场经济体制的逐步完善以及工业现代化的推进，“温州模式”也逐渐暴露出一些弊端，先发性制度优势消耗殆尽，社会经济问题却层出不穷。“温州模式”的衰落可能是由众多因素造成的，但对城市优势在城市发展过程中的认识深度不够却是重要原因，温州未重视并及时转换城市优势，导致城市发展一度一蹶不振。

“温州模式”在当时的社会经济背景下是具有优势和活力的，但随着外部环境的改变，优势也有可能变成劣势。首先，市场经济制度逐渐在全国范围内建立，许多地区响应发展多元经济的号召，大力推动民营经济的发展，迸发出经济发展的活力，成为“后起之秀”，大环境的改变逐步削弱了温州民营经济的优势。其次，现代工业以规模化、专业化为特征，提倡发挥规模经济优势，逐步提高了工业生产效率，而温州大量的小规模、家庭式生产将不再具有优势，生产方式的竞争归根结底是生产成本的竞争，而“温州模式”处于劣势地位，如果不改变必将被市场淘汰。

此外，“温州模式”本身也存在一些缺点。例如由于缺乏必要的监管和引导，假冒伪劣商品横行，由于众多家庭式作坊企业的存在，浑水摸鱼的不法商户伺机而动，且比较难以规范治理。杭州武林广场焚鞋事件、劣质低压电器伤人事件等严重损害了温州商品及温州人形象。在过去很长一段时间里，温州产品被人们以“劣质假冒货”来称呼，同时，温州这种无序蔓延以经济发展为唯一目标的发展模式，对当地的自然环境也造成了恶劣破坏。

这一系列问题都使温州长期积累的城市优势不断被消耗，并最终于2011年年末爆发出来。快速的工业化，带来了广泛的就业机会，大量外来人口涌入，2008—2010年间，温州常住人口增长114万，但温州并没有为此做好基础设施的准备。外来人口的涌入不断推高房价，2010年，温州房价达1.4万元/平方米，仅次于北上深三大金融中心和三亚、杭州，排名全国第六，在随后的一年，再度飙升了50%，2011年11月时涨到了2.1万元/平方米，比省会杭州还贵1/4。

2008年金融危机袭来，国家发布了四万亿计划以助我国城市能跳过此劫。有些银行为完成放贷指标，大幅降低信贷门槛，本来应用于农业的“互保联保”也被如法炮制到了中小企业贷款上，许多蕴藏风险的贷款项目一路绿灯。资金进入了民间，进入了房地产，但是并没有进入实体经济，据中国人民银行温州中心支行调查显示，温州已有89%的家庭个人、59.67%的企业参与民间借贷，利率高企[10]。房地产危机和隐患进一步加剧，实体产业逐渐萧条，但却被市场的热情所掩盖。

随着银行信贷投放量逐渐减少，以小商品经济及房地产经济为支撑的温州市场摇摇欲坠，终于在2011年温州金融危机爆发，其时温州出现了大量实体企业纷纷倒闭、外来人员投诉无门的困境。随着倒闭的企业及讨债者的增多，当时在温州盛行的地下钱庄由于违约者太多被迫清盘，整个民间金融体系趋向分崩离析。企业倒闭，劳动力外流，随之是房地产政策的收缩，房价在2011年达到顶点的2.1万元/平方米，维持几个月后，开始雪崩式下跌，2012年一年时间就下跌了20%。随着房价的下跌，本来通过“购房→抵押贷款→再购房”进入的杠杆操作模式也失灵了，部分投机者被迫变卖房产还贷，进一步增加了住房供给，打压了房价[11]。

温州付出了惨痛的代价，2012年温州地区生产总值、固定资产投资和社会消费品零售总额的增速下滑明显，人均 GDP 增幅、财政总收入等多项指标得不到提升，直到 2016 年才逐渐恢复增长。2010—2016 年温州地区经济增长情况见表 2-1。

表 2-1　2010—2016 年温州地区经济增长情况

年份	生产总值增速（%）	固定资产投资增速（%）	社会消费品零售总额增速（%）
2010	11.00	10.70	18.90
2011	9.30	92.10	18.10
2012	6.60	37.00	9.10
2013	7.70	24.10	11.20
2014	7.20	16.60	12.80
2015	8.30	13.20	11.00
2016	8.40	13.00	12.30

总的来说，温州未能把握自身城市优势，在关键时期未能进行产业的升级改造，城市优势转换失败，致使跌入发展危机之中。从城镇化的发展规律来看，城镇化的发展必须依托于当地产业，尤其是非农产业的发展，通过产业的快速发展带来足够的资金支持，才能进一步吸引人才的流入，以最终形成人口流入和需求扩大的良性循环。

（三）发展乏力，后劲不足

城市的优势实际上是有机的，自发现利用之时并非一成不变，而是随着地区发展环境的变化而不断变化的。

在温州的发展历程中，温州的民营经济作为城市发展及建设的最大动力机制，有着极为封闭的特征：传统的企业家族式管理封闭、排外，没有系统的人才激励模式，因此，流入温州的人口多处于产业链下游的初级加工环节，无论在融资还是科研创新上都掣肘明显，除了一味仿制之外并不能为温州的产业升级转型提供任何动力，使得温州企业难以做大，整个城市的经济发展也处于尴尬地位。

就城市建设发展方面来说，温州的政府主体作为城市建设与发展的“看得见的手”，在发展之初出现了缺位。在温州城市的发展历程中，公共基建投资不足，城市缺乏在交通、建设等方面的系统管理，导致温州出现了典型的“民富城穷”的局面。当外来人口大量涌入之时，由于现有住房条件极其恶劣又缺乏足够的住房来满足，高额的生活成本大大降低了温州城市的吸引力，人口流入量逐年减少。加之温州本地人大量移民，导致温州本土的城市发展及建设缺乏人才资源，城市发展乏力又带来了新的城市问题，导致城市的发展后劲不足。

第二节　城市化与城市发展的关系

从鄂尔多斯与温州的案例我们可以看到，落后的城市发展不可能支撑起快速的城市化，人为的城市化也不可能真正地促进城市发展。在一定程度上区分城市化与城市发展，并寻求两者之间的相互作用，对推动城市健康运转具有重要意义。

一、城市化与城市发展的异同

尽管城市化与城市发展有紧密的联系，但两者并非完全等同。当前尚无一致的定义，但城市化的核心在于人，是农村人口向城市人口转变的过程与结果，有两种不同的形式：一种是由农村自行转变为城市人口的自然行为，可能源于农村居民经济条件的改善等原因；另一种是城市依托自身发展进行的扩张行为，现在更多地体现在“造城运动”，如鄂尔多斯康巴什。相比于城市化，城市发展的核心在于经济，是经济由初级向高级转变的过程与结果。

（一）相同的终极目标与核心支撑

城市化与城市发展的终极目标是一致的，都是为了城市容纳更多的人口并使其更好地在城市中生存与发展，这点已经明确地体现在“以人为本”的新型城镇化当中。

两者的另一大相同点是，无论是城市化中的人口转变还是城市发展中的经济转变，其核心支撑都是产业发展，脱离产业，两者都无法成功。本质上，人口的转变与经济的转变是相辅相成、互为条件的，不可能单方面发生，产业只是作为核心单元支撑两者进行转变。

（二）不同的对象范围

城市化与城市发展的不同主要在于考察的对象范围不一样，这源于两者的视角不一样。城市化的视角更多是从国家层面或从区域层面，它囊括了城市与农村两个对象，可以是城市独立的发展，也可以是城市与城市、城市与农村的共同发展，或者农村转变为城市的过程。而城市发展的视角则仅仅围绕城市本身。

当然也要注意到，城市的发展从来都不是孤立的，其本身和农村及其他城市之间就存在错综复杂的关系，但这点在现实的城市发展中往往被城市管理者忽视，因此也造成了两者的脱钩。而城市化则天然地把城市发展包含在内，从这个角度看，城市发展是城市化的应有之义，城市化不可能脱离城市发展而存在。城市化与城市发展的异同见表 2-2。

表 2-2　城市化与城市发展的异同

	分项	城市化	城市发展
相同点	终极目标	为了城市容纳更多的人口并使其更好地在城市中生存发展	为了城市容纳更多的人口并使其更好地在城市中生存发展
	核心支撑	产业发展	产业发展
不同点	核心	核心在于人，是农村人口向城市人口转变的过程与结果	核心在于经济，是经济由初级向高级转变的过程与结果
	考察的对象范围	从国家层面或从区域层面，它囊括了城市与农村两个对象，可以是城市独立的发展，也可以是城市与城市、城市与农村的共同发展，或者农村转变为城市的过程	仅仅围绕城市本身

二、城市化对城市发展的战略指引

如果用战略的眼光去看待城市发展，那么城市化对城市发展具有明确的战略指引作用，主要体现在城市边界的扩张及内涵的提升两个方面。

（一）边界的扩张

城市发展边界的扩张是城市化的自然反映。城市化过程中，人口不断地从农村往城市转移，或者农村自身向城市转变，这都促使已有城市发展的边界不断扩展，新区建设是典型的例子。因此，城市在地域扩张时，应该考虑区域城市化的状况及其指引作用，不能脱离城市化实际而人为地拉大城市框架。

鄂尔多斯以政府为主导的“快速城市化”，试图通过大量的基础设施建设与开发房地产，壮大城市规模，吸引外来人口，发展第三产业，进而通过城市化来促进城市发展，这种思路是可取的，但忽略了鄂尔多斯城市化的空间，未充分认识和评估风险，长远考虑不周全。

同时，温州通过自下而上的民营力量带动城市发展，由于缺乏系统的规划导致了城市的无序蔓延及市场发展的恶性循环，给城市发展带来诸多严重问题：

（1）对自然生态破坏严重。城市蔓延通过新建各种基础设施，占用耕地、牧场、森林，扩大城市面积。对生态系统破坏极其严重，减少了生物多样性。同时，农田、天然绿地被用来开发房地产，极大地浪费了土地资源。富有地方特色的乡村景观和人文风貌在粗放形式的城镇建设过程中随之消失，进而影响城市生活环境品质，城市空间也由摊大饼式无序蔓延和星云式分布两种拓展形态构成。

（2）增加交通成本。用于道路桥梁等交通设施的市政成本大幅增加，导致城市陷入一种不可持续的发展模式。市民的出行方式更多依赖于私人汽车，不仅增加了交通流量，导致交通拥堵，还增加了尾气的排放，大气污染越发严重。

（3）城市中心区基础设施利用率降低。城市中心区原有的市政服务设施空置未能充分利用，大量社会资源流向新区，重复建设交通系统和基础设施系统，需要更多经济成本和社会成本的支持，进而降低了城市的竞争力和差异化发展的可能性。

2014 年发布的《国家新型城镇化规划（2014—2020 年）》明确要求，“严格控制城市边界无序扩张”，至 2016 年，北京、上海、广州及成都在内的诸多城市的开发边界划定工作已完成，开发边界将作为城市发展的刚性约定 [12]。城市发展边界的划定与城乡一体化统筹发展一道，为居民“望得见山、看得见水、记得住乡愁”的目标奠定了基础，正体现了“以人为本”的城市发展理念。

在发挥城市化对城市发展的战略指引作用、有效控制城市边界无序扩张方面，欧洲发达国家倡导的新型城市发展概念——紧凑型城市（Compact City）是一种很好的运用和体现。紧凑型城市科学巧妙地进行城市规划，高效地利用土地资源，用精致的发展方式代替无序蔓延，让城市在功能、规模和结构上实现紧凑高效 [13]。紧凑型城市具有以下特点：

（1）城市密度的提高。自改革开放以来，我国城镇空间以极快的速度开发，其中也不免粗放之处。资料显示，1991—2010 年，我国城市建成区面积扩大了 2.12 倍，而城市人口仅仅增长了 0.89 倍，土地扩张速率是人口增长速率的 2.38 倍 [13]。从全球城市发展的经验可知，建设紧凑型城市的关键是要提高城市的密度，从城市规划开始便对基础设施、公共服务设施进行紧凑而高效的布局，通过城市框架的搭建来规范城市的整体布局。

（2）功能混合的土地开发。从城市功能结构方面来看，若城市从空间布局上实现了产城融合、职住平衡，即人们居住在更靠近工作地点和日常生活所必需的服务设施的地方，那么这就从源头上减少了交通量及汽车尾气的排放。

同时，功能混合的社区不仅缩短通勤成本，还能大大提高土地的利用率，为城市带来多元化和活力。

（3）与土地开发高度耦合的公共交通体系建设。TOD 模式（以公共交通为导向的发展模式），即依靠地铁、轻轨、公共汽车等交通枢纽，形成一系列以公交站点为中心、以 5~10 分钟步行路程为半径的城市细胞。这一模式将公共交通体系和用地开发高度耦合起来，从而减少了私人汽车的使用率，并且通过使用清洁的能源减少尾气排放。

（4）以人为本的城市设计。城市是服务于人、造福于人的，城市功能需要建立在市民需求基础上。合理的城市设计、完善的市政设施可以让居民更好地在城市中生活、工作、休闲、娱乐。以人为本的理念已经成为西方现代城市设计的核心内涵，“以行人为导向的发展模式”“儿童友好型”“环境友好型”等发展理念都是以人为本的延伸模式。

城市化的核心是人，塑造城市人口的生活工作空间才是城市发展需要解决的问题。城市化在城市边界的合理扩张、建设造福于居民的城市空间方面起到重要的指引作用。

（二）内涵的提升

内涵的提升是指城市发展内容不断丰富，一般表现在产业结构、消费层次与集约程度等方面。相对于城市边界的扩大，城市内涵的提升是一种“质变”与“升级”的过程，而这种过程也可以理解为城市化所带动并指引的。例如，以产业为例，在城市发展进程中，第一产业比重不断下降，第二、第三产业地位不断提升，但不同的城市，在第二、第三产业上发展的深度是不一样的，不同城市的金融业态及地位可以说明这一点。尽管鄂尔多斯与温州的民间金融足够发达，但它们并未在城市产业发展中发挥相应力量，而这种情况是由参与金融的各方主体所决定的，同时，鄂尔多斯与温州分别作为典型的资源型城市和产业型城市，产业转型应紧密结合产业基础和城市发展条件，金融业并非转型的合理路径。城市化在鄂尔多斯城市发展中内涵提升方面的指引作用没有被深刻认识与重视。

要发挥城市化对城市内涵提升的战略指引作用，需要深刻解读并合理利用城市发展各方面的基础条件，尤其是人文、历史、资源等城市底蕴。例如资源型城市鄂尔多斯不仅不应抛弃基于城市资源的发展方式，而应该继续提升能源资源的发展内涵，同时合理利用城市其他资源。2013 年国务院印发的《全国资源型城市可持续发展规划（2013—2020年）》明确规定，鄂尔多斯资源开发尚处于上升阶段，资源保障潜力大，是我国能源资源的供给和后备基地。因此，应规范资源开发秩序，形成一批重要矿产资源战略接续基地；提高资源开发企业的准入门槛，合理确定资源开发强度，严格环境影响评价，将企业生态环境恢复治理成本内部化；提高资源深加工水平，加快完善上下游产业配套，积极谋划布局战略性新兴产业，加快推进新型工业化；最后，应着眼长远，科学规划，合理处理资源开发与城市发展之间的关系，使新型工业化与新型城镇化同步协调发展，在城市化战略指引下逐步提升城市内涵。

三、城市发展对城市化的战略约束

城市化引导城市发展的方向，而城市发展则通过社会生产、生活方式的变化而对区域城市化形成约束，也就是说城市化程度受制于城市发展。城市发展往往与城市化地区有地理或行政联系。当然，像鄂尔多斯康巴什这样的“造城运动”，是由瞬间的财富增长和政府的城市化冲动而形成，其他的更多由自身环境决定。总体来说，城市发展对城市化的战略约束主要体现在基础设施的约束和产业发展的约束两方面。

（一）基础设施的约束

基础设施是一个城市发展是否成熟的重要标志，它对城市化进程起约束作用，快速城市化必须要以完善的基础设施为先决条件。必须注意的是，基础设施建设本是城市化过程中自然提升的产物，基础设施建设是城市化的必要条件，而非充分条件，成功的城市化必须有基础设施的支撑，但仅有基础设施却无法实现城市化。

例如，一些地方政府大搞基础设施建设，面子工程、政绩工程不断涌现，这种把基础设施建设等同于城市化的观念严重误导了城市化发展。调查数据显示，截至2015年，全国县级以上新城新区有3000多个，遍及各省、市、区，而且半数以上的省市、区县级及以上新城新区达100多个甚至200多个，半数以上省市、区至少有一个1000平方公里以上的新城新区，有的甚至占地达3000多平方公里。其中，部分盲目设立的新区由于缺乏足够的本地及外流人口支撑，逐渐沦为“空城”“鬼城”，土地资源被大量占用和低效利用。据统计，2015年，我国新城新区总面积近4万平方公里，而新区总人口不足4000万人，人口密度达到了1000人/平方公里，同时期我国城市人口密度平均为2399人/

平方公里，即新区人口密度不足我国城市人口密度平均值的1/2。新城新区多以地方政府投融资平台方式举债建设，土地财政是其主要融资途径，部分地方政府盲目举债建设新城新区，造成大量资金沉淀，加剧了地方政府财政风险。

可见，基础设施建设对城市化的推进具有深远影响。若基础设施建设适度，满足当前及未来城市发展需要，那么，它对于城市化的推进具有重要作用；若基础设施开发落后，不能满足发展需要，或盲目开发基础设施，不切实际地扩张，造成大量资源浪费，那么都会对城市化的推进形成严重制约。

（二）产业发展的约束

产业是城市化与城市发展的核心支撑。一个地区城市化水平的高低受制于当地的产业发展，没有产业，便没有人口由农村转为城市的条件。产业集群的发展，在为城市化带来资金资本、劳动力和技术等生产要素集聚的同时，促进城市化水平的进一步提升。然而，产业发展是多重条件共同作用的结果，而非人为能够单方面决定的。

纵观世界各国的城市化进程，很多城市和新区都是围绕产业发展起来的。例如有欧洲的“硅谷”之称的瑞典的KISTA科学园，以瑞典皇家理工学院和斯德哥尔摩大学为依托集聚了爱立信、IBM、Oracle、Intel、Sun等700多家企业，涉及电信、微电子、软件等行业。随着园区的产业规模不断扩大，众多中小创新型公司进驻。园区基于对企业员工和创业者的需求的理解，精心规划了集公园、娱乐、购物、居家、文化活动为一体的公共环境。企业在创造经济收益的同时不断翻新城市面貌，为人们带来更好的基础设施、生活环境、就业机会和发展前景。可见，一个地区的产业发展会对该地区城市化水平形成重要约束，良好的产业发展是城市化水平提升的内在动力。

综上所述，城市化与城市发展有着天然联系，密不可分，相辅相成。城市化与城市发展互为战略关系，前者对后者构成战略指引，后者对前者则形成战略约束。在现实中，城市发展往往与城市化混为一谈或者完全脱钩，以城市化冲动去进行城市发展，以城市发展去替代城市化过程，都是错误的观念。

第三节　“优势城市”的概念与内涵

在明确城市化与城市发展的关系之后，我们将集中探讨城市发展。战略缺失是当前城市发展的核心问题，城市发展要遵循城市化的战略指引，并形成自身的发展战略。以下从城市战略出发，应用经典理论，引出“城市优势”，并提出“优势城市”概念，最后从独特视角提出如何打造“优势城市”。

一、基本理论基础

“优势城市”是一个全新的概念，与其相关的理论不一而足。但将战略、产业、优势同时运用于区域发展的经典理论来源当属战略管理大师迈克尔·波特。他分别于1980年、1985年和1990年出版《竞争战略》《竞争优势》和《国家竞争优势》（又称“竞争三部曲”），讲述内容从企业竞争战略到竞争优势的获取，再拓展到国家竞争优势，是一套非常完备的理论体系。以下对该理论体系做简要阐述，旨在分析竞争优势的形成与运用，以及如何将该理论运用于城市发展中。

（一）从竞争战略到竞争优势

波特是产业组织理论及战略研究专家，他对企业战略的研究有两个重点：一是企业与产业关系；二是竞争关系。并因此形成了独具一格的竞争战略。波特认为，企业制定战略要置身于产业环境当中，企业面临的产业竞争对手有五种，即潜在进入者、替代品生产商、客户、供应商及现有竞争者，这五种力量是决定企业竞争战略能否成功的关键。波特提出三种基本竞争战略：总成本领先、差异化及目标集聚。

波特关于竞争优势的研究建立在竞争战略基础之上，其中心思想是企业如何在实践中创造和保持在产业中的竞争优势，即如何推行三种基本战略。实际上，企业的竞争优势只有两种：成本优势及差异化，分别对应总成本领先战略与差异化战略，而目标集聚战略只不过是两者在特定市场上的体现。

波特对于企业竞争战略及竞争优势的研究，创新之处在于从产业的角度出发，认为产业构成了企业竞争的主要环境，而产业作为处于宏微观之间的经济载体，为后续国家竞争优势的研究奠定了基础。

（二）从企业到国家及区域

如果说波特对企业竞争战略与竞争优势的研究将企业与产业联系起来的话，那么两者的进一步结合共同构成了国家的竞争环境，这便是国家竞争优势的研究起点。波特认为，产业是构成两国竞争的基本单元，国家竞争优势也来源于国家在特定产业方面的优势。这种优势突破了传统国际贸易理论的绝对优势及比较优势局限，而是站在比较优势理论的基础上，全面分析了国家竞争优势的来源。

波特提出国家竞争优势的“钻石理论”（见图 2-2），指出以产业为核心的国家竞争优势主要由四个基本要素和两个辅助要素构成：前者包括生产要素、国内市场需求、相关产业及企业条件；后者包括机会与政府。其中，机会是可遇不可求的，但政府是通过对四个基本要素进行作用而影响国家竞争优势的。

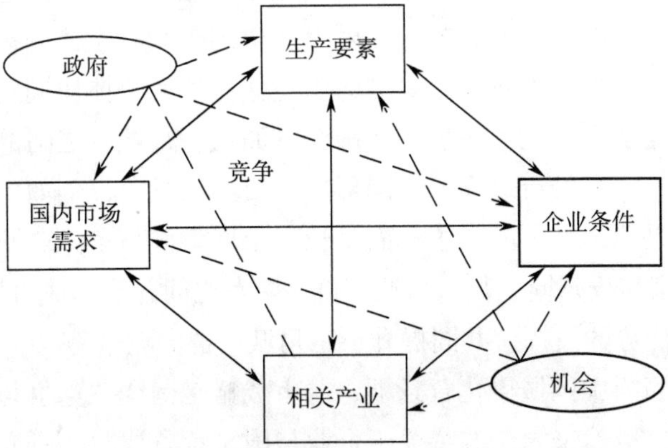

图 2-2　国家竞争优势的“钻石理论”

波特认为，国家竞争优势的相关理论完全可以应用于区域、城市、社区等发展，我们从波特后期从事的研究也可以看出，他将“钻石理论”运用在了一些城市发展分析上面，而国内一些研究学者也将该理论用于研究某城市的特定产业方面，这便构成了我们借助波特的理论来研究城市的基础。

二、城市战略、城市优势与优势城市

尽管在“竞争三部曲”中，竞争战略用于分析企业优势，并延伸至国家层面，但仍未应用于分析城市优势。从竞争战略与竞争优势的关系来看，国家竞争优势的获取应基于既定的国家竞争战略。因此，我们对城市的研究也必须从战略开始，从而为优势的研究提供支撑。

（一）城市战略

城市战略不同于城市规划，两者的核心区别在于战略的导向是获取城市优势，而规划的导向是为完成城市发展目标而制定的任务。我们将城市战略的基本概念定义为：城市战略是指城市为了获取并保持自身优势而采取的长期性、全局性策略行为。我们主要从两个方面来阐述当前中国城市化背景下的城市战略：

一方面，城市战略的主题是产业，正如波特提及的，产业是构成国家竞争的基本单位，区域或城市也是一样，产业竞争力是反映城市竞争力最重要的方面。尽管一个城市的成功发展可以找出许多方面的因素，但究其本质及相互之间的联系，我们发现，产业是可以综合反映其他因素的最终体现。

另一方面，城市战略的本质不仅仅是竞争，还有协同。当然，竞争与协同都是针对某个城市的战略而言的。实际上，协同是竞争主体的扩大化，是将城市个体的竞争转为群体的竞争，是“为了整体竞争的个体协同”。在中国当前城市化阶段，竞争与协同集中表现在两个方面：一是城乡之间的协同形成城乡统筹后的竞争；二是城市之间的协同形成城市群的竞争，例如上海与北京的竞争，并非仅仅是两个城市的竞争，而是长三角城市群与京津冀城市群之间的竞争。又如，南京与扬州同属长三角城市群，两者之间并非形成直接的个体竞争，而是通过协同优势的发挥，共同提升长三角城市群的竞争力。

因此，在当前中国城市化背景下，城市战略是围绕“竞争与协同”而展开的产业活动。这虽然来源于波特关于企业与国家竞争战略的研究，但也体现出不同的特征，而这种特征，恰恰是中国城市化特定阶段所带来的。

（二）城市优势

正如竞争战略与竞争优势的关系一样，城市战略的核心是获取与保持城市优势，对于单个城市而言，该优势包含竞争与协同两个方面。我们对于城市优势的概念定义如下：城市优势是指一个城市相比于其他城市或为了共同促进群体优势而占据的有利位置。基于城市战略，我们从三个方面来谈城市优势：

（1）城市优势的主题是产业，与城市战略的主题是一致的。我们用产业来反映城市优势，并非忽视其他优势，而是将其他优势都集结在产业上来，因为各项优势并非在同一层次。

（2）对于单个城市而言，城市优势的本质是竞争与协同优势。其中，竞争优势是指城市与城市之间的同业竞争优势，而协同优势是指城市服务于城市群及城乡整体竞争的协同优势。

（3）城市优势的构成因素。正如国家竞争优势一样，城市优势并不是一个不可分解的“黑箱”，而是由各种相互关联的因素构成的。我们认为，城市优势由三个基本要素和一个主体要素构成，如图2-3所示，三个基本要素又称“铁三角”，包括：生产要素（重点关注城市资源）、相关产业（重点关注产业集群）、产业市场；一个主体要素是政府与国有成分，它们通过对三个基本要素产生作用而形成城市优势。

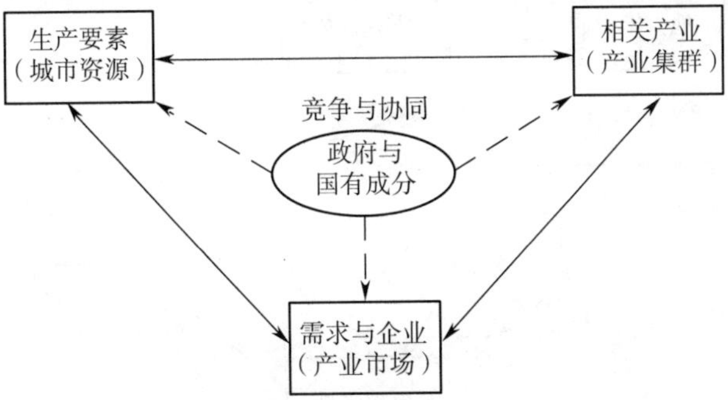

图 2-3　城市优势结构图

我们可以看到，相比于国家竞争优势，城市优势有如下特点：

（1）内涵更为宽广，原因在于城市与城市之间、城乡之间的协同发展是必然的，而国家之间却不存在这种必然性。

（2）城市优势的构成要素有所不同。一是忽略了机会要素，是因为“钻石模型”中的机会对于城市而言，并非像国家层面表现得那么明显；二是将国内市场需求与企业条件合并为“产业市场”；三是政府要素加入地方国有成分，是基于我们对于国内城市发展的观察而设定的，这提升了政府的内涵。

而需要注意的是，城市优势并不是一成不变的，城市优势具有时变性与相对性。随着社会的不断发展进步，我们生活的社会环境也在悄然发生变化，政治、经济、文化等各方面已不同以往，过去的城市优势可能已被消耗殆尽，也可能随着经济环境和政策的改变优势变劣势。正是由于城市优势的这种不确定性，城市战略的制定应该立足长远，以可持续发展为目标，而城市在发展过程中应掌控自身优势，积极积累优势，并在关键时刻进行优势的转换，创造新的增长极，引领新一轮的城市发展。下文将重点介绍优势城市的具体构建过程。

（三）优势城市

具有一定的优势是成为优势城市的必要条件，但仅仅形成城市优势是不够的，还要取决于城市优势是否得到运用、累积，并在优势不可持续时得到有效的转换，形成相关联的其他城市优势。

优势城市是建立在城市战略与城市优势基础之上的。我们将优势城市定义为：优势城市是城市战略的目标，是能不断形成、运用、累积、转换自身优势的城市，如图 2-4 所示。

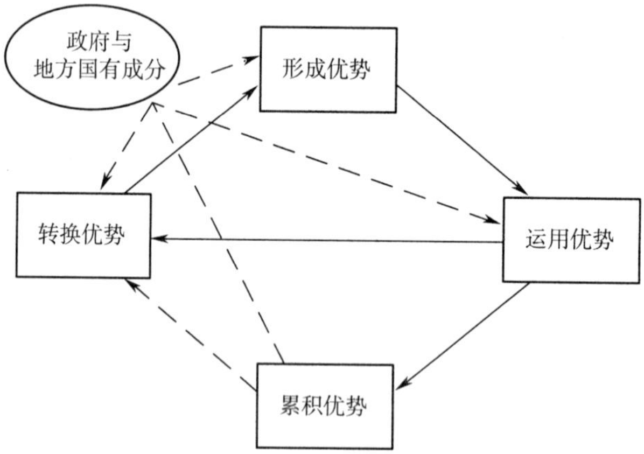

图 2-4　优势城市示意图

其中，形成城市优势是前提条件，资源型城市在此方面具有先天优势，但却不能过于拘泥于此（如鄂尔多斯，煤炭资源作为构成该城市优势的一个要素，天然存在）；运用是针对发现并形成的城市优势，在产业发展上加以运用，并维持这种优势；累积是促进城市优势在要素运用过程中不断得到加强；转换是城市优势不可持续时进行的关联转换，既可以是要素内部的转换，也可以是要素之间的转换。鄂尔多斯在发展过程中未有效进行优势转换，导致发展一度出现短暂断层，目前鄂尔多斯重新认识优势、合理进行规划，走向优势转换之路。温州也是如此，发展动力得益于民营企业的集聚与开放，却也桎梏于其的分散，如何进行优势转换也成为温州破解发展困境的首要难题。再加上现在处于全球化的复杂时期，又为城市优势的打造与转换增加了难度。

我们注意到，形成城市优势的各项要素在构建优势城市时都可以发挥相应的作用，但作为主体的政府及投融资平台则负有天然的领导及组织使命，而该使命是其他四种要素所无法具备的，因为它们都有各自不同的诉求与目标，但不以构建优势城市为目标，而是在实现自身目标的过程中促进了优势城市的构建。相比于鄂尔多斯与温州，陕西榆林市却成功地将煤炭资源优势转换为产业集群优势，并有效规避了城市发展断层现象，其中就有政府及投融资平台的一份功劳。受宏观政策调整、煤炭消费增速放缓等因素影响，榆林也同样面临“资源诅咒”的发展困境，粗放型增长方式难以为继，陕西省委、省政府为支持榆林的发展，出台新27条，即《关于进一步支持榆林持续发展的意见》，对榆林进行了重新定位，并提出了“三个转化、四个产业链”的指导思想，支持将榆林建成陕甘宁蒙晋接壤区“四化同步”的区域中心城市、开放创新的活力城市、“国内一流、国际知名”的高端能源化工基地、陕西规模特色现代农业示范基地。政府对榆林市产业和生态发展进行了细致研究与规划，做出了科学合理的顶层设计，为城市未来发展指明了方向，确保了榆林市城市优势的积累和转化，防止未来资源匮乏时城市的衰退。目前榆林已逐步形成了一批如榆林神华能源有限责任公司、榆林天然气化工有限责任公司、榆林市华源电力产业总公司、陕西榆林能源集团有限公司等核心企业，使得榆林市资源型产业集群的核心竞争力不断提升，区域经济发展迅速，工业产值增长速度加快。可见，地方政府在榆林城市发展过程中积极协调各类资源，起到了不可或缺的领导与组织作用。

综上所述，优势城市构建的第一步是形成优势，进而运用优势、累积优势，为达到可持续发展目的还需转换优势，从而形成了优势城市的构建体系。同时，在构建优势城市的过程中，应大力发挥主体作用，形成良性的循环。本书第三、四、五章将分别阐述主体如何通过对生产要素（城市资源）、相关产业（产业集群）、需求与企业（产业市场）进行作用，从而构建优势城市的。

本章小结

本章主要是核心理论“优势城市”的提出及解释。鄂尔多斯与温州两座城市在城市化与城市发展过程中反映的问题为“优势城市”提供了实践来源，而迈克尔·波特的“竞争三部曲”则为其奠定了理论基础。

同时，界定了城市化与城市发展之间互为战略条件的关系。强化了产业在城市发展中的核心地位，并指出城市之间的联系并非仅仅是竞争，还包括协同，但协同是为了更大范围内的竞争。

“优势城市”是以城市化为背景、城市战略为起点、城市优势为核心的理论，正因为“优势城市”来源于城市战略，因此构建“优势城市”是一个长期的、全局的活动，是基于自身优势的一个主观提升，而不是一蹴而就的过程。

同时，由于城市优势各组成要素的本质不同，导致主体在构建“优势城市”的过程中所产生的作用方式及作用力也有所不同。有些优势是先天的，因而主体在构建优势城市时是被动的受体，如自然资源；有些优势是市场的，需要制度指引而非控制，如产业市场。但无论如何，主体在构建“优势城市”过程中负有天然的使命。

参考文献

[1] SAN JURO. 鄂尔多斯：自食恶果 [EB/OL].（2012.08.09）[2017-09-25].http：//blog.sina.com.cn/s/blog_a131c49a01018dwx.html.

[2] 佚名 . 鄂尔多斯转型在路上 [EB/OL] .（2015-05-25）[2017-09-25].http：//money.163.com/15/0525/04/AQECPBM700253B0H.html.

[3] 国务院 . 国务院：资源城市到 2020 年产出率提高 25 个百分点 [EB/OL].（2013-12-03）[2017-09-25].http：//news2.jschina.com.cn/system/2013/12/03/019501961.shtml.

[4] 赵欣 . 煤炭资源型城市发展低碳经济的路径研究——以鄂尔多斯市的低碳发展为例 [J]. 生态经济，2015，31（4）：68-72.

[5] 白牡丹，田旭峰，颉茂华 . 鄂尔多斯市矿产资源开发补偿现状及完善建议 [J]. 北方经济，2009（17）：31-33.

[6] 李建刚 . 青藏铁路沿线重点地区发展特色经济研究 [D]. 西宁：青海大学，2012.

[7] 游武 . 开放开发形势下平潭主导产业选择的研究 [D]. 呼和浩特：内蒙古农业大学，2013.

[8] 宋奕洁 . 金融改革和民营银行对“温州模式”的影响 [D]. 上海：复旦大学，2014.

[9] 高爱菊 . 温州民营企业技术创新问题研究 [D]. 西安：西北大学，2005.

[10] 徐明 . 区域环境优势对区域品牌形成的作用机理研究——以温州鞋业集群为例 [D]. 长春:吉林财经大学，2008.

[11] 燕小青，赵丙奇 . 温州乱象与民间融资渠道 [D]. 宁波：宁波大学，2015.

[12] 佚名 . 江南皮革厂老板跑路背后　温州房地产崩溃全回顾 [EB/OL].（2016-12-13）[2017-09-25].http：//www.fang.com/news/2016-12-13/23807605.htm?t=1490780161444.

[13] 贺鼎 . 紧凑型城市——超大城市的可持续发展选择 [J]. 中国社会组织，2015（8）：15-16.

第三章

资源型产业的打造与主体作用

——城市资源本身便可成为产业

本章导读：上一章系统阐述了“优势城市”的理论框架，提出了政府与地方国有成分等主体具有构建“优势城市”的天然主导作用，与四个要素的结合是关注的重点。本章主要论述在构建“优势城市”中，主体是如何作用于城市资源的。通过“文化之城”西安的案例，我们分析了如何围绕文化旅游资源打造相关资源型产业，并从当地政府与地方国有成分对文化资源的作用中，总结出一般的作用形式及机制。

第一节 透过“文化之城”西安看主体对资源的作用

西安“文化之城”称号不仅得益于历史长河的慢慢积累，也得益于当地政府对文化资源的重视及利用，通过地方国有成分的实践先行，把“文化”招牌做大做强，从而使得西安“文化之城”的美誉家喻户晓。本章第一部分首先梳理了资源的概念，然后介绍了西安文化资源，了解西安文化积累和逐步被重视利用的过程；进而梳理了西安的文化产业发展情况，分析其为西安城市发展带来的效益；最后发现西安“文化之城”发展中，政府及地方国有成分等主体对文化资源的重视及开发利用对城市发展起到了至关重要的带头作用。

一、资源的概念及内涵

人类对事物的认识都是在逐渐变化的，从不同的角度出发往往也会得到不同的结果。对“资源”的认识也不例外。无论是《辞海》“资财的来源，一般指天然的财源”的定义，还是联合国环境规划署“所谓资源，特别是自然资源是指在一定时期、地点条件下能够产生经济价值，以提高人类当前和将来福利的自然因素和条件”的观点，都仅限于自然资源的层面。而马克思与恩格斯则在肯定了自然资源的基础上，还将包含了劳动力和技术的人的因素看作创造财富的另外一个重要来源。例如马克思在《资本论》提到“劳动和土地，是财富两个原始的形成要素”。恩格斯认为“劳动和自然界在一起它才是一切财富的源泉，自然界为劳动提供材料，劳动把材料转变为财富”。

综合以上权威观点来说，资源的来源及组成应当是丰富的，既包含自然资源，也包含与人相关的因素，如人力、知识、技术、经济等。因此，有学者概括出资源的概念为：所谓资源指的是一切可被人类开发和利用的物质、能量和信息，它广泛地存在于自然界和人类社会中，是一种自然存在物或能够给人类带来财富的财富，或者说，资源就是指自然界和人类社会中一种可以用以创造物质财富和精神财富的具有一定量的积累的客观存在形态，如土地资源、矿产资源、森林资源、海洋资源、石油资源、人力资源、信息资源等[1]。

在人类经济活动中，各式各样的资源之间存在着相互联系与制约的复杂关系，由此形成了一个结构庞杂的资源系统。每一种资源内部又有自己的子系统。资源系统可从性质、用途等不同角度进行分类。以资源性质的角度分类，可以分为自然资源（包括再生资源和非再生资源）、社会经济资源（或称社会人文资源）和技术资源。

文化资源作为社会人文资源的一部分，学者们对其概念也尚未形成统一认识。《文化资源的产业开发》一书中将文化资源概括为人类通过劳动所创造和形成的物质成果及其转化[2]；《文化产业发展论》中将文化资源具体解释为人类发展进程中所创造的一切含有文化意味的文明成果和承载了一定文化意义的活动、物体、事件以及一些名人和名称等[3]。还有观点认为，文化资源是各种文化客观现象的总和，能够形成文化实力，可供主体开发和利用，既包含历史所积累的文化遗产库，也包含现代社会所创造文化信息的文化形式库，以及作为文化活动设施与手段的文化载体库等[4]。综合上述定义可以看出，文化资源包含了人们在生产生活过程中创造出来的具有文化内涵的物质和精神成果，它能够通过合理的开发和利用转化为生产性资本，兼具社会和经济的双重功能。

以上是在人类社会这样一个大范围内对资源的定义及分类，具有普遍适用性。同时根据文化资源的概念可以看出，西安历史文化遗产、延安的红色文化与鞍山的铁矿、大庆的油田、大同的煤矿以及北京的人才一样，具备可开发利用的特点，是城市先天拥有的、其他城市所无法比拟的资源，这正是形成城市核心竞争力、塑造城市优势、打造优势城市的基石。

二、往事越千年，西安的文化资源

作为世界文明古国之一，中华文明史到底有多长一直是中外学者的争论焦点之一，而“上下五千年”不过是一个笼统印象的习惯说法。根据科学考古，中华文明的摇篮在黄河流域，而西安正是华夏古文明最重要、最集中的发源地之一。3100 多年的城市发展历史和 1100 多年的建都史，给西安留下了大量珍贵的、具有绝对优势的历史文化资源。

钟楼、鼓楼也许不足以代表西安，但兵马俑、大雁塔、华清池、大唐芙蓉园已经成为西安的显著标志。这些地点承载着这座城市的历史记忆。从古到今，西安曾用名有酆京、镐京、长安、京兆、大兴、西京等，其中又以“长治久安”之意的“长安”最为著名。正所谓，长安自古帝王都，中国历史上四个鼎盛的朝代——周、秦、汉、唐均在此建都，让西安成为中国历史上建都时间最长、建都朝代最多、影响力最大的都城，可以说是中华文明的代表。因而有人说：

二十年中国看深圳，一百年中国看上海，一千年中国看北京，而五千年中国则看西安。古老悠久的历史赋予西安极为丰富的历史遗存，堪称天然的历史博物馆。

千年前，长安是丝绸之路的起点，从此处一直往西，经河西走廊到敦煌，再从敦煌分为南北两路，连接着中国腹地与欧洲诸地，是亚洲、非洲和欧洲的古代陆上商业贸易通道。丝绸之路不仅促进了古代亚欧之间商业贸易的沟通，互通有无，还促进了亚欧各国和中国的友好往来，成为沟通东西方文化的友谊之路。

穿越千年，长安业已成为过往的记忆，如今这座名为西安的城市仍然充满活力。2013 年，中国国家主席习近平在出访中亚和东南亚国家期间，先后提出共建“丝绸之路经济带”和“21 世纪海上丝绸之路”的重大倡议，两者合称“一带一路”倡议，得到了国际社会高度关注。在这条路上，西安市所在的陕西省被定位为“面向中亚、南亚、西亚国家的通道，商贸物流枢纽，重要产业和人文交流基地”。在“丝绸之路经济带”中，西安仍占据着重要的位置。

如何把握新时期的发展机遇，将得天独厚的历史文化资源发挥出应有的价值，是西安市必须认真对待的问题，也是近些年来一直探索的关键点。

接下来，我们将以新中国成立为分界点，简要概述西安在 3100 多年建城史和 1100 多年国都史的历史长河中，如何积累了大量的文化资源，以及新中国成立后不同时期中，当地政府如何逐步增强了对文化资源的重视及开发利用，形成支撑城市发展的文化产业。

（一）新中国成立前西安的文化积淀与发展

100 万年前西安成为蓝田古人类的聚落，7000 年前便形成了仰韶文化时期的城垣雏形，历史上先后有西周、秦国与秦朝、西汉、新莽、汉更始帝刘玄、赤眉帝刘盆子、东汉献帝、西晋愍帝、前赵、前秦、后秦、西魏、北周、隋、唐、大齐帝黄巢等 16 个朝代与政权建都，建都历时长达 1133 年。而建城史，若以西周初文王作丰起算（公元前 1059 年），迄今已有 3000 多年[5]。虽然各个时期都城的建立区域并没有大面积重合之处（见图 3-1），但是也都属于如今西安的区域范围内。无论是从建城时间之早，还是建都时间之长来说，西安在中国和世界上都占据着十分重要的位置，在历史长河中发挥过重大作用。

西安不仅建城与建都历时长久，而且经历了曲折、复杂的变化。总体上可分为以下三个发展时期[5]。

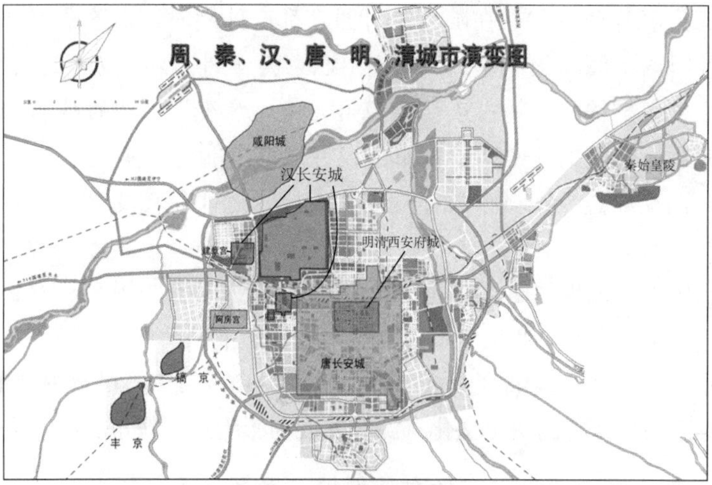

图 3-1　西安城市演变图

（资料来源：一栋房子・一座城市 [6]。）

1. 周秦汉唐等王朝与政权建为都城时期

这一时期自公元前 1059 年周文王作丰起，止于公元 904 年唐朝末代皇帝唐哀帝被挟持离开长安之时。在这近 2000 年的时间里， 16 个王朝与政权相继建都，历时长达 1133 年。在此期间，西安经历了一次又一次的繁华。被誉为“世界第八大奇迹”之一的秦始皇兵马俑、汉阳陵裸体彩俑、象征唐明皇与杨贵妃爱情故事的华清池等，都反映了西安曾经的繁华。除此之外，西安还是“丝绸之路”的起点，连接亚、非、欧三大地区，是古代中外经济文化交往的重要枢纽，尤其以汉唐时期最为突出。除了经济贸易，印度的佛教也经由“丝绸之路”传入中国，并与中国的传统伦理及宗教观念相结合，逐渐形成中国化的佛教文化，当时的长安成为中国乃至整个东亚的佛教中心。留存至今的大雁塔，就是当年唐代著名高僧玄奘法师译经之地。

2. 五代至清末区域中心城市时期

这一时期自公元 904 年唐末哀帝被迫离开长安起，止于 1911 年清朝覆灭。在这 1000 余年中，西安经历了五代、北宋、金、元、明、清等政权与王朝的统治，始终是区域性行政、经济与文化中心。

3. 城市近现代化发展时期

这一时期始于 1911 年辛亥革命，至今已逾百年。西安经历了“中华民国”近代化发展与中华人民共和国建立以来现代化建设时期。1927 年西安设市重新规划建设，而后随着“九一八事变”起日本加紧对华侵略，为了国家安全，以“长安为陪都，定名为西京”。在随后制订西京都市计划时，借鉴欧美等国的都市化经验，并听取了民间的建议，明确提出西京为“周、秦、汉、唐四代古都”，一再强调必须保护历代文物古迹。1937 年“七七事变”后中日战争全面爆发，民国时期先后所拟定的两个西安都市建设计划都未能付诸实施。1949 年新中国成立之后，西安经过三次城市总体规划，完成了近代化转变之后，开始了现代化都市的建设阶段。

回顾历史可以发现，西安在漫漫时光中积累了厚重的文化和记忆，尽管随着时代的变迁，难免会有一些历史痕迹消逝不再，但依旧给现代人留下了探不尽的瑰宝。然而，如何对待这丰厚的历史馈赠是这座城市发展中不可忽视的重要问题；而如何对待这举足轻重的历史文化资源，又成为影响这座城市发展的重要因素。

（二）新中国成立后西安的文化保护与发展

1949 年新中国成立之后百废待兴。发展是每个城市的首要责任。1953 年，我国开始了第一个五年计划，西安市被确定为工业化建设的重点城市之一。当时，西安市参照苏联城市规划理论与方法，编制了西安的第一次城市总体规划，即《西安市 1953—1972 年城市总体规划》（见图 3-2）。彼时的西安还未被指定为历史文化名城，规划将西安定位为轻型的精密机械制造与纺织工业城市。城区以旧城为中心，主要向东、西、南三个方向扩展；城北考虑到保护汉长安城遗址、唐大明宫遗址及不宜穿越铁路等制约因素，作为地方工业、仓库及其职工居住区，以及今后城市发展备用地。规划继承了唐长安城与明西安城格局，保持中轴线，结合地形和景观组成棋盘式加放射状道路网。在规划中对文物、环境保护认识不足，也没有明确提及“保护古都风貌”这一问题。

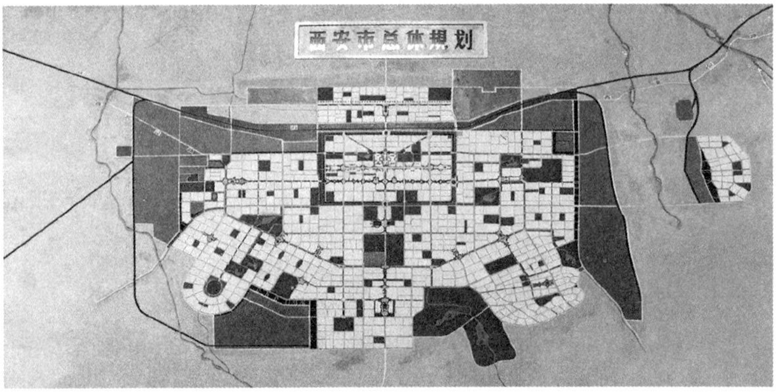

图 3-2　1953—1972 年西安市总体规划

（图片来源：西安首轮城市总体规划回忆[7]。）

改革开放以来，西安跟随国家的脚步也进入了新的发展时期，为了适应新的经济建设发展需要，西安市政府制定了《西安市 1980—2000 年城市总体规划》（见图 3-3），即西安第二次城市总体规划。在总结了 3000 多年来城市发展特色的基础上，结合上一次总体规划的建设经验，新规划以将西安建设成为一座保持古城风貌，以轻纺、机械工业为主，科研、文教、旅游事业发达的现代化城市为目标；明确了大遗址保护的布局理念，突出了西安作为我国重点历史文化名城的地位，对保持古都风貌以及发展旅游业给予了高于以往的重视程度。规划确定了文物古迹与旅游景点“保存、保护、复原、改建与新建开发密切结合，把城市的各项建设与古城的传统特色密切结合”的原则，通过绿化带与风景线路的联系，采取点、线、面结合的布局，体现唐长安城的辉煌风采与明西安城的古朴严谨。在这一规划指导下，西安市基础设施与旅游、餐饮等第三产业获得较大发展，由原来的内陆封闭型向对外开放型转变[5]。

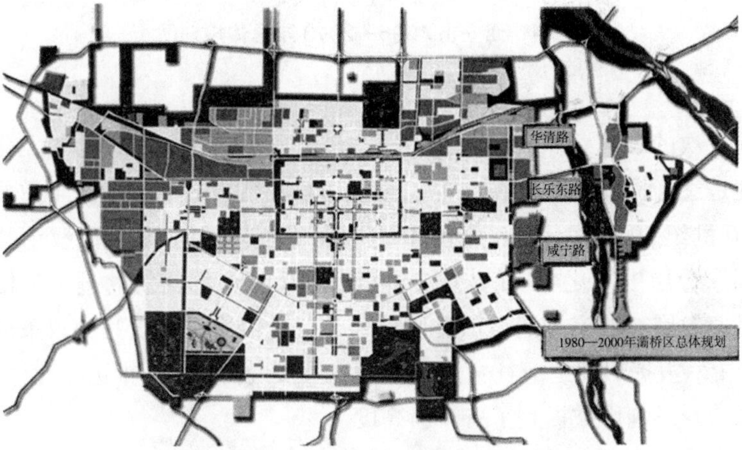

图 3-3 西安市 1980—2000 年城市总体规划图

（图片来源：一栋房子・一座城市[6]。）

20 世纪 90 年代，我国开始从计划经济向市场经济转型，对西安经济社会发展和城市现代化建设提出了新的要求，为此西安市政府于 1996 年编制出《西安市 1995—2010 年总体规划》（见图 3-4）作为第三次城市总体规划，确立了中心集团与外围组团的空间布局发展模式。新规划将西安定位为“世界闻名的历史名城，我国重要的科研、高等教育及高新技术产业基地，北方中西部地区和陇海兰新地带规模最大的中心城市”；同时规定西安要在保护历史文化名城的同时，以科技、旅游、商贸为先导，优化经济结构，促进电子、机械、轻工业的改组改造，优先发展高新技术产业，大力发展第三产业，逐步把西安建成经济繁荣、功能齐全、环境优美、具有自己历史文化特色和现代文明的外向型城市[5]。

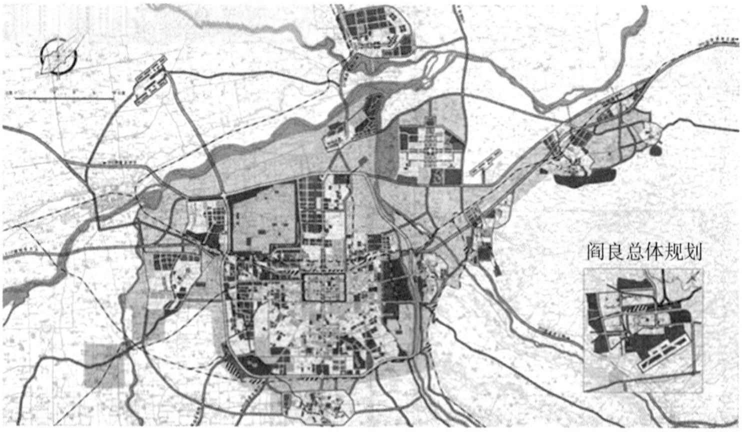

图 3-4　西安市 1995—2010 年总体规划图

（图片来源：一栋房子·一座城市[6]。）

从前三次的城市总体规划可以发现，政府对于古都风貌、历史文化保护的重视程度是逐渐提高的。而在这个过程中，经济结构的变化是一个重要影响因素。从 20 世纪 50 年代计划经济时期的重视工业化，到 80 年代改革开放初期确立了国家级历史文化名城的地位，再到 90 年代市场经济的进一步促使第三产业的迅速发展，西安制定城市总体规划的背景恰恰反映了我国政策的不断演进。随着十六大提出要适应社会主义市场经济发展的要求，推进文化体制改革，文化资源的开发利用被提到了一个新高度。

在西安第四次城市总体规划（2008—2020 年）中，西安被定位为“世界历史文化名城、中国西部最重要的现代化中心城市、西部地区交通枢纽型城市、富有东方古都神韵的华夏历史公园、世界旅游之都”；要求突出特色，加强整合，构筑优势产业集群，重点发展包括文化产业在内的五大优势产业；重点提出了历史文化名城保护与发展城市特色的规划任务，以历史文化名城整体保护为核心，重点保护传统空间格局与风貌、文物古迹、大遗址、河湖水系等，体现西安古都特色，加强老（明）城的整体保护。新规划从市域到主城区，再进一步细致到老城区，对于历史文化名城保护做了详细安排。

另外，自 2003 年西安被中央有关部门确定为全国文化体制改革综合试点城市之后，文化产业的发展得到地方政府的高度重视。2005 年中共陕西省委和陕西省人民政府联合下发了《陕西省文化产业发展纲要》，把省会城市西安作为区域发展的重点。随后，西安市委、市政府认真贯彻落实中央、省等一系列有关文化建设的文件精神，结合自身实际情况，出台了《西安市加快发展文化产业实施方案》《关于深化文化体制改革和加快发展文化产业的实施意见》《西安市文化体制改革中经营性文化事业单位转制为企业的规定》《西安市深化文化体制改革总体方案》《西安市文化产业发展专项资金管理暂行办法》《关于加强公共文化服务体系建设的实施意见》《西安市文化体制改革中支持文化企业发展的规定》等一系列加快文化产业发展的政策。

此外，西安市“十一五”规划把高新技术产业、装备制造业、现代服务业、旅游业和文化产业确定为五大主导产业以来，在随后的“十二五”和“十三五”规划中都对文化产业的发展给予了高度重视。

通过回顾新中国成立后西安的四次城市总体规划，可以发现，西安的城市定位已然从工业城市逐步转变为历史文化名城，而国家发展的需求与政府的关注重点是引起变化的最主要原因。尽管新中国成立初期需要大力发展工业带动经济发展，西安的城市发展重点并不涉及文化资源的开发利用，但也并未忽略对文化资源的保护。随着国家经济环境逐步稳定，从中央到地方，均逐步重视西安的文化资源，并以此为重点开始新时期的城市规划及产业规划。

三、西安的文化产业发展

历史长河给这座城市留下了宝贵的文化财富。随着时间脚步行至今日，历史的馈赠已经成为这座城市发展的重要资源，西安通过城市规划及产业规划对文化资源进行保护和开发利用，逐步形成了支撑城市发展的文化产业。

下面首先从学术理论角度简要分析文化资源及文化产业的关系；然后在文化资源利用基础上梳理西安文化产业发展情况，从曲江新区、西安文化产业相关统计信息、文化产业典型行业发展三个层面，较为全面地了解西安文化产业的发展概况；接着分析文化产业的发展给西安带来的优势；最后介绍文化产业发展对区域城市群的带动影响。

（一）文化资源与文化产业

不同的学者从不同的角度对文化资源做出了不同的解释，并未形成共识。姚伟钧综合前人的研究，将文化资源定义为人类在漫长历史发展过程中所积淀的，通过文化创造、积累和延续所构建的，能够为社会经济发展提供对象、环境、条件、智能与创意的文化要素的综合[8]。

西安丰厚的文化资源为西安的发展提供了十分有利的条件，虽然文化资源的优势并不能直接等同于城市的优势，然而在城市发展中异军突起的文化产业，正是以文化资源的保护与开发为基础，以创意为核心手段，借助于现代科学技术和经营管理模式，进行文化产品的生产以及文化服务的提供的一种经营性行业，是文化资源价值发挥的有效途径。

在国家统计局2012年公布的《文化及相关产业分类》中，将文化及相关产业定义为"是指为社会公众提供文化产品和文化相关产品的生产活动的集合"，并规定文化及相关产业的范围包括：以文化为核心内容，为直接满足人们的精神需要而进行的创作、制造、传播、展示等文化产品（包括货物和服务）的生产活动；为实现文化产品生产所必需的辅助生产活动；作为文化产品实物载体或制作（使用、传播、展示）工具的文化用品的生产活动（包括制造和销售）；为实现文化产品生产所需专用设备的生产活动（包括制造和销售）[9]。另外，在2004年的《文化及相关产业分类》中国家统计局还对文化产业进行了分类，如图3-5所示。然而这一分类在2012年公布的《文化及相关产业分类》中已经取消，但在一些统计资料中仍以此为据。

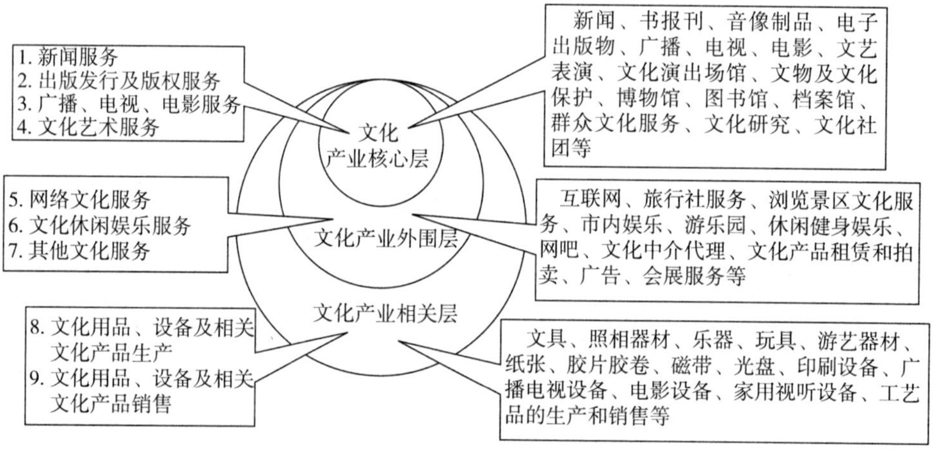

图3-5　文化产业的三个层次及其主要内容

《西安市加快发展文化产业实施方案》选择广播影视业、文化娱乐业、新闻出版业、文化旅游业、文物及文化保护行业、广告业等作为重点发展产业，后来又将会展业纳入其中。结合国家统计局的《文化及相关产业分类》，可以对上述七大行业进行如下详细分类（见表 3-1）。

表 3-1　西安市文化产业分类

行业	内容	亚类及相关行业
广播影视	包括广播、电影、电视以及相关的辅助产业在内的整体。按价值链分，可以分解为创作、生产、集成与流通、消费等环节	广播、电视服务；广播、电视传输；电影服务
文化娱乐	向消费者提供精神娱乐产品或服务的行业	室内娱乐活动；游乐园；休闲健身娱乐活动
新闻出版	图书、报刊等纸介质传统出版产业，数字出版等非纸介质战略性新兴出版产业，动漫、游戏出版产业，印刷复制产业，新闻出版流通、物流产业	新闻业；书、报、刊出版发行；音像及电子出版物出版发行；版权服务
文化旅游	以旅游经营者创造的观赏对象和休闲娱乐方式为消费内容，使旅游者获得富有文化内涵和深度参与旅游体验的旅游活动的集合	风景名胜区；动、植物观赏服务；其他游览景区管理；公园；寺庙；教堂；旅游用品；旅游品和旅游纪念品
文物及文化保护	对具有历史、文化、艺术、科学价值，并经有关部门鉴定，列入文物保护范围的不可移动文物的保护和管理活动	文物保护服务；民族民俗文化遗产保护服务；博物馆；烈士陵园；纪念馆；图书馆；档案馆；文化和艺术团体
广告	在报纸、期刊、户外路牌、灯箱、橱窗、互联网、通信设备及广播电影电视等媒介上为客户策划制作的有偿宣传活动	广告策划、公关、市场调研；广告设计、制作；广告发布、宣传、展示；广告代理；流动广告；广告宣传品的发送活动
会展	集商品展示交易、经济技术合作、科学文化交流于一体，兼具信息咨询、招商引资、交通运输、商务旅游等多种功能	展览馆；会展服务；展览展示

由此可见，文化资源是文化产业的发展前提和基础，而文化产业是对文化资源的产业式开发，是文化资源的发展和延伸。

（二）西安文化产业发展概况

西安市文化产业发展最鲜明的特色，就是大集团、大项目、大园区有力带动了文化产业的大繁荣和大发展[10]。通过建设八大板块、七大基地、三大特色街区（见表 3-2[11]），引进国内外知名企业，西安进一步优化了文化产业整体创新能力、国际影响力及人力资源配置，区域经济增长显著。其中尤以曲江新区的建设发展最为迅速，成果最为丰硕。接下来，首先梳理曲江新区在西安文化产业发展中所做的贡献及取得的成果，然后归纳分析西安文化产业近几年相关统计数据，以窥西安文化产业的发展状况，最后通过典型行业更为直观地了解文化产业的发展变化情况。

表 3-2 西安文化产业发展部署

八大板块	曲江新区、高新区、经开区、浐灞生态区、临潼景区、城墙景区、秦岭北麓、沣东新城
七大基地	国家文化与科技融合创新示范基地、大唐西市文商旅产业园区（基地）、关中民俗文化产业园区（基地）、西安国家印刷包装产业园区（基地）、西安国家数字出版园区（基地）、西安临潼国家旅游休闲度假区（基地）、碑林陕西动漫创意产业园区（基地）
三大特色街区	文艺路演艺文化街区、纺织城创意文化街区、大华 1935 文商旅街区

1. 梦回唐朝，盛世曲江

虽然有着灿烂的古代文明与丰厚的历史文化资源，但 20 世纪 90 年代的西安并没有将其发挥出应有的社会效益和经济效益。以闻名中外的大雁塔和曲江皇家园林遗址为代表的曲江是西安的典型代表。曲江位于西安城区东南部，兴起于秦汉，繁盛于隋唐，历时 1300 年之久。但 20 世纪 90 年代初，这里却荒凉落寞，破败的村庄四处散落，交通不便，慕名而来游览大雁塔的游客需要坐车到城乡结合处转由蜿蜒小径寻觅而去，再不见昔日的繁华景象。

好在经过近些年的革新建设，如今的曲江终于焕发光彩。曲江遗址公园的夜晚流光溢彩，迷人的灯光折射出盛唐的灿烂文明。复古的灯盏，仿古的建筑，仿佛把时间回溯到久远的唐朝，似乎下一个转角还有唐人们吟诗作对、谈笑风生。而大雁塔也逐渐发展建设了北广场，成为西安的名片以及接待国内外游客的城市客厅，再不是几经辗转才能寻得的朝圣地。

这鲜明的反差得益于这些年西安对文化资源的重视和建设。2003 年，西安被列为全国文化体制改革综合试点城市之一，自此，繁荣文化事业、发展文化产业被提到了应有的高度。西安市人民政府对曲江做出了新的规划建设，并于同年 7 月 24 日正式批准曲江旅游度假区更名为“西安曲江新区”，依照“文化立区、旅游兴区”的理念，向“以文化产业为主导的城市新区”转变，开始了以唐文化为中心的文化产业建设。曲江新区核心区域面积 51.5 平方公里，同时辐射带动大明宫遗址保护区、西安城墙景区、临潼国家旅游休闲度假区和楼观道文化展示区等区域，形成文化产业全新发展格局。曲江新区先后建成大雁塔北广场、大唐芙蓉园、曲江国际会展中心、曲江池遗址公园、大唐不夜城等一批重大文化项目，组建了曲江文化产业集团、曲江文化旅游集团、曲江文化商业集团等一批大型企业集团，制定了“文化基金＋贷款担保＋风险投资＋财税补贴＋房租减免＋专项奖励＋小额贷款”七位一体的产业扶持政策，文化旅游、会展创意、影视动漫、出版传媒等文化产业门类迅速发展，产业链条日益完善[12]。

目前，曲江新区（见图 3-6）充分依托西安大文化、大旅游的优势，相继建成了六大遗址公园、六大文化场馆和系列文化广场。六大遗址公园包括唐大慈恩寺、唐城墙、唐芙蓉园、曲江池、曲江寒窑、秦二世陵遗址公园，公共园林面积总计 3300 多亩，基本上为免费开放的文化景区；六大文化场馆包括电影城、美术馆、音乐厅、大剧院、陕西文学馆和民间艺术馆，总建筑面积约 10 万平方米；系列文化广场包括大雁塔北广场、贞观文化广场、玄奘文化广场、和谐广场、中和广场等文化休闲广场。初步形成了区域公共文化设施的规模化、集聚化，成为西安城市公共文化休闲、消费的最重要场所。文化产业项目建设和城市综合开发的结合取得了丰厚的投资回报，为文化产业的发展奠定了坚实基础[13]。

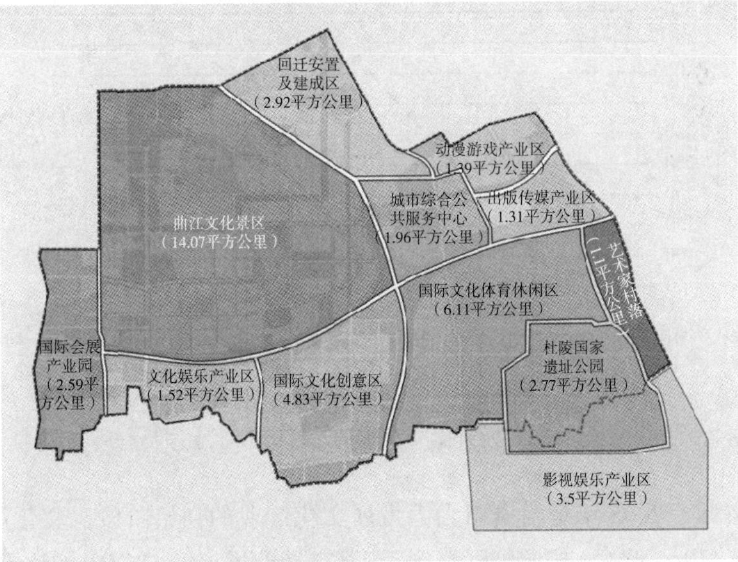

图 3-6　西安曲江国家级文化产业示范区产业功能分区总图

（资料来源：曲江新区官方网站。）

曲江新区作为西安文化事业发展的重心，在西安市人民政府的规划下快速换新颜，成为西安重要的接待活动场所和对外开放窗口，被认为是我国西部最重要的文化、旅游集散地，成为陕西文化、旅游产业发展的标志性区域。曲江新区通过对文化资源的开发利用，对城市的发展带来了强劲动力，其建设发展对西安文化事业的发展举足轻重。接下来，我们将通过统计数据来了解西安的文化产业发展情况。

2. 文化产业持续增长

自确定为全国文化体制改革综合试点城市之后，西安市陆续出台政策、整合资源、培育企业、完善市场，使文化产业步入了快速发展阶段。曲江的改变是西安市文化建设成果的一个直接表现，从西安市历年统计数据可以更加具体地了解西安市文化产业的发展情形。

2003 年西安新定位的确立以及各项相关政策的实施，促使西安文化产业迅猛发展，在成为全国文化体制改革综合试点城市后，文化产业增加值逐年增长，其增长率整体呈现不断上升的趋势（详见图 3-7）。2004—2007 年间，西安文化产业增长速度由 13.1% 逐步提升至 23.09%，并由此维持着 20% 以上的高增长态势。2014 年，受国内外宏观经济影响，西安市经济增速有所回落，文化产业单位增加值的增速也出现明显放缓，2014 年上半年这一数值为 12.6%。

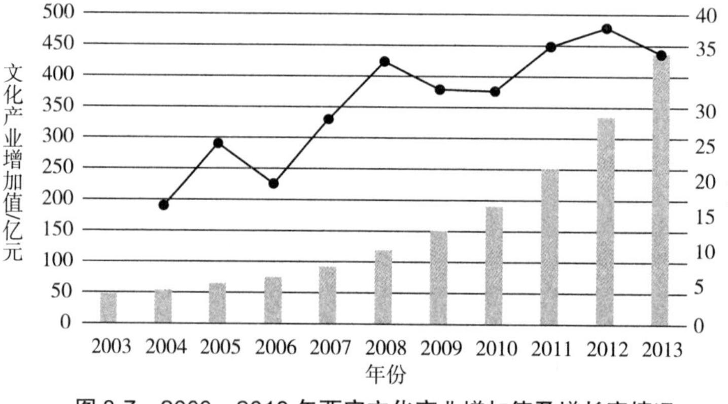

图 3-7　2003—2013 年西安文化产业增加值及增长率情况

（数据来源：西安市统计局、《陕西蓝皮书：陕西文化发展报告》等。）

2004 年、2005 年是西安市大力发展文化产业的初始阶段，文化产业在全市的地位发生了改变。按照国际惯例，当某一产业增加值占 GDP 的比重达到 5% 以上即可作为全国或该地区的支柱产业。据《陕西蓝皮书：陕西文化发展报告》

显示，自 2005 年开始，西安市文化产业的增加值占 GDP 的比重由 2004 年的 4.87% 上升至 5.09%，文化产业由此成为西安的支柱产业。

“十一五”建设期间，西安市文化产业增加值增长速度十分迅猛，对国民经济的贡献率稳步攀升。如表 3-3 所示，无论是从文化产业的各个层次，还是其总和数据，西安文化产业增加值一直处于增长的状态，同时文化产业增加值占 GDP 的比重也在不断上升。

表 3-3　2006—2010 年西安文化产业增加值对比

所在层次	类别	2006 年	2007 年	2008 年	2009 年	2010 年
核心层	新闻服务 / 亿元	0.09	0.1	0.16	0.16	0.18
	出版发行及版权服务 / 亿元	16.42	19.95	29.74	33.39	39.37
	广播、电视、电影服务 / 亿元	6.31	8.11	11.79	14.66	17.17
	文化艺术服务 / 亿元	9.08	11.37	12.09	15.36	18.73
	小计 / 亿元	31.90	39.53	53.78	63.57	75.45
外围层	网络文化服务 / 亿元	1.41	1.9	2.9	3.11	3.86
	文化休闲娱乐服务 / 亿元	8.38	11.73	24.03	31.36	40.02
	其他文化服务 / 亿元	3.95	5.94	10.03	11.83	14.72
	小计 / 亿元	13.74	19.57	36.96	46.3	58.7
相关层	文化用品、设备及相关文化产品生产 / 亿元	17.41	20.52	16.69	17.73	21.67
	文化用品、设备及相关文化产品销售 / 亿元	11.82	13.94	20.01	23.42	28.21
	小计 / 亿元	29.23	34.46	36.7	41.15	49.88
合计 / 亿元		74.87	93.56	127.44	151.02	184.03
文化产业增加值占 GDP 比重（%）		5.06	5.39	5.5	5.54	5.68

（数据来源：西安市财政学会网站。）

据《陕西蓝皮书：陕西文化发展报告（2013）》显示，2011 年，西安全市文化产业增加值 250.70 亿元，比全市第三产业增速高出 28.3 个百分点，占西安 GDP 的比重为 6.5%[14]，文化产业依旧是西安国民经济发展的支柱产业，各层次产业增加值情况如图 3-8 所示。同时，西安文化产业在全省地位持续提高，占到陕西全省文化产业增加值的 67.2%。

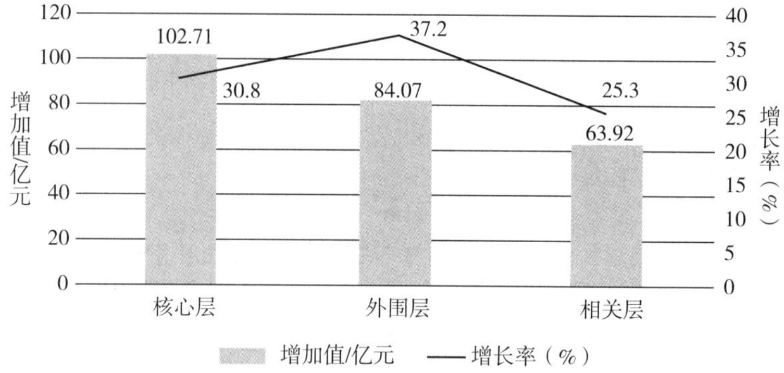

图 3-8　2011 年西安市文化产业增加值构成情况

（数据来源：《陕西蓝皮书：陕西文化发展报告（2013）》。）

自从西安文化产业增加值占 GDP 比重首次跃上 5% 台阶，成为西安支柱产业以来，其发展呈加速上扬趋势。2012 年，西安文化产业发展出现了很多新亮点：以高新区和曲江新区为承载主体的西安基地成为科技部、中宣部、文化部、广电总局、新闻出版总署五部门联合发布的首批 16 家国家级文化和科技融合示范基地之一；西安曲江・雁翔路国家级文化产业聚集区首批重大项目集中奠基开工，其产业涵盖出版、传媒、影视、动漫、演艺、创意设计等多个产业门类。据陕西省统计局评估，2012 年，西安文化产业实现增加值 334.68 亿元，占全市 GDP 的比重为 7.7%，对全市经济的贡献率为 15.7%，其增速分别高出 GDP 和第三产业增速 18.5 个百分点和 18.1 个百分点，在拉动经济增长、调整产业结构和转变增长方式中发挥了重要作用[10]。

而从文化产业增加值构成看，三层分布也逐渐趋合理。全市文化产业中“核心层”“外围层”“相关层”实现的增加值之比由 2006 年的 45% ∶ 27% ∶ 28%，逐步调整为 2012 年的 40% ∶ 35% ∶ 25%（见图 3-9）。目前，虽然传统文化的发展仍占主导地位，但以网络文化、旅游文化、娱乐文化、广告和会展文化服务为代表的新兴文化产业发展迅速，2006—2012 年间其比重已由 27% 提高到 35%，新兴文化产业发展趋势良好，发展空间很大[10]。

通过上述分析可以发现，西安文化产业一直保持着发展前进的趋势，尽管发展速度受到各方面因素的影响有快有慢，但是不可否认西安文化产业整体情况与十几年前相比已经发生了翻天覆地的变化。

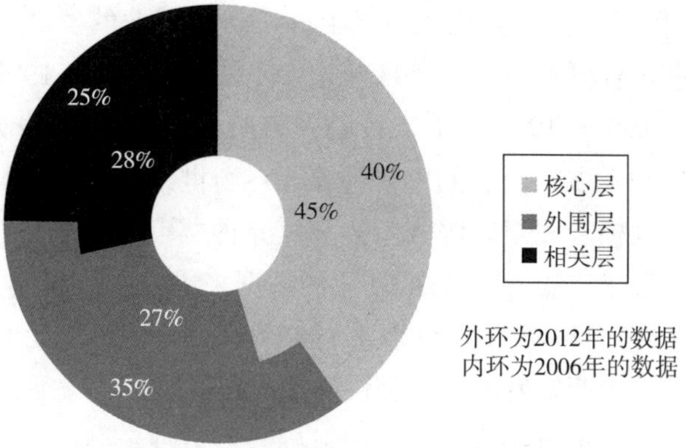

图 3-9 2006 年与 2012 年西安文化产业增加值构成对比

（数据来源：《2012 年西安市文化产业统计发展报告》。）

3. 各行业共同发展

历年的统计数据反映了西安文化产业发展概况，而对西安市代表性文化产业行业的具体分析则有助于更直观地感受西安文化产业的发展情况。

（1）文化旅游业。作为海内外著名的历史文化名城之一，西安的人文历史类旅游资源得天独厚，获得首批“中国优秀旅游城市”的称号可谓实至名归。旅游业对西安市国民生产总量的贡献值不断增加，已经成为西安市经济发展的支柱产业以及非外贸创汇的主要来源。据《西安统计年鉴》以及《西安市国民经济和社会发展统计公报》的统计数据（见图 3-10），自 2000 年至 2015 年，西安市旅游业一直呈现上升发展势态，尤其是 2009 年至今，发展速度十分迅猛。2015 年无论是旅游总收入还是接待旅游者人数，都已经达到 2009 年的三倍以上。

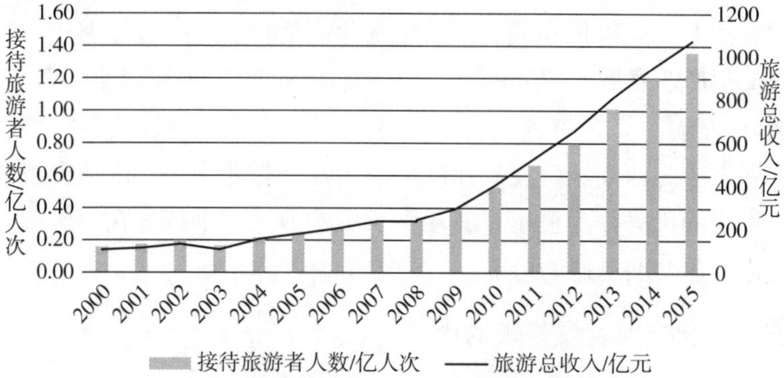

图 3-10 2000—2015 年西安市旅游人数及收入

（数据来源：《西安统计年鉴》《西安市国民经济和社会发展统计公报》。）

（2）广告传媒业。西安现代意义上的广告传媒业的发展历程大概可以分为四个阶段：进入阶段（1990—1993 年）、发展学习阶段（1993—1996 年）、竞争加剧阶段（1996—1999 年）、日趋完善阶段（1999 年至今），经历了前几个阶段的探索和发展，西安的广告传媒业在新世纪开始迅猛发展，如今已经形成了具有一定规模和质量、服务门类和媒介种类较为齐全、为社会全面提供经济信息服务的重要产业[15]。就 2004 年的数据来说，西安地区广告经营单位、从业人员、广告营业额三项指标分别比 1982 年增长了 92 倍、39 倍和 5133 倍，广告传媒业已经成为西安发展速度最快的几个行业之一[15]。西安广告业具有如下特点：广告策划、创意和设计水平明显提高；多种新型广告技术设备的广泛应用推动了广告产品质量的长足进步；广告行业组织日渐成熟，广告监管体系日趋健全[15]。

（3）广播影视业。作为中国老牌电影制片厂之一，西安电影制片厂在 20 世纪 80 年代出品了很多经典影片，如《红高粱》《老井》等，如今广播影视业领域也逐渐成为西安文化产业发展的一大亮点，广播影视作品层出不穷、百花齐放。对文学作品进行改编搬上荧屏是影视作品的重要形式之一，依托陕西的文学优势，西安打造了众多优秀作品，《白鹿原》就是经典的代表作。《激情燃烧的岁月》《失乐园》《关中匪事》《跃龙门》《战火西北狼》《小麦进城》等高收视率电视剧不胜枚举，《天地英雄》《冲锋号》《百鸟朝凤》等优秀获奖电影层出不穷，《大明宫》《玄奘》《法门寺》《问道楼观》《百年易俗社》《秦封泥之谜》等传承历史文化的纪录片日渐丰富。这些广播影视作品除了给西安带来经济效益，还对西安乃至关中地区的历史、地域文化的记录、传承和传播起到了至关重要的作用。

文化旅游业、广告传媒业、广播影视业三个行业的发展能够较为具体地反映出西安文化产业发展的部分内容。其中，旅游业自 2000 年以来有显著的提升，尤其是 2009 年至今，发展速度十分迅猛。广告传媒业经过几个阶段的探索发展日臻成熟，成为西安经济发展速度最快的几个行业之一。广播影视业方面则是以层出不穷的优秀作品展示了其活力与影响力。三个行业在一定程度上代表了西安文化产业发展迅速的情况。

（三）文化产业发展带来的优势

文化产业自身的发展不仅仅是给所在区域带来经济效益，同时还能产生其他良好的影响，西安的文化产业发展就为如今的西安带来了如下优势：文化产业整体实力提升、大型文化企业迅速崛起成为重要文化品牌、形成文化旅游产业高地、科技与文化产业融合促进。接下来我们会具体分析各方面的优势。

1. 文化产业整体实力提升

近年来，西安市通过政策扶持和项目推动，促进文化产业重点行业、重点园区（基地）和特色街区快速发展，先后建成了一批文化产业重点项目，在此过程中还涌现出了一批龙头文化企业，从而形成了结构合理、门类齐全、竞争力强的文化产业体系。据统计，目前西安全市共有国家级文化产业园区 1 个，国家级示范基地 10 个，省级示范基地 60 个，示范单位 26 个，文化产业整体创新能力、国际影响力及人力资源配置力进一步优化，区域经济增长显著 [16]。

在重点文化产业项目中，既重视对历史传统文化的保护和发扬，如楼观中国道文化展示区、赵公明财神景区、临潼国家旅游休闲度假区、雁翔路文化产业集聚区、大明宫遗址区与城墙景区等；也有结合现代社会需求和科技进步发展起来的现代文化产业板块，如服务陕西、西北、西南及中原的西北出版物物流基地和以广告创意产业为主导的西安国际港务区“国家广告产业园区”等。重点文化产业项目建设已经成为西安市文化产业发展的新亮点，通过有重点有方向的建设发展，西安已经形成了覆盖全面的产业体系。

2. 大型文化企业迅速崛起成为重要文化品牌

据统计，2012 年西安市 30 家龙头企业年末从业人数、资产总计、增加值占文化产业单位比重分别为 21.4%、18.6% 和 14.7%，增速分别比全市高 3.4、33.0 和 7.3 个百分点，对增加值的贡献率达到 17.5%，龙头企业的优势十分明显，对文化产业起到了较强的支撑作用 [10]。不仅如此，一些文化企业在全国范围内都赫赫有名。例如，西安曲江文化产业投资（集团）有限公司是西部地区唯一一家连续六年入选 “全国文化企业 30 强”的企业。大型文化企业的发展崛起，逐渐成为西安市乃至全国的重要文化品牌。

3. 形成文化旅游产业高地

文化是旅游的灵魂，旅游是文化的载体；文化能够提升旅游内涵，相应旅游又能实现文化价值。深厚的历史文化底蕴，丰富的历史人文遗存，是西安发展文化旅游产业重要的资源禀赋。依托着丰厚的历史文化资源，西安市大力发展和建设文化旅游景区，使文化旅游业逐渐成为西安文化产业行业门类中比重提高最快的行业，为城市发展带来显著的经济收入。西安 2011—2015 年旅游收入和 GDP 不断上涨，而旅游收入占 GDP 的比重也处于上升趋势（详见图 3-11）。可见，西安旅游业的持续快速发展，已经使得旅游文化产业成为西安发展的重要产业。

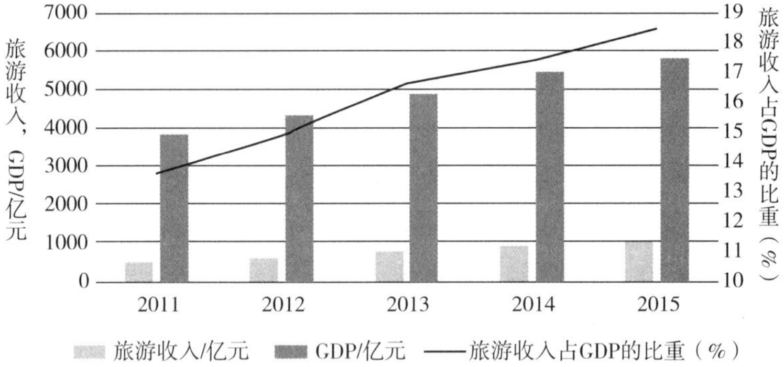

图 3-11　西安市 2011—2015 年旅游业发展情况

（数据来源：历年《西安市国民经济和社会发展统计公报》。）

4. 科技与文化产业融合促进

随着时代的发展，科技的进步体现在社会生活的方方面面，文化产业和科技的融合也是大势所趋，科技能够提升文化创新能力，从而促进文化产业新业态的出现与发展，而文化产业新领域的发展也能推动科技的创新与进步。例如，陕西动漫产业平台的建立和“中华文化云”全球推广平台的启动吸引了微软、百度等文化科技企业相继落户西安，不仅通过虚拟现实技术、3D 技术在文化产业的应用促进了西安市文化科技产业的发展，还促进了这些高新技术的发展和进步。

作为荣膺全国首批“国家级文化和科技融合示范基地”称号的城市，西安曲江新区通过积极开展各类推介会、组织文化和科技企业家沙龙等形式，大力培育和引进文化科技融合型企业，为文化企业和科技企业联姻创造一切有利条件；高新区则以建设“国家数字出版基地”和“国家级文化和科技融合示范基地”为突破口，重点发展数字出版、动漫游戏等产业，依托金融贸易，着力打造发展新高地[17]。

（四）西安的文化产业发展对于区域的带动

现代社会交通及信息的发达使各地区之间产生了更为密切的来往关系。基于此，西安文化产业为西安发展带来优势的同时，也为周边区域产生了带动作用，物流、信息流、资金流等的流通互动使城市群协同发展。本节接下来会简要介绍和分析西安文化产业对关中城市群（见图 3-12）产生的区域带动效果。

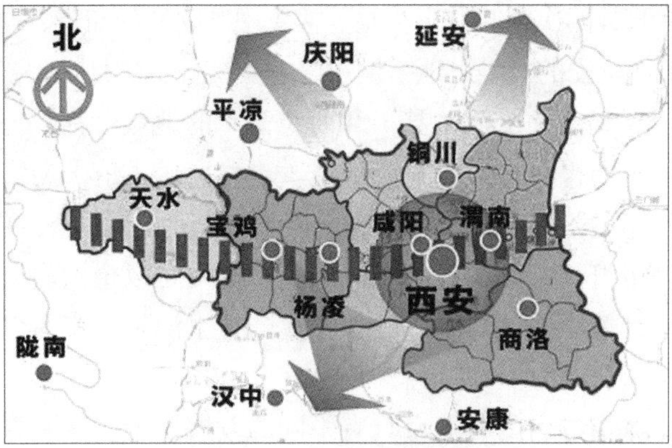

图 3-12　关中城市群示意图

关中城市群是指以大西安（含咸阳）为中心、宝鸡为副中心，包括渭南、铜川、商洛（地理划分属陕南）及杨凌区的城市群（欧亚大陆桥沿线城市），拥有“八百里秦川”的美称，自古以来就是中华民族的重要发祥地之一。

在关中城市群中，西安作为举世闻名的世界四大文明古都之一，在城市群中居于核心位置，是关中地区的经济、文化、政治中心，人流、物流、资金流和信息流中心以及交通枢纽。西安以技术密集型工业为主，教育、科技、旅游业发达；是大陆桥经济带的金融中心、中国中西部的贸易中心、内陆地区的交通通信中心、中西部地区的科教中心、西北地区的制造业中心、中国历史文化的旅游中心。

宝鸡是炎帝的故里，是周秦文化的发祥地，也是青铜器之乡和佛教圣地。作为城市群的副中心和西部制造业强市，宝鸡沿陇海线与咸阳、西安等构成高新技术产业与装备制造业产业带，联结了西南和西北的交通，以发电机、有色金属加工、轻工为主，是商贸发达的陕西西部及川、陕、甘邻近地区的中心城市。

咸阳作为秦朝都城和 13 朝京畿重地，是关中中部中心城市之一，在城市群中是西安的卫星城市，逐渐与西安融合，共同成为关中城市群的新核心。咸阳以发展电子、纺织及其他技术密集型工业为主，同时也是具有旅游业发展前景的历史文化名城。

渭南地处黄河流域，文化遗存丰厚，历史源远流长，是中国重要的商品粮农业基地，也是西北粮食产量第一大市。工业以冶金、能源化工为支柱，矿产资源十分丰富。作为关中城市群的中东南部的次中心城市，渭南不仅是农副产品生产基地，同时也发展化工、冶金等高耗水、高耗能工业。

铜川市文物古迹及旅游资源丰富，现有历史文化遗迹名胜古迹 600 余处，是关中城市群的中北部的次中心城市，是连接关中和陕北的纽带，是通往人文初祖黄帝陵及革命圣地延安的必经之地。铜川以发展煤炭、建材、陶瓷工业为主。

商洛始名于汉朝，是上雒（县）和商（县）的地域合称。地处秦岭山地，因境内有商山洛水而得名。历史上商洛道（也称商於古道）为秦驰道的主干道之一，为“秦楚咽喉”，是长安通往东南诸地和其他中原地区的交通要道。

处于关中城市群的中部的次中心区杨凌示范区是以全国农产品深加工为主的“农科城”，是关中地区农副产品加工业的技术源泉，产业以农业教育、科研和发展农产品深加工为主。

可以看到，城市群内的各城市具有不同的发展历史、资源禀赋、区位条件和自然环境，也因此，各城市在城市群发展中具有不同的职能。总的来说，各地各有特点而又协同化一，在发展中以西安为核心，带动整体的前进。

在城市群内部，城市之间会发生相互的人流、物流、信息流、资金流、技术流等城市流的空间流动，而城市群区域发达的综合交通运输网的通达性和便捷性，是城市流得以实现的基础和保证。在西部大开发进程中，陕西省的交通建设取得了明显成就，以西安环城高速为起始点，将关中城市群主要城市连接并向外辐射的八条高速公路建设取得明显成效，为关中城市群的协同发展奠定了基础[18]。西安文化产业，尤其是旅游文化产业发展产生的人流、物流等资源都可以通过交通网线为关中城市群中的其他城市带来好处。

由于城市群中各个城市的性质与职能侧重点不同，单就西安文化产业的发展来说，它对于区域经济的协同带动并不算突出，更显著的作用在于工业等领域的带动。然而，西安文化产业发展对于关中文化的推广发扬则是功不可没。近年来如《大秦帝国》《白鹿原》《百鸟朝凤》《西安城墙》《战火西北狼》等一大批体现关中文化的影视作品的热播、热映与热议，是最好的证明。

四、西安——文化之城

在了解了西安文化积淀的过程、开发利用文化资源的历程、西安文化产业的发展情况及现状，以及西安文化产业对西安及关中城市群的带动作用之后，本节将具体解读西安如何成为海外知名的“文化之城”。我们会从城市发展的要素入手，分析西安成为“文化之城”极为重要的两个要素——政府及文投企业，同时简要分析关中城市群文化产业发展与西安的协同优势。

（一）城市发展的要素

在人类历史发展进程中，生产方式的不断演进使由其决定的生活方式不断变化推进，人类社会由此经历着农业社会、工业社会、后工业社会的变迁。在人类社会发展的不同阶段，有的城市走向繁荣，而有的城市却走向衰落。对此，学者探究归纳了其中的原因，影响城市发展的要素的研究也随着社会的发展而逐渐丰富。总的来说，影响城市发展的要素包括：自然资源、区位因素、人力资源、基础设施、政府政策支持等。

自然资源是指人类可以利用的、自然生成的物质与能量，主要包括土地资源、水资源、矿产资源、生物资源、气候资源（光、温、降水、大气）和海洋资源六大类。矿产资源对于城市的发展存在不可忽视的作用，如我国大庆、鞍山、攀枝花等城市均依托得天独厚的矿产资源得以发展。

区位因素是指促使区位地理特性、功能的形成、变化的原因或条件，主要对农业、工业（商业和服务业）和交通运输业产生各种制约。例如，滨海良港、河流两岸以及铁路沿线地区往往能形成规模大、发展快的城市，而山地地区交通不便，发展速度往往相对缓慢。

人力资源是指在一个国家或地区中，处于劳动年龄、未到劳动年龄和超过劳动年龄但具有劳动能力的人口之和。城市的发展离不开人类的智慧和劳动。人力资源的集聚是劳动生产率提高的关键之一，科教水平较高、人力资源充足的地区往往发展也相对较快。

基础设施是指为社会生产和居民生活提供公共服务的物质工程设施，是用于保证国家或地区社会经济活动正常进行的公共服务系统，包括交通、邮电、供水供电、商业服务、科研与技术服务、园林绿化、环境保护、文化教育、卫生事业等市政公用工程设施和公共生活服务设施等。

政策是以权威形式标准化地规定一定时期内，应该达到的奋斗目标、遵循的行动原则、完成的明确任务、实行的工作方式、采取的一般步骤和具体措施等。政府颁布政策为城市的发展确定方向目标和路径措施，为相关产业营造适宜发展的宏观环境。例如，近些年相关政策对政府与社会资本合作（PPP）模式的支持和指导，为基础设施及公共服务领域的建设提供了一种新的模式。

结合前文所述可以发现，西安文化产业发展受到多因素的促进：各级政府出台的相关政策提供了重要的发展契机，并担任了引导者的角色；以西安曲江文化产业投资（集团）有限公司为代表的国有成分则是贯彻落实各项政策的重要承担者，从而为西安文化产业的发展提供了重要的推动力。

（二）政府发挥的作用

明确定位是发展的首要任务，当曲江新区成为西安文化产业振兴的标志，西安市委、市政府以加快科学发展、实现率先发展为主题，确立了“五大主导产业”（高新技术产业、装备制造业、旅游产业、现代服务业、文化产业）的发展重点，并将曲江确定为曲江国家文化产业示范园区，西安也将形成古代文明与现代文明交相辉映、老城区与新城区各展风采、人文资源与生态资源相互依托的城市特色。

同时，2015 年的西安规划中政府将西安定位为“世界之城，文化之都”。历史上的西安是国际化大都市，唐代长安是当时的世界第一大城，经济、人口等实力均居世界之首，西安“世界之城”的定位是西安找回历史地位的必然选择，而“文化之城”是西安发扬民族文化的重要举措。“世界之城，文化之都”是西安建设世界文化之都、振兴中华文化的现代发展定位。

文化产业的发展还需要政府宏观调控与市场调节共同作用，在我国文化产业发展的过程中，尤其是在文化产业发展并不成熟的情况下，政府干预发挥的作用是巨大的。政府制定的发展规划、发展战略、政策指导是文化产业发展的重要指引，国家层面的相关政策为西安市文化产业发展创造了宏观环境和方向引导；省级层面政策则为各项文化产业相关规划提供了有力支持；市级层面乃至具体区域的发展纲要和优惠政策则是文化产业发展实施的具体指导。

1. 国家层面政策引导

“十一五”时期，我国发布了《国家“十一五”时期文化发展规划纲要》。这是我国首个专门部署文化建设的中长期规划。规划提出要优化文化产业布局和结构，建设一批产业文化强省、强市和区域性特色文化产业群，形成文化产业协调发展格局。加强重点文化产业建设、加快文化产业园区和基地建设、促进区域文化产业协调发展。

2011 年中共十七届六中全会通过的《中共中央关于深化文化体制改革、推动社会主义文化大发展大繁荣若干重大问题的决定》，是首次以文化改革为主题制定的行动纲领，为文化产业的发展带来了巨大的机遇。

2. 省级层面规划支持

2005 年，陕西省委、省人民政府发布了《陕西省文化产业发展纲要》，指出陕西省文化产业发展要坚持以资源为依托，以市场为导向，以资本为纽带，以科技为动力，以体制机制创新为突破，构筑以西安为中心，关中、陕北、陕南三大板块联动，以文化旅游、广播影视、新闻出版、文娱演出为发展重点，以一批重点文化产业园区和产业基地、大型文化产业集团和文化企业为支撑的文化产业发展基本格局，推动省文化产业的跨越式发展。同时，还确定了文化产业发展的重点，包括区域发展重点、行业发展重点、园区和基地发展重点、文化品牌发展重点。

《陕西省文化产业发展纲要》还从推进文化产业体制机制创新、积极培育文化市场、强化财税政策扶持、加大投融资支持力度、实施人才兴业战略、运用高技术加快文化产业发展几个方面说明了发展文化产业的政策措施。

3. 市级层面规划支持

2008 年 1 月发布的西安市第一部《产业白皮书》将西安市工业及服务业主要产业归类为先导产业、明星产业、金牛产业，而文化产业正属于未来拥有广阔市场处在发展阶段的明星产业类别当中。该《产业白皮书》还布局了四大文化产业区：曲江文化产业核心、老城（唐皇城）区文化产业聚集区、临潼文化产业聚集区、周至文化产业集聚区。

近年来，西安市先后出台了《西安市加快发展文化产业实施方案》《关于深化文化体制改革和加快发展文化产业的实施意见》《西安市文化产业发展专项资金管理暂行办法》《关于推进文化科技创新、建设国家级文化和科技融合示范基地的意见》《西安曲江新区入区文化企业营业税补贴暂行办法》《西安曲江新区入区文化企业房租补贴暂行办法》《西安曲江新区鼓励和扶持影视产业优惠政策》《西安曲江新区关于鼓励扶持博物馆等文化场馆发展办法》《西安高新区关于促进创意产业发展的扶持政策》等政策措施，并从 2006 年 10 月起，每年设立了 2000 万元的文化产业发展专项资金，2012 年增加到 1 亿元。这些政策措施的出台和实施，不仅为文化产业重点项目的建设提供了保障，而且对全市文化产业快速发展起到了重要的推动作用[19]。

4. 区域发展纲要及优惠政策

西安市曲江新区是西安市发展文化产业的重要区域，曲江新区管理委员会（简称曲江新区管委会）先后发布了《西安曲江新区文化产业发展纲要（2007—2012）》《鼓励和扶持影视产业优惠政策》《促进会展产业发展优惠政策》《吸引文化产业高级人才暂行办法》《优秀影视作品奖励暂行办法》《文化产业发展专项资金管理办法》《入区文化企业营业税增值税补贴暂行办法》《文化产业发展指导目录》等一系列政策扶持引导文化产业发展。

（三）文投企业在西安发展中的作用

文化产业的发展需要政府宏观调控与市场调节共同作用，在各级政府制定发布文化产业发展规划、战略、政策等指导文件之后，更重要的是需要相应的实施者积极实践与落实。文化产业发展中最为重要的实施者即为各类文投企业，其中又以地方国有成分为首。西安市主要的地方国有成分文化企业为曲江文投，接下来我们会阐述曲江文投在西安文化产业发展中做出的努力，同时简要分析其他文投企业的协同作用。

1. 曲江文投让曲江再展辉煌

西安曲江文化产业投资（集团）有限公司简称“曲江文投”，是西安市政府于1995年批准成立，由西安曲江新区管委会投资设立的国有独资有限公司，前身为管委会投资设立的西安曲江旅游建设开发总公司。作为曲江新区区域运营开发主体，曲江文投主要从事园区建设、文化旅游、影视、会展及文化旅游项目开发等。曲江文投成立伊始就致力于打造曲江新面貌，以“文化＋旅游＋城市价值”的开发理念，化腐朽为神奇、变文化为效益，把文化资源变为可持续、可扩大的社会经济发展动力。

曲江文投以资本为纽带，以产业为导向，立足曲江，辐射全省，实现了从单一的文化项目投资向多元化的文化产业投资的转变，构建了以文化旅游、影视、会展、出版、传媒、演艺、动漫、重大文化开发工程等为核心的文化产业集群，已成为涉足多个文化产业领域的大型国有企业，旗下多家公司在业界均享有极高的知名度与美誉度。目前，集团旗下拥有全资子公司8个，另有控股、参股、代管企业十余个，其主要组织架构如图3-13所示。

曲江文投各子公司以各自的业务重点为发展方向，在西安文化产业发展中贡献着自己的力量。目前曲江已形成了曲江文化景区、法门寺文化景区、大明宫遗址保护区、临潼国家旅游休闲度假区、楼观中国道文化展示区、西安城墙景区六大文化板块竞相发展的跨越式发展格局，建立了包括文化旅游、影视投资、文化演艺、出版传媒、数字文化、国际会展、文化创意和文化体育休闲八大文化产业体系，呈现出产业发展集群化、集群发展园区化、园区发展国际化的良好态势，迅速跃升为中国西部最重要的旅游集散地和全国文化产业发展的龙头。

曲江文投对当代曲江的发展起了至关重要的作用，可以说没有曲江文投就没有当前曲江的辉煌。各分子公司、控股公司在文化旅游、影视、会展、出版、传媒、演艺等文化产业不同领域专门发展，在不同行业对整个文化产业的发展做出重大贡献。曲江模式给我国城市发展提供了一个范例，给一个内陆城市走向国际化、一个历史城市走向现代化，提供了一个可资借鉴、模仿的发展模式[20]。

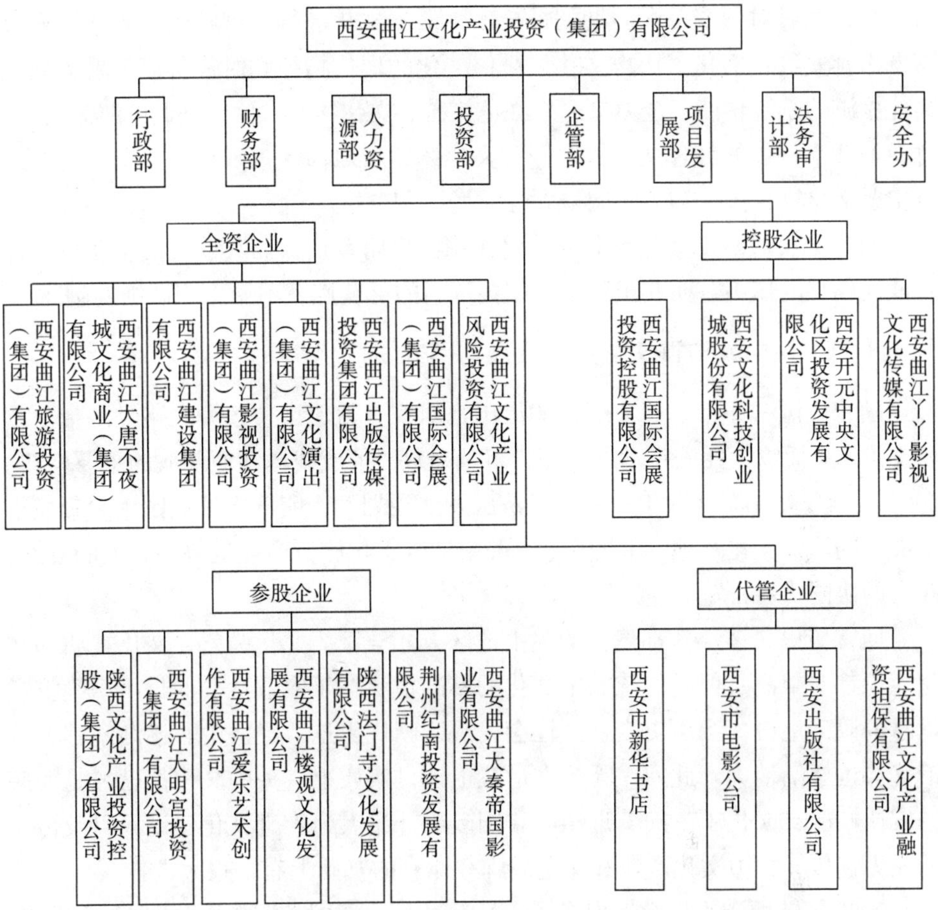

图 3-13　西安曲江文化产业投资（集团）有限公司组织架构

（资料来源：西安曲江文化产业投资（集团）有限公司网站。）

2. 其他文投企业的协同作用

除了曲江文投，陕西文化产业投资控股（集团）有限公司（简称陕文投集团）也是西安文化产业发展中贡献突出的文投企业。陕文投集团是陕西省政府直属的国有大型文化企业，是陕西省实施“文化强”战略的重要市场平台，集团成立于 2009 年 6 月，注册资本 22 亿元。历经七年多发展，陕文投集团目前总资产 150 多亿元，产业范围覆盖影视、艺术品、传媒、文化旅游、文化金融和互联网六大领域，拥有 24 家子公司，已成为全国最具集群优势和发展活力的国有文化企业之一[21]。

陕文投集团积极开发延安红色文化旅游资源，例如，枣园广场项目以文化为灵魂，通过对延安革命时期的社会、生活、文化进行深度解读与表达，充分挖掘出延安红色文化、历史文化、民俗文化的现代精神和时代价值，融入现代文化旅游的系统功能，全力打造集红色旅游、文化体验、休闲度假、演艺娱乐、时尚消费于一体的红色文化体验区和文化休闲新地标，未来将是“全国首个红色主题文化综合体”和“中国最大红秀场”[22]。

曲江文投对西安文化产业的重要作用已毋庸置疑，而其他文投企业也发挥着或大或小的作用，而鉴于数据及相关资料的可获性，不做更为详细的阐述。

（四）关中城市群文化产业发展与西安协同优势

随着我国“一带一路”倡议的提出，西安着力建设“丝绸之路经济带”重要支点，从而以大西安带动关中城市群的发展，形成我国向西开放的重要枢纽。2009 年国务院颁布《关中—天水经济区发展规划》，明确定位该区域为彰显华夏文明的历史文化基地。在此背景下关中地区文化旅游产业也势必有大的发展，西安的协同优势一览无遗。

回首历史，多年建都建权的关中地区人才荟萃、文化鼎盛，文化素质和文化意识都非常高。但是传统关中文化的基础根源在于农业社会的封闭型经济和优越的政治地位，当历史变迁、社会发展、朝代更迭，经济中心逐渐南移，政治优势也逐渐消失。此后，无论在形式上还是实质上，关中文化都已经是彻底的实质性区域文化了。随着近年来我国政府开始大力推进文化建设，以及传媒的大力宣传，关中文化产业和文化品牌在原有的基础上有了很大进步。

2009 年陕西省人民政府发布了《关于印发〈关中城市群建设规划〉的通知》（陕政发〔2009〕2 号），对关中城市群的发展做出了战略性指导，提出要加大周秦汉唐大遗址保护力度，合理开发利用历史文化资源，加快文化旅游和现代服务业的发展；把关中城市群建设成为既有一定综合实力、又有明显地方特色，既有浓厚历史气息、又充满现代活力的城市群。关中城市群的发展战略规划建设四大产业基地：先进制造业基地、文化旅游产业基地、能源化工产业基地和绿色产业基地。可见文化产业的发展是关中城市群的发展重点。

在关中城市群体系（见图 3-14）中，西安发挥其关中城市群中心的地理位置优势，调整旅游业结构，形成了曲江文化核心区、唐延路文化创意带等七大文化产业板块，西安作为关中城市群区域旅游核心具有辐射功能，有助于打破地域、空间障碍，打造关中城市群成为无障碍旅游区，形成形象鲜明、特色突出、产品互补、结构合理的一流旅游城市集群。

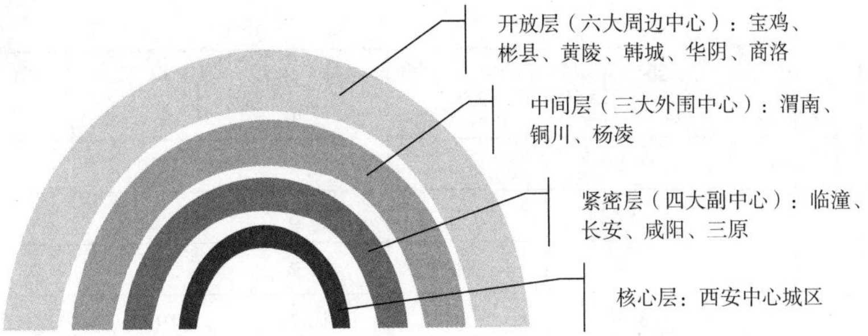

图 3-14 关中城市群体系

通过关中城市群的协同发展，陕西省的文化产业得到快速发展。根据陕西省统计局公布的信息，陕西省近十年来文化产业增加值持续保持在两位数，占全省 GDP 比重逐年提高，并成为陕西省跻身全国中等发达省、市、区的重要支撑力量。2014 年陕西省文化产业增加值为 646.11 亿元，在西部地区位居第二，GDP 位居西部第三。但是文化产业增加值占 GDP 的比重仅为 3.65%，还未达到省支柱产业的要求（占 GDP 比重超过 5%）。

虽然文化资源丰厚、教科资源充足、区位优势突出，陕西省文化产业发展也存在一些短板，如区域发展不均衡（见表 3-4）。西安市的文化产业占据了全省文化产业增加值的一半以上，远远高于其他城市。这是因为西安市文化、教科、产业、要素资源相对集中，不仅起步早，而且起点也较高，产业门类也较为齐全。同时，各地文化资源种类的不同也影响着相关产业链规模的大小。例如铜川的陶瓷制品、渭南安康的烟花鞭炮、延安榆林的剪纸等传统文化产品制造业规模普遍偏小、产值较小，在地域布局上也较为分散。

表 3-4 近年来陕西省各市（区）文化产业增加值情况表

	2010 年 / 亿元	2011 年 / 亿元	2012 年 / 亿元	2013 年 / 亿元	2014 年 / 亿元	2014 年占 GDP 比重
全省	285.96	380.26	500.7	597.2	646.11	3.65%
西安市	190.62	256.54	341	381.6	410.04	7.49%
铜川市	2.45	3.35	4.8	9.7	10.33	3.03%
宝鸡市	15.78	20.27	27.8	29.2	31.61	1.91%
咸阳市	31.43	40.54	31.7	50	55.04	2.65%
渭南市	15.71	20.05	27.4	32.4	34.89	2.39%
延安市	6.47	8.24	11.3	14.4	15.35	1.11%

（续）

	2010 年 / 亿元	2011 年 / 亿元	2012 年 / 亿元	2013 年 / 亿元	2014 年 / 亿元	2014 年占 GDP 比重
汉中市	6.04	8.11	11.4	22.2	24.05	2.43%
榆林市	10.34	13.82	20.1	27.6	29.67	0.99%
安康市	3.78	4.91	9.1	18.7	20.62	2.99%
商洛市	2.76	3.63	5	10.2	10.81	1.88%
杨凌示范区	0.58	0.81	1.1	1.1	1.163	1.25%

（资料来源：陕西省统计局。）

此外，表 3-4 也反映出，铜川、咸阳、渭南等距离西安较近的城市其文化产业相较于其他城市发展好一些，从该层面也能反映出关中城市圈商圈的发展是由内及外的。

第二节　城市资源与优势城市

“文化之城”西安的地方政府及地方国有成分在城市发展中，通过重视及开发利用文化资源使西安成为海内外知名的历史文化名城，成为一个具备优势的城市。那么一座城市应该如何利用城市资源使自己成为优势城市呢？在理解资源、城市资源概念的基础上，我们会进一步分析西安的城市资源是什么，以及如何通过利用城市资源发展形成资源型产业成为城市优势，进而从城市优势着手打造优势城市。

一、城市资源

城市资源其根本是资源的一种，下文着重以城市资源的概念内涵为切入点，分析一座城市的资源有哪些。

（一）城市资源概述

城市是人类社会文明与进步的标志，是社会生产力发展到一定阶段的产物。城市经济的本质是聚集经济，而聚集经济以集约经济形式使资源利用效率成倍提高，充分体现资源的经济价值。这一结果又进一步强化了聚集经济本身的效应，形成了对资源的强大吸引力，促使资源不断向城市集中；城市成为一个名副其实的“资源聚集体”。综合来说，城市资源就是指用于城市建设或者为城市居民服务的各类物质、文化和人力资源[23]。通过人、城市资源以及城市环境的相互作用形成了城市资源系统，每个因素间相互依存却也互相对立，因此城市资源系统的结构与功能就将随着各因素的变化而变化，也就是随着城市的发展而变化。

城市资源系统被认为是城市系统的重要组成部分，为城市的生存和发展提供动力：物质资源作为有形资源，能够确定城市资源系统的基本结构和空间范围；城市文化资源则体现为无形资源，是城市长期发展过程中逐渐积淀下来的精神财富，是城市的一种无形价值；而城市人力资源是物质资源和文化资源的创造者，在资源系统中始终居于主导地位。综合来说，城市资源系统对城市发展的影响最直接地表现在资源配置和利用的关系上[23]。

（二）西安的城市资源

悠久的历史渊源，独特的地理环境，经过时间的洗礼造就了西安得天独厚、丰富绚丽的文化资源，而数千年历史文化的积淀也为西安留下了无穷的历史文物资源和旅游景观。这些文物古迹无论是在级别还是数量，抑或是可利用性方面，在全国范围内都可谓独一无二。曾经极度繁荣的周、秦、汉、唐等朝代也对中华民族文化的积淀产生着深远的影响，一些风俗礼仪、历史传说、人物事件都传承了下来，如古代帝王的礼仪、不同朝代的民俗民风、宗教信仰、服饰饮食、民间工艺、书法、绘画（长安画派）等。西安的历史文化底蕴之深厚，是其他地区难以比拟的，也是西安文化产业发展的关键根基。

西安还具备显著的人才优势。教育事业高度发达也是西安的一张标签，高等院校和研究机构云集使西安的人力资源存量十分雄厚。据《西安市 2015 年国民经济和社会发展统计公报》显示，西安全市共有普通高校 63 所，在校学生 75.75 万人，另有研究生培养单位 43 个，在学研究生 9.14 万人。西安交通大学、西北工业大学、西安电子科技大学、长安大学、陕西师范大学、西北大学等广为人知的优秀大学培养了诸多优秀学子。

此外，西安所处的地理位置也为自身资源发挥价值提供了必要的支撑。西安在陇海兰新经济带上占据中心城市的位置，并具有无可比拟的文化底蕴，同时还承担着承东启西、东联西进的职责，以及国际连通的重任。作为我国连接东西、贯穿南北的枢纽和中心，西安被认为是出入西北的必经之路。西安的地理位置之优越，为其交通业的发展奠定了良好的基础，更进一步保障了西安工业、科技、文化旅游的发展。

二、资源型产业与城市优势

对于城市而言，它具有的资源尤其是矿产、石油等自然资源直接促成了资源型产业的形成，也因此促成了很多资源型城市的产生和繁荣。西安在近几年的城市建设中凭借着古代遗址、宗教文化、历史底蕴等地域文化资源，积极探索文化资源的利用方式，利用城市资源逐渐形成了以文化资源为基础的资源型产业，并进一步形成了西安的城市优势。

笔者试图对西安的现状及未来发展进行 SWOT 分析，了解城市自身的城市资源面临的宏观及微观影响因素，进而选择合适的发展战略，发展相关产业推动其成为城市优势。

（一）从城市资源到资源型产业

城市的资源有很多种，但并不是有资源就一定会基于该种资源形成资源型产业，其中有一个城市基于城市战略的自我定位及自我认知的过程。对于显性的优势资源，一般城市会自然生成基于该资源的产业及上下游产业链，如前文中的鄂尔多斯。但对于隐性的不易直接形成资源型产业的资源，很多城市需要先进行识别与评估，对城市发展进行战略定位，正如西安，虽然坐拥丰富的文化资源，却在很长一段时间里没能合理运用。

在具体实施中可以用 SWOT 来详细分析城市资源的市场竞争环境，从城市的优势、劣势、机会和威胁进行分析以找出推动城市资源综合开发的合理途径。

SWOT 即 Strength（优势）、Weakness（劣势）、Opportunity（机会）、Threat（威胁），其中 S、W 是内部因素，O、T 是外部环境（见图 3-15）。

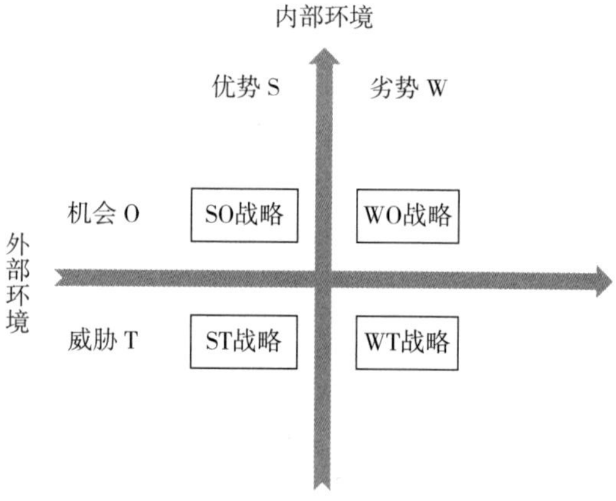

图 3-15　SWOT 分析图

SWOT 是分析内部资源优势和劣势及外部环境中机会和威胁的重要方法，也是制定发展战略的常用方法。通过 SWOT 分析能够清晰系统地了解自身优劣势及外部环境中的机遇与威胁，把控全局，做好整体战略布局。

1. 规整内部资源与分析外部环境

规整内部资源首先需要充分调查厘清自身拥有的资源，确定哪些是优势资源。这个过程主观因素较多，因此在判断时尽量用数据说话，以定量分析来弥补不足。外部环境分析包括外部可能带来的机会与所要面临的威胁，是较为客观的分析，但是仍然需要科学分析，不能过度自信外部的机会，也不能过度夸大外部威胁，调查数据的支撑能够有效避免此类问题。

（1）西安文化产业发展优势分析。西安在文化产业发展中所具备的优势包括丰富的历史文化资源、文物资源、自然资源、科技资源、教育资源等。其中，历史文化资源是西安发展文化产业的首要优势。西安历史文化资源丰富程度毋庸置疑，也是我国其他城市难以望其项背的。此外，以佛教为代表的宗教文化、以秦腔为代表的地域特色文化等资源不但源远流长，而且对当今人们的生活影响至深。同时，古文化艺术节、长安书法年会、西安文化周等文化产业活动不断开展，使西安具备了初步发展的产业基础，而以曲江新区为表率的唐文化、高新区的科技创意文化产业等则逐步形成产业集聚区，构成了西安文化产业发展的自身优势。

（2）西安文化产业发展劣势分析。西安文化产业快速发展的同时，也不可避免地存在着一些需要解决的问题，如文化产业内部结构不够合理、新兴文化产业相对较弱等。正如前文所述，西安文化产业中“核心层”“外围层”“相关层”三个层次增加值之比中，核心层的传统文化发展仍然占据主导地位，外围层中以网络文化、旅游文化、娱乐文化、广告和会展文化服务为代表的新兴文化产业还有很大的发展空间。另外，虽然西安地区有陕文投集团、曲江文投等一些产业规模效益较高的企业集团，但是大多数文化产业企业的规模不大，相对集中性不够强，群体效应不够突出，对于产业链的健全和加强不能产生较大的贡献。此外，文化产业发展中也普遍存在投融资渠道单一，文化产业资本市场欠发达，复合型人才、领军人物匮乏等劣势。因此，在关注西安近几年文化产业快速发展的同时，还要注意西安与我国其他重点城市相比仍然存在一定的发展差距，如何让丰厚的文化资源带来相应的丰厚效益，还需要文化规划者的进一步努力。

（3）西安文化产业发展机会分析。国家层面的文化推进政策是西安文化产业发展的重要外部机会条件，政策的制定一方面是对文化产业发展做出指导和支持，另一方面也说明了人民群众的需求和文化产业市场的广阔前景。据我国统计部门资料显示，以旅游支出为主的文化支出正在快速增长，文化消费已经成为人民群众的重要消费需求。同时，经济全球化的发展也为西安的文化产业发展带来了国际机会，近些年在西安的中法文化交流活动就是很好的例子，这些都成为西安文化产业发展的外部环境机会。

（4）西安文化产业发展威胁分析。机会往往也伴随着一定的威胁，北京、南京、开封、洛阳等历史文化名城同样具有丰富的历史文化资源，在文化产业发展中与西安难免存在竞争关系，如何确定自身的特色及优势是西安文化产业发展中所必须明确的。

另外，经济全球化也是一把双刃剑，为中国带来发展机会的同时，也对中国的文化安全构成了威胁。这种威胁不仅包括外来文化的入侵威胁，也包括国外文化企业在资金、科技、人才、经营管理等方面可能对中国文化企业产生资源掠夺的威胁。另外，在经济体制改革进程中，西安相比于文化产业发展较发达的地区还存在着文化管理体制僵化、文化管理法律法规体系不完善、文化产业金融市场发展滞后等影响文化创新的问题。同时，其他区域文化产业的迅速发展也发挥出强烈的产业聚集效应，吸引着各类企业和人才。这些因素导致了文化人才流失、文化原创能力不足以及文化产业竞争力不强的情况。如何迅速改革相关机制，摒除这些威胁，同样是西安文化产业发展的关键所在。

2. 制定合适的产业发展规划

优势的打造最终体现在产业这个载体上，通过 SWOT 分析自身优劣势及外部环境中存在的机会与威胁，确定优势产业，拟定发展战略之后，制定相关产业发展规划。

产业发展规划的制定涉及相关产业的布局及未来发展，因此分期制定很有必要，规划制定时分为短期、中期、长期。短期规划是未来 1~3 年的规划，集中于促进优势产业发展，快速使城市优势资源变成优势产业；中期规划是未来 5 年的规划，应当更加注重规划优势产业相关产业链的发展；长期规划是未来 10 年的发展规划，应更多考虑全产业链的打造以及优势产业的可持续发展问题。

在西安市文化产业发展中，除了国家层面政策的宏观引导，主要是省级层面对文化产业的全局规划，而细化到市层面主要为具体实施方案以及各种政策优惠的支持。《陕西省文化产业发展纲要》《陕西省文化系统文化产业“十一五”发展规划》《陕西省“十一五”文化发展专项规划》《陕西省“十二五”文化体制改革和发展规划》等省级文化产业发展规划对西安文化产业的发展做出了规划指导。其中《陕西省文化产业发展纲要》是较为全局性的纲领，是后续出台的各规划的依据和基础，可以归为长期规划，它肯定并强调了西安的中心地位，提出要使西安形成对全省文化产业发展强劲的中心辐射和龙头带动作用。在市层面，《西安市加快发展文化产业实施方案》和《关于深化文化体制改革和加快发展文化产业的实施意见》作为指导西安文化产业发展的纲领性文件，确定了西安市文化产业发展的思路、目标及发展重点。而几个与上述五年规划基本同步的发展规划则为中期规划，为未来五年的文化产业提出发展任务和保障措施。

西安市是陕西省发展文化产业的重要区域，而曲江新区则是西安市发展文化产业的重要区域，为了推进曲江新区文化产业的发展，西安曲江新区管委会依据相关政策指引制定了《西安曲江新区文化产业发展纲要（2007—2012）》，在明确了发展的策略与原则、总体目标与布局的前提下，对文化旅游业、影视演艺业、会展创意业、传媒出版业、相应及相关产业提出了较为详细的发展要求和目标，又从文化市场建设、文化产业创新、企业家专业人才与创业团队、政策支持几个方面对曲江新区文化产业发展提出了保障。在此之后，对于“十三五”期间的发展又做出了进一步的产业规划，从品质、宜居、创新、引领、强旅、惠民几个方面做出了部署。由此可见，该中期规划对于优势产业行业及产业链做出了较为详细的规划，是将西安优势文化资源转化为优势产业的重要规划之一。

（二）从城市资源型产业到城市优势

有形资源的产业发展一般相对显著，根据市场的需求在短期内形成城市的产业优势，如攀枝花和大庆基于当地的矿产和石油资源短期内形成相关产业和城市优势。而无形资源的产业形成则需要一个相对长的培育期。

城市资源型产业转化为城市优势并不是一个轻松的过程，期间政府扶持与政策引导、企业尤其是国有成分企业的战略开发与艰辛付出，都起了关键性作用。20 世纪 90 年代以来，西安的文化产业经过 20 多年的发展才形成目前的产业格局，政府对城市的定位、发展规划、产业布局规划以及政策引导支持，以及曲江文投等国企对曲江新区和城市其他文化旅游产业的建设起着至关重要的作用。

政策的推动是西安文化产业发展壮大的必要前提，在国家推动文化体制改革、促进文化事业繁荣发展的大环境下，陕西省、西安市各层面都相继出台了一系列相关政策和策略，包括从“十一五”到“十三五”规划都重点对文化事业的发展提出了指导规划，为自身发展创造优势，不断推动文化产业向前发展。

曲江文投作为地方国有成分也为西安文化产业的发展做出了长足贡献，如对大雁塔南广场等诸多景区的修建。如今，西安全市拥有年接待游客 10 万人以上的景区 20 多个，国家 4A 级景区 9 个，是首批获得“中国优秀旅游城市”称号的城市之一。正是得益于政府一系列政策引导和支持，当地的文化企业才能在曲江文投等国有成分的带领下开拓文化市场，将西安的文化品牌推广至全国乃至全世界，为西安带来社会经济效益及更多的发展空间。由此文化产业逐步成为西安发展前进的一种城市优势。

三、从城市优势到优势城市——基于城市资源的再思考

所谓花无百日红，盛衰循环是历史的规律，对于资源型产业也是如此，资源型城市在资源枯竭或成本上升时，都会出现大量的失业及经济衰退，需要相关部门提前做好思考与布局，正确认识城市资源的相对性，并安排应对措施——既包括自身的发展战略，也包括城市群的协同作用。

（一）城市优势的相对性

正如第一节所述，西安文化产业的发展和我国经济的发展密不可分。新中国成立后我国急需解决人民温饱问题，大力发展工业是当时社会经济发展的重要战略。在全国人民温饱问题不能得到解决的时期，精神需求还未曾浮出水面，因此文化资源并非当地政府的核心关注点，也并不能成为城市发展的优势所在。但所幸人们没有忽视文化资源在长远的未来所能带来的效益，在保护文化资源的同时一步步开发、布局这座城市的文化产业，并随着时代的进步以及人类需求的改变而不断完善。

也就是说，在不同时代背景下，同样是文化资源，却并不一定是城市发展的优势。同时，还应当注意到，文化产业之于西安成为支柱产业形成城市优势，但对于关中城市圈，对于陕西省，其发展速度和规模却还未达到足够的优势。界定某一资源是不是优势，某一产业是否具有发展优势，都需要结合当时所处的时代、人民的需求、所属的空间范围来判断。

因此，地方政府应当正确认识城市优势的相对性，根据时代特征、空间范围合理发展城市优势，把控城市优势。

（二）掌握城市优势，打造优势城市

1. 优势城市的打造

在运用资源优势打造资源型产业，并将资源型产业发展形成城市优势之后，必须提前思考产业的拓展和延伸以及产业的可持续发展问题，即优势累积与转化问题。不论是对内涵的扩展还是市场的开拓、产业链的重构，甚至对于不可再生资源的转化，都需要重新思考。例如国际上著名的法国洛林及德国鲁尔工业区的成功转型。

在这一阶段，很多城市基于前期的发展基础，不再依赖原有的自然资源，而是转移到智力资源、人力资源、科技资源方面，尤其是科技带来了大量的新资源。在优势消失、经济方式转变的情况下，如果原有基于资源的优势不能及时转换，城市就会面临经济危机，此时需要及时的战略制定、对资源的重新思考、对自身经济状况的重新思考，需要政府及相关企业对发展方式的重新思考、发展战略的重新制定、产业结构的及时调整。

以文化产业为例，如何优化产业内部结构，调整“核心层”“外围层”“相关层”三个层次的比例是政府和企业需要思考和付出努力的方向。这关乎文化产业的发展是否能够顺应社会发展需要、满足民众文化消费需求，也就关系着文化产业是否能够实现更长远的发展目标。尤其是随着社会的进步以及科技的发展，“核心层”的传统文化将难以满足民众文化消费的需求，也就难以满足经济发展的需要，因而应努力推进“外围层”以网络文化、旅游文化、娱乐文化、广告和会展文化服务为代表的新兴文化产业的发展，提高“外围层”比例而降低“核心层”比例。只有通过产业结构的合理优化，才能使产业发展产生的城市优势发扬光大，进而为打造优势城市奠定基础。

基于城市优势的优势城市的打造是一个城市的战略追求，甚至是一个区域的战略取向，不仅包括城市内部产业结构的合理布局，也包括城市群中城市优势间的竞争与协调。

2. 从竞争到协同：城市群视角

城市群是新型城镇化的主体形态，加强城市群内部各城市的分工协作和优势互补是增强城市群整体竞争力的重要举措，因此，促进城市群内部从竞争走向协同，是构造城市群城市优势、打造优势城市的迫切任务。

近年来，城市之间的竞争不断。加之改革开放以来，城市发展较快，城市之间的辐射功能叠加加重，导致城市之间的竞争加剧。城市间的竞争有必要，但是过度竞争会导致资源耗散严重，经济发展滞缓。城市由竞争走向协同是城

市发展的迫切要求，城市群的发展是城市间协同的一个重要主体形态。

政府这个主体在城市群内城市由竞争走向协同的过程中发挥着不可忽视的作用。首先城市分工合理。若一个城市群内所有城市都发展同一种行业，竞争就会加大，那么就会出现产能过剩、产业同构、重复建设等问题，甚至会发生恶性竞争事件。因此，根据自身特色合理分工是协同的第一步，如西安主要发展秦汉文化，而延安主要发展红色文化。其次是建立合理的协调机制。城市群协调机制能够实现资源的合理供给和分配，建立城市群内城市的紧密合作关系能够推进区域一体化发展，若无协调机制，那么城市间的合作难以深入推进，城市群的整体经济效应也无法发挥。政府是建立协调机制的主体，政府间的充分协商是建立协调机制的主要途径。

3. 创新模式的使用

随着时代的发展，还应当适时采用创新开发模式，辅助产业链拓展、产业结构布局优化及区域协同壮大。随着城镇化发展进程的推进，传统以政府为主导的城市发展建设逐步暴露出财政资金压力大、建设缓慢等问题。而以文化产业作为城市优势的城市发展，一般来说会涉及文化旅游、文物保护、园区开发、基础设施建设、特色小镇等内容。这些项目具有很强的社会公益性，往往总体投资规模较大、周期较长，总体利润水平不高。过往政府重资产、大投入、高优惠、行政化的运营效果逐渐进入瓶颈期，急需市场化、高效率的社会资本力量的进入。

PPP 模式的出现对于包括上述项目在内的城镇化发展是一个巨大的福音。PPP 模式的引入将在政府与社会资本方之间建立起长效均衡机制，有效避免政府和社会资本方的短期逐利性，将双方的利益诉求捆绑在一起，促使各方各显其能，同心协力投入到文化旅游、园区开发等项目中去。

PPP 虽然已经不算是新鲜事物，但此前较少涉足文化领域。如今政策利好，PPP 牵手文化领域也将为城镇化建设以及文化产业发展带来新的动力。自国务院办公厅在《转发〈关于在公共服务领域推广政府和社会资本合作模式指导意见〉的通知》（国办发〔2015〕42 号）中首次将文化领域纳入 PPP 模式适用范围之后，国家又出台了多个政策文件鼓励在文化领域采用 PPP 模式。

根据财政部 PPP 项目库信息可以知道，可以采用 PPP 模式的项目大致可以分为四类：一是文化场馆，即文体中心、图书馆、博物馆、档案馆、会展中心、戏剧院、影视城等；二是古城保护，即古城文物保护点、古城历史文化街区建设等；三是文物保护，即对历史文物的修复保护工程；四是其他文化类项目，主要为以上传统文化项目的延伸，包括文化产业园、文化创意园、会展中心、基础设施及配套项目、文化研学基地、文化广场、文化街区影视基地、广播电视发射塔、艺术品交易中心、中华字库开发等。

PPP 模式已经成为新常态下稳增长、促发展、惠民生的新动力，在文化领域也有了成功的实践。例如，福建省泉州市文化中心采取 PPP 投入模式，将公益性文化设施与经营性文化设施配套，用经营性收入反哺公益性投入，给民营资本稳定长期的盈利预期，使其投入文化建设；陕西省西安市大明宫建设通过 PPP 模式，探索了一条大遗址保护与文化产业开发有机统一的路径[24]。文化类项目采用 PPP 模式能够增加文化领域公共供给、优化风险分配、优化资源配置、提升运营效率，如今，PPP 模式已经成为文化领域发展的重要模式之一。由此可见，跟随时代脚步采用创新模式发展城市优势，是打造优势城市的重点之一。

第三节　政府与国有成分基于城市资源对优势城市的塑造

在中国当前的社会背景下，优势城市的打造离不开政府及国有成分企业艰苦卓绝的努力。而城市间政府与国有成分的合作也将为各自的协同优势发挥重要作用。从西安的例子中我们也不难发现，政府和地方国有成分起到的引导带动作用举足轻重，在“文化之城”建设中功不可没。下文将结合西安的例子分析并阐述政府及地方国有成分基于城市资源打造优势城市的作用及途径。

一、政府——看得见的手

（一）宏观层面

对于资源型城市而言，产业基础环境尤其是基础设施的建设及城市发展政策和战略的制定均依赖于政府的供给。政府用战略眼光，克服短视，为企业创造良好的政治、经济条件，避免不合理规章制度的障碍；通过城市总体规划决定城市的未来发展方向和发展战略，通过产业政策调整产业布局。

1. 政策制定

不论是哪一类产业，都不可能割裂其与其他行业发展的关系，更不能与经济社会发展相分离。而各级政府的政策正是为了促进、维持经济社会的发展，为各行各业提供体制机制的支撑。政策的宏观指引是城市利用其优势资源发展优势产业的重要保障，是政府支持城市发展的重要方式。2002 年中共十六大要求，根据社会主义精神文明建设的特点和规律，适应社会主义市场经济发展的要求，推进文化体制改革，抓紧制定文化体制改革的总体方案。从此，我国文化建设得到了大环境的支持，一系列相关政策先后出炉，为文化建设指明方向。根据中央政府的指示精神，陕西省、西安市、各区政府先后吸取上级政策精神，发布文化产业发展的相关政策。正是在政策的指引下，文化产业的发展才能蒸蒸日上，成果日益丰盛，逐渐成为西安市的支柱产业，形成西安的重要发展优势。

2. 城市发展规划

城市发展规划蕴含了城市未来的发展方向、发展战略、产业布局等，是一个城市的发展指引。政府是城市发展规划的制定者，统筹城市发展，从城市的总体层面决定了城市的未来走向。

城市发展规划里包含了城市基础设施规划、产业规划、旅游规划、交通规划、商业规划等诸多内容，涵盖了城市发展的方方面面。政府作为城市规划的制定者，在了解城市总体情况的基础上才能制定合理有效的规划，同时重点发展自身的优势资源。例如，西安市作为世界著名古都和中国著名的历史文化名城，其整体规划中注重文化资源的规划，先后制定了城市旅游规划（详见图 3-16）、历史文化名城保护规划（详见图 3-17），其中历史文化名城保护规划又细分为老城保护体系规划和老城高度控制规划。

图 3-16　西安市旅游规划图

（资料来源：西安市规划局。）

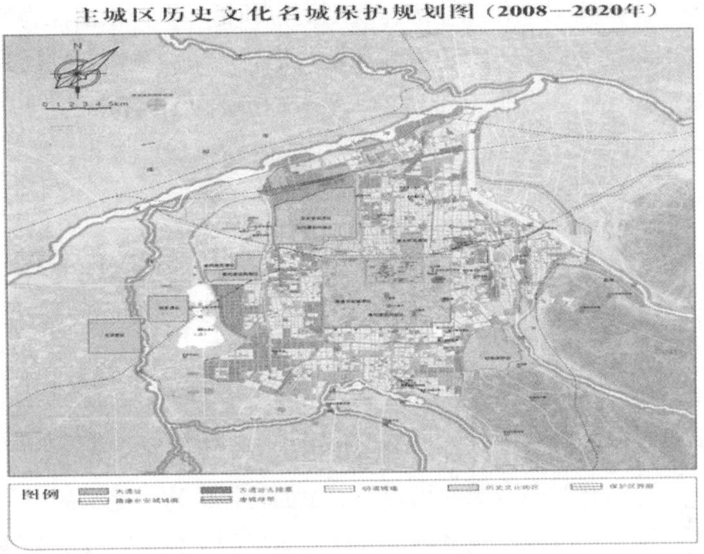

图 3-17　西安市历史文化名城保护规划图

（资料来源：西安市规划局。）

3. 产业规划及政策

产业规划是指综合运用各种理论分析工具，从当地实际状况出发，充分考虑国际国内及区域经济发展态势，对当地产业发展的定位、产业体系、产业结构、产业链、空间布局、经济社会环境影响、实施方案等做出一年以上的科学计划[25]。城市产业政策是政府调整城市产业布局的重要工具，也是政府支持城市优势产业发展、发挥主体作用的主要途径。政府这个产业政策制定的主体，通过产业政策支持优势产业及其相关产业的发展，打造自身城市优势。

以曲江新区为例，西安市人民政府在 2007 年首次明确了曲江新区的地域发展界限之后，对曲江新区提出了一系列规划及发展要求。2008 年，曲江发展的战略规划明确了曲江新区发展的根本目标，成为曲江最后形成“旅游 + 文化 + 城市”发展路线的基础；2009 年，曲江新区被确定为以文化产业和旅游业为主导的城市发展新区，是陕西实施“文化强”战略的核心区域；2011 年，西安市政府确定了曲江文化产业发展的思路，即以科学发展观为统领，坚持科学发展、和谐发展、可持续发展；2013 年，曲江新区在西安市政府的领导下着手实施“重大项目、国际品牌、产业聚集、金融创新、生态建设、城乡统筹”六大战略。同时，面对曲江新区发展中的问题，西安市政府从政策、产业链、基础设施等方面从战略上给予指导和支持。

在政府一步一步对文化产业进行规划定位和指导下，以曲江为代表的西安文化产业也不断发展向前。产业规划和政策是对城市相关产业发展最直接的指导，也是城市构建优势产业并努力打造优势城市所必须具备的计划方案。

（二）微观层面

微观层面是指政府在打造优势城市过程中制定的具体优惠政策、产业优势构建、吸引外资以及人才支持等，如图 3-18 所示，以鼓励文化产业的发展。

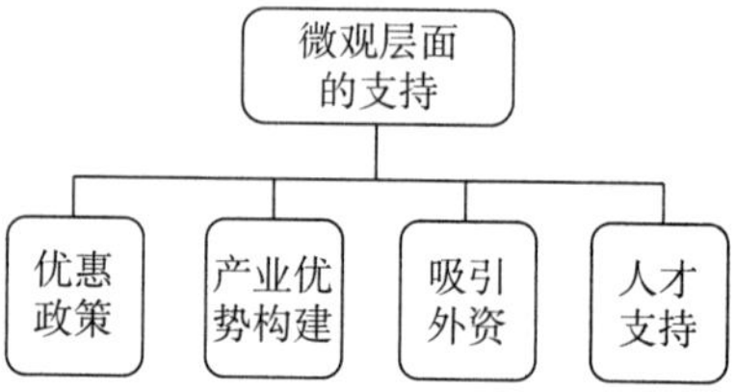

图 3-18　政府微观层面的支持

1. 优惠政策

优惠政策是指在打造优势过程中，即“资源的识别→资源的开发→资源的累积→资源的转换”这一完整的链条上政府各阶段的具体政策支持及税收优惠等。为促进曲江的文化产业发展，西安市政府从财政、投资、对企业和人才吸引等方面因地制宜地制定了许多优惠政策。财政金融政策所给予的支持最为显著，政府制定了针对曲江新区的营业税补贴暂行办法。对区内符合要求的企业，给予七年营业税补贴，前四年按其营业税年应缴的 90% 给予补贴，后三年按其营业税年应缴纳的 19%（即曲江财政分成部分）给予补贴。除了减免企业的赋税外，政府还制定了入区文化企业贷款担保管理的优惠政策，对符合要求的企业，根据相关标准和企业的具体情况，可追加担保额度，减少贷款利息等优惠政策，为企业融资提供了便利条件。与此同时，政府还对区内的企业实行房屋补贴，享受补贴时间最长五年，按年度发放。一系列的优惠政策促进了区内企业的发展和集聚。

2. 产业优势构建

产业优势构建是打造优势城市的重要抓手，政府从两个方面在微观层面构建产业优势。一是搭载产业园区，培育优势资源产业及相关产业，打造优势资源产业链。二是加大财政支持力度，包括加大财政直接投资以及成立产业基金，如西安市文化产业发展专项资金通过项目贷款贴息、奖励补助、股权投入三种方式支持文化产业项目建设。为加快曲江新区的发展和建设，政府首先为支持曲江文化发展设置专项资金，包括对旅游、影视、会展等产业。

3. 吸引外资

吸引外资是刺激本地经济发展、提升本地经济活力的重要举措，政府采取吸引外资的做法主要包括政策支持与给予税费优惠等。

4. 人才支持

人才是任何一个产业、一个城市发展必不可少的条件，人才支持可以从两个方面采取措施。一是人才引进，二是加强教育培训。为充分调动文化产业人才的积极性和创造性，更好地吸引人才、留住人才，加快推进曲江新区建设国际一流的文化产业园区进程，政府制定了吸引文化高级人才的优惠政策。被确定为文化产业方面的高级优秀人员，参照其本人全年工资性收入（除股金分红）金额的 30% 给予奖励，最低不少于 40 万元，同时还可享受曲江新区文化产业专项扶持资金奖励。

另外，促进各产业百花齐放、全面发展也是政府于微观层面推进文化产业发展的途径。

在影视方面，陕西省政府整合陕西的影视资源，促进曲江文化产业及旅游业的跨越式发展，西安曲江新区管委会为实现规模化、国际化、专业化、市场化的发展目标，制定了十二项具体优惠政策支持影视业发展，如减免办公场所费用和企业税费，设立影视业发展服务中心对区内影视企业实行一条龙服务。

在会展方面，除了在税收等财政政策的支持外，西安曲江新区实行一厅式办公，成立西安曲江会展业发展服务中心。西安曲江国际会展（集团）有限公司为在曲江国际会展中心举办展会的企业提供海关、铁路、交通及其他相关服务；对 1200 个展位以上的会展按标准场租的 49% 收取费用；免费为在西安国际会展中心举办各类展会的企业在西安的主流媒体发布一次商业广告等。具体优惠政策的制定，使政府对文化产业发展的具体措施落实到了实处。

二、国有成分——优势城市的践行者

国有成分根植于中国的特殊国情，对中国的政府及市场有着深刻的把握，在历史的发展中扮演了重要的角色，对于优势城市的具体塑造有着天然的历史使命。国有成分是优势城市在实践中的具体践行者，在“资源的识别→资源的开发→资源的累积→资源的转换”这一过程中，全程参与，具体实施，直接关系到城市优势的形成及优势城市的品质。

（一）支撑地方政府投融资政策

无论从中央层面，还是地方层面，国有成分都是政府政策制定及承接工具，国有投资公司更是发挥了巨大的作用。投融资平台一直以来以“投融资”价值而存在，尽管新的投融资体制剥离了其政府融资功能，但可以预计，具备国有成分属性的平台企业在新型城镇化仍然需要大量资金的情况下，仍与政府存在一种合理的模式，作为政府投融资政策的合法、合规工具。

在西安文化产业发展中，国有成分在支撑地方政府投融资政策方面起到了重要作用。西安曲江文化产业风险投资有限公司（以下简称“曲江风投”）是由西安曲江新区管委会出资组建的独立法人企业，是我国首家专业从事文化产业投资的创投机构。曲江风投以曲江文化产业优势平台为基础，充分利用“文化资金＋风险投资＋贷款担保＋财税补贴＋房屋补贴”等政策优势，整合影视、演出、出版传媒、旅游、动漫等文化产业各领域资源，通过为文化企业提供资金支持、管理咨询等全方位创投服务工作[26]，来推进文化产业的发展。

据2015年年初报道，曲江风投总资产已超过11亿元，累计投资项目过百个，拉动文化产业总投资200多亿元，所投项目遍布曲江六大板块，涵盖所有细分文化行业，为西安市曲江新区文化产业的发展做出了积极的贡献。依据影视文化企业发展的特点及自身优势，曲江风投在发展中创造了多种投资方式，如“股权投资＋项目投资”“项目＋股权＋基金管理”等。此外，曲江风投还与西部证券、申银万国等机构协调沟通开展中小企业私募债券、中票等直接融资业务，探索创新适合区内文化企业不同发展阶段的投融资模式，为中小企业提供更多资金支持，为曲江新区内的文化企业发展注入更多动力[26]。

（二）引导地方产业发展与升级

政府是地方产业发展与升级的政策制定者，而地方国有成分则是直接的践行者，通过其自身的实践先行引导地方产业发展与升级。在西安文化产业发展中，曲江文投作为地方国有成分就为地方文化产业的发展与升级做出了重大贡献，通过对文化资源的整合，建设大批有影响力的文化产品和项目，在文化产业的各个行业均起到了推动作用，逐渐使西安文化产业的三层次逐渐合理化，达到文化产业升级的效果。

曲江文投作为全国文化产业示范基地，充分发挥国有文化企业的资源整合和方向指引作用，立足陕西、专注文化、深度挖掘，整合文化大资源，推动文化产业大发展，相继推出和建设了一大批在国际国内较有影响力的文化产品和项目，带领集团系统80多家企业实现了从单一文化项目投资向多元化文化产业投资运营的转变，构建了以文化旅游管理、影视、会展、出版传媒、演艺动漫、文化项目开发建设等为核心的文化产业集群。同时，曲江文投旗下出版传媒集团与美国、比利时等七个国家的九个知名出版社建立了合作关系，获得少儿国际高端图书版权500多项，迈出了国际化合作的关键步伐[27]。

综上所述，曲江文投在西安文化产业发展与升级中充分发挥了自己对文化企业资源整合和方向指引的作用，有效整合了西安文化大资源，推动了文化产业的大发展。

（三）提供地方社会经济发展的积累

国有资产保值增值最直接的作用便是为地方政府提供积累，包括税收与利润等，以及解决就业问题。国有成分企业可以通过自身经营及发展，为当地政府提供足够的积累。在具体实践中，国有成分的作用形式灵活多样，可以实际参与经营城市资源，也可以引入外部资本共同经营，还可以通过成立产业投资引导基金，发展混合所有制经济、发展金融产业、布局上市等。

2009年，西安市地税局曲江分局武尚招局长代表省国税局、省地税局，向曲江文投授予“纳税信用等级评定A级纳税人”称号，曲江文投在税收方面对地方政府的贡献可见一斑。据统计，2007年西安市全市文化产业从业人员为26万人，其中新闻出版业从业人员为3万人，拥有文化内资企业24750户，注册资本总额为11755599万元，这其中定不乏以曲江文投为主的地方平台公司所提供的就业岗位，成为地方社会经济发展的有利条件。同时，地方平台公司还可以通过参与文化重点工程、履行社会责任，为地方社会发展、经济发展做出贡献。

本章小结

本章通过引入“文化之城”西安的案例，梳理并分析了如何通过运用资源优势打造资源型产业，并进一步打造优势城市，其中重点分析了政府及地方平台公司作为城市发展的主体在打造优势城市的过程中所起到的作用。

本章首先具体介绍并分析了西安的案例，在明确了资源、文化资源的概念内涵基础上，梳理了西安在新中国成立前文化的积淀与发展，以及新中国成立后不同阶段对文化的保护与开发；明确了西安得天独厚的文化资源是西安城市发展中其他城市所不可比拟的资源优势，以及随着城市的发展，政府不断加强对文化资源的重视程度，为形成文化产业奠定了基础。其次，我们从三个维度介绍了西安文化产业的发展情况，即西安最具代表性的曲江新区的情况、西安近些年文化产业的持续增长情况、西安文化产业内典型行业的发展情况，同时介绍了文化产业给西安及西安所在的关中城市群所带来的积极效应。最后，在前文分析的基础上，我们阐释了西安“文化之城”发展中起到重要作用的因素，主要包括政府及文投企业。其中政府主要通过国家、省级、市级、区域四个层面的政策规划和发展纲要等文件引导并支持对文化的重视、开发、利用和发展。西安的文投企业则以国有独资企业曲江文投为首，与其他文投企业协同发展，作为产业践行者在西安文化产业的各个领域进行建设和发展。

另外，我们也以西安的案例为基础，分析了如何利用城市资源发展资源型产业，并进一步形成产业优势，从而打造优势城市。发掘城市资源是打造优势城市的第一步，此步主要靠政府作用，政府梳理本地资源，结合城市发展状况，可以利用 SWOT 分析，确定自身优势资源。确定优势资源后就要推动优势资源发展，打造优势产业，同时发展优势产业链上下游产业，从而打造城市优势以带动城市发展。在此过程中，政府制定的产业政策以及平台公司的产业引导与实践是打造优势产业的重要支柱。如何将优势产业做大做强，就需要政府对相关产业制定更加合理的规划政策，优化产业机构使之不断合理化；同时平台公司发挥龙头地位带动地区产业发展，并协同城市群共同发展，从而打造成优势城市。

最后，我们对打造优势城市起到重要作用的政府与国有成分进行了更有针对性的分析。政府在基于城市资源对优势城市的塑造中，在宏观层面以政策制定、城市发展规划、产业规划及政策为途径引导并支持资源型产业发展，在微观层面以优惠政策、产业优势构建、吸引外资以及人才支持等多个方面鼓励资源型产业发展。而地方国有成分则通过发挥自身优势，从支撑地方政府投融资政策、引导地方产业发展与升级、提供地方社会经济发展积累三个方面，为运用资源、积累转化资源、打造优势城市进行实践。

运用资源优势打造优势城市需要经历三部曲——发掘城市资源、打造城市产业、构建城市优势。回顾西安文化之城的建设历程，从西安发掘自身得天独厚的文化资源，到对文化资源进行重视、保护、开发，使文化产业成为西安的支柱产业，再到文化产业为西安带来的发展和优势，可以发现，西安完整地经历了这三部曲。

西安文化产业发展之迅猛有目共睹，成为历史文化名城也是实至名归，文化产业为城市所带来的效益和优势也十分显著，西安文化之城在西部地区的龙头地位毋庸置疑。但是不可否认，放眼全国，西安文化产业的优势还并未达到卓越领先的地位。深圳作为一个仅仅二三十年建城史的年轻城市，2009 年在全球提出打造“创意之都”的口号，深圳没有多少古代文化遗迹和史料记载，文化资源贫乏，但 2008 年深圳实现文化产业增加值 550 亿元，接近西安同年文化产业增加值（127.44 亿元）的 5 倍。深圳的例子告诉文化规划者，发展文化产业与文化资源的占有量没有正比关系，关键在于，如何将文化产业化，让文化变活变通，在市场经济中流通买卖，而不是守着文化资源，无所作为[28]。如何使西安得天独厚的文化资源发挥其应有的价值、带动地方乃至更大区域的发展，增强优势城市的优势之处，也是西安市政府思考及努力的重点之一。

从城市优势到优势城市是一个产业积累与转变的过程，此过程需要制定前瞻的城市发展战略，同时结合城市群发展，将城市打造成优势城市。西安在此过程中取得了丰硕成果，而未来也仍需继续努力。

参考文献

[1] 隋殿海．挖掘资源优势发展地方经济 [J]. 现代经济信息，2014（7）：383-383.

[2] 吕庆华．文化资源的产业开发 [M]. 北京：经济日报出版社，2006：51.

[3] 丹增．文化产业发展论 [M]. 北京：人民出版社，2005.

[4] 周正刚．论文化资源的可持续开发 [J]. 求索，2004（11）：107.

[5] 朱士光，肖爱玲．古都西安的发展变迁及其与历史文化嬗变之关系 [J]. 陕西师范大学学报（哲学社会科学版），2005（4）：83-89.

[6] 和红星．一栋房子・一座城市 [EB/OL]. [2017-03-16]. http：//www.chinacitydesign.com/wzzhuanti/ydfzyzcs/.

[7] 周干峙．西安首轮城市总体规划回忆 [J]. 城市发展研究，2014（3）：1-3.

[8] 姚伟钧．从文化资源到文化产业——中国文化产业发展的战略抉择 [J]. 中国文化产业评论 .2012（2）：167-175.

[9] 国家统计局．文化及相关产业分类 [EB/OL].（2012-07-31）[2017-03-16]. http：//www.stats.gov.cn/tjsj/tjbz/201207/t20120731_8672.html.

[10] 陕西省统计局．西安市文化产业特色鲜明 总量快速增长 [EB/OL].（2013-04-03）[2017-03-16]. http：//www.shaanxitj.gov.cn/site/1/html/126/131/139/4906.htm.

[11] 西安市统计局．2012 年西安市文化产业统计发展报告 [EB/OL].（2013-04-16）[2017-03-16]. http：//www.xatj.gov.cn/websac/cat/996193.html.

[12] 曲江新区管委会．曲江新区概况 [EB/OL].（2014-08-25）[2017-03-16]. http：//www.xa.gov.cn/ptl/def/def/index_1121_6774_ci_trid_1169719.html.

[13] 曲江新区管委会．曲江文化景区 [EB/OL].（2010-10-12）[2017-03-16]. http：//www.qujiang.com.cn/info/1346/4232.htm.

[14] 任宗哲，白宽犁，王长寿．陕西蓝皮书：陕西文化发展报告（2013）[M]. 北京：社会科学文献出版社，2013.

[15] 王尊．西安文化产业发展研究 [D]. 南昌：南昌大学，2007.

[16] 李森，薛东前．西安市文化产业与区域经济的空间耦合关系 [J]. 陕西师范大学学报（自然科学版），2016（2）：85-90.

[17] 西安晚报．文化产业成为经济增长重要引擎 [N/OL].（2014-06-11）[2017-03-16]. http：//epaper.xiancn.com/xawb/html/2014-06/11/content_303202.htm.

[18] 党兴华，赵璟．关中城市群建设与区域经济发展 [J]. 经济与管理研究，2005（1）：23-27.

[19] 西安市人大常委会．西安市人民政府关于文化产业发展情况的报告 [EB/OL].（2012-11-13）[2017-03-16]. http：//www.china-xa.gov.cn/20123/5829.jhtml.

[20] 黄昆．城市更新中古都风貌的传承与发展——以西安与洛阳为例 [D]. 西安：长安大学，2012.

[21] 陕文投集团．集团简介 [EB/OL].（2017-03-01）[2017-03-16]. http：//www.shanwentou.com.cn/shwt/index.php/home/article/lists/category/16.html.

[22] 枣园广场．陕西民俗大舞台 [EB/OL]. [2017-03-16]. http：//www.zaoyuanplaza.com/04/index04.aspx.

[23] 潘安敏，李文辉．论城市资源系统 [J]. 兰州学刊，2009（9）：60-63.

[24] 中国经济网．文化部首次参与申报评审　PPP 模式如何助力文化产业？ [EB/OL].（2016-06-14）[2017-03-16]. http：//www.ce.cn/culture/gd/201606/14/t20160614_12825627.shtml.

[25] 温锋华，沈体雁．园区系统规划：转型时期的产业园区智慧发展之道 [J]. 规划师，2011（9）：15-19.

[26] 曲江文化．曲江风投：多元投资模式促文化产业发展 [EB/OL].（2015-01-12）[2017-03-16]. http：//www.qjculture.com/index.php?m=content&c=index&a=show&catid=8&id=23.

[27] 温源，瞿思杰．汇聚文化能量 领航产业发展 [N/OL]. 光明日报，2015-05-15（6）[2017-03-16]. http：//epaper.gmw.cn/gmrb/html/2015-05/15/nw.D110000gmrb_20150515_1-06.htm.

[28] 上海现代服务业联合会．西安文化产业发展战略研究 [EB/OL].（2011-07-26）[2017-03-16]. http：//www.ssfcn.com/detailed_lw.asp?id=2732&species=1451.

第四章
产业集群的形成与主体作用
——产业集群并非简单的产业集聚

本章导读：本章主要论述在构建优势城市的过程中，政府和国有成分作为优势城市模型中的主体，是如何作用于产业集群的。通过引入“速度之城”南京的案例，围绕轨道交通产业集群的形成与发展，从当地政府与国有成分对产业集群的作用出发，总结出优势城市发展中的作用形式及其发展动力机制。分析表明，在以龙头企业带动城市产业发展、产业集群带动城市经济增长的过程中，作为增长联盟的主体之一，国有成分通过延长产业链、打造产业集群来带动产业整体的发展，当产业优势积累到一定程度将带动该地区乃至整个城市的成长。

第一节　透过“速度之城”南京看主体对产业集群的作用

轨道交通作为现代城市高效、快捷的城市公共交通工具，已成为国家或地区综合实力、城市经济发展水平、地区发展现代化程度及人们生活质量的重要衡量标准之一。江苏省南京市作为轨道交通领先发展的城市，在1908年建立南京浦镇车辆厂，从此南京轨道交通产业便开始逐步发展。之后随着加入轨道交通产业的企业数量不断增加、相关配套服务不断完善，南京轨道交通业不断发展壮大，并逐步形成了如今的轨道交通产业集群。它是如何形成的？政府与国有成分作为城市发展的主体在其中扮演何种角色、起到什么作用？这与南京这座优势城市发展有什么关系？

产业集群作为一种经济发展的重要布局方式，在学术界受到广泛关注，相关学者进行了大量的研究和探讨，并产生了丰富的理论分析。对其进行归纳梳理，有利于对“速度之城”南京的产业集群做出更为科学、明了、合理的分析。首先我们从全球及全国两个层面的轨道交通业发展情形进行介绍，进而梳理出南京轨道交通业的发展历程及产业集群的演进机制。并进一步对南京“速度之城”的发展机制做出分析。另外，城市到城市群协同发展是当今社会发展的一大趋势，在前文基础上，本部分还将对南京所处的长三角城市群的轨道交通产业发展协同优势进行阐述概括。通过以上逐层递进的梳理及阐述分析，我们将透过“速度之城”南京的轨道交通产业集群，看到政府及国有成分作为城市发展主体对于产业集群的具体作用。

一、产业集群理论概述

通过对大量文献的阅读及梳理，我们对学者们关于产业集群的理论做出如下探讨，主要包括产业集群的概念及内涵、产业集群的特征、产业集群的结构、产业集群的分类。下面就这四部分内容进行较为具体的梳理阐述。

（一）产业集群概念及内涵

产业集群（Industrial Cluster）作为一种经济布局现象，最早可追溯到马歇尔的产业区理论，马歇尔认为“产业区域内企业间的关系应建立在相互合作、相互依赖和相互信任的基础上，企业群落有利于技术、信息和新思想的传播与应用”。迈克尔·波特在《国家竞争优势》一书中提出：“产业集群是指在某特定领域中，一群在地理上邻近、有相互关联性的企业和相关法人机构，以彼此的共同性和互补性相联合。”

随着国内外学者对于产业集群探索的不断深入，这一概念的定义与内涵也不断完善。罗莱特（J.A.Roldandt）指出“产业集群是互相紧密联系的企业、科研机构、中介、客户，为了获得新的互补的技术，从互补资产和知识联盟中获得利益，加快学习过程，降低交易成本，克服或构筑市场壁垒，取得协作经济效益，分散创新风险，通过增值链相互联系形成的网络”；恩拉特（Enright）指出“产业集群”是一组商业企业或非商业组织，对于作为该组内成员的个体来说，集群式竞争力的重要因素，如客商和供应商关系、共同劳动力市场、共同的技术和配发渠道会促使集群企业联系起来；经济合作与发展组织（1999）指出产业集群反映了企业在相关的商务联系基础上所存在的地理组合现象，在集群里，企业之间有不同程度的交互作用，从松散的企业网络协会到多种形式的合作与竞争[1]；联合国工业发展组织（1995）认为，产业集群是生产和销售一系列相同或相关的产品而面临挑战和机遇的企业在部门和地理上的集中[2]。

国内学者对产业集群的研究也颇深：仇保兴（1999）认为产业集群更倾向于一群自主独立又相互关联的小企业依据专业化分工和协作建立起来的组织[3]；王缉慈（2001）提出，产业集群是某一特定的产业在其相关领域中，大量联系密切的企业与其相关支撑机构在空间集聚，并形成强劲、持续竞争优势的现象[1]；徐康宁（2001）指出产业集群是相同的产业高度集中于特定地区的产业成长现象[4]；张辉（2003）总结了学者的研究，认为产业集群主要是指集中于一定区域内特定产业的众多具有分工合作关系的不同规模等级的企业与和其发展有关的各种机构、组织等行为主体通过纵横交错的网络关系精密联系在一起的空间集聚体，它代表介于市场和等级制之间的一种新的空间经济组织形式[5]。

总结国内外学者对产业集群本质的定义可知，产业集群和产业集聚实际上并不是同一概念，它们的根本区别在于产业集群是相关企业和机构的柔性集聚，产业集聚是指众多产业的企业或者相关产业的企业在某一特定地域内的一般性的集中与聚合，而产业集群是产业集聚发展到一定阶段的现象[6]。部分学者还认为产业集聚概念更为抽象，产业集群则是产业集聚的一种表现形式，或是产业集聚的另一个称谓[7]。应从产业集群的结构为切入点探索产业集群的本质，这是一个集产业、区域和企业三个维度为一体的复合结合，其特点也非常明显：

（1）产业集群拥有明显的产业关联性。集群通常向下游延伸至营销网络和客户，并从侧面扩展到互补产品的制造商以及通过技能、技术或共同投入品联系起来的业内公司。从某种程度上说，产业集群是基于精细分工与专业化基础之上的产业链的集合[8]。

（2）产业集群拥有地理空间集中性。集群常常以政治为边界，但它也可能超越这一人为划定的边界甚至国界。从这个层面上说，产业集群的地域范围受到政治、经济、文化及社会的影响，集群的地域范围只是一个相对的概念。同时，在我国的特殊背景下，由于行政壁垒和政策红利对产业发展的影响作用较大，因此我国的产业集群往往受政治影响较为严重，其地理边界也往往与行政区划边界保持一致。

（3）产业集群中各主体具有紧密的互动。帕得默（1998）认为，产业集群是企业之间由于互动而形成的繁荣兴旺的集聚。而部分学者也支持这样的观点，认为集群是通过相互间的配套合作能获取绩效优势的众多企业在地理上的集中。迈克尔·波特提出，产业集群的优势来自于集群内部各主体之间的互动，这种互动具体行为表现为相关主体之间的合作与竞争[9]。王缉慈（2001）也在上述学者观点的基础上，提出了集群虽然表现为企业的空间集聚现象，但实质上产业集群的本质既有当地的历史根源，又往往取决于本地企业之间的竞争合作关系的集合[7]。综上所述，产业集群的实质是在特定领域内由各主体竞争合作的互动关系组成的，这种关系主要由产业企业的地理空间集聚反映出来。

（二）产业集群的特征

对于产业集群的定义，尽管表述各不尽相同，但其基本内涵却大体相似。由上述产业集群的内涵可知，产业集群主要具有以下五个特征：

1. 集群化成长特征

产业集群是大量企业、产业等要素资源、经济活动在某一特定地理区域内集聚的结果。因此，产业集群的集群化成长特征是产业集群的重要特征之一，这种集群现象源于三个方面：①基于经济活动的区位指向。区位指向相同的经济活动往往都趋向于集中在区域内相关资源和要素集中分布的地方[10]。②基于经济活动的内在联系。出于加强相互联系的需要，一些内在联系紧密、相互联系的经济活动往往趋向于集中在同一个适宜的地方发展，且往往是一个或一些核心企业带动许多配套企业在空间集中[11]。③基于经济活动对集聚经济的追求。由于集聚能够产生集聚经济，所以各种经济活动为追求集聚经济也需要在空间上趋于集中[12]。从产业集群环境角度出发，由于附着于特定区域的社会、文化与制度等方面的非政策性因素引发了各种相关类型资源的集聚，进而导致产业的集群化发展。从产业企业自身方面出发，产业集群不仅仅需要产业关联，还需要相互关联的集群企业在特定区域内通过有效的产业互动来构建本地的产业系统，这一系统的集群化成长直接影响了地区经济发展，进而决定整个区域的竞争优势。因此，从这方面来说，产业集群的集群化成长作为其特征之一，对产业集群的健康生长、地区的经济发展以及城市的竞争优势都起到了关键性作用。

按何建等人在欧洲各工业区所做的实际调查表明，产业集群的空间范围从1平方公里到500平方公里不等，而且大约每平方公里50家企业。集群内聚集大量企业，单位土地面积产值较高，一般说来，1平方公里土地面积上产生的产值至少在1亿元以上，而高新技术产业的集群该指标达3亿元以上。可见，空间上产业的集聚是产业集群的外在表现形式，也是首要的基本的特征[13]。

2. 网络化成长特征

产业集群的本质是一种特殊的产业网络体系，这种网络结构包括区内企业与企业之间、企业与地方政府之间、企业与各种类型的中介服务组织（如研究开发、企业咨询、法律援助、资产评估以及金融、保险、广告、策划、审计、会计、测试、维修保养等各种服务性组织或企业）之间以及企业员工与员工之间的各种正式和非正式的协作关系网络。上述网络关系往往被分为正式网络关系和非正式网络关系两类：正式网络关系表现为各行为主体之间通过各种合同等形成的关系；非正式网络关系表现为非合同的、在长期交往过程中所形成的相对稳定关系。对于产业集群的企业来说，提高竞争力的关键便是非正式网络关系的发展，这种网络是在人们经历了频繁而广泛非正式的交流和合作中不经意形成的，成为集群内的一种社会文化和社会资本，它能有效扩散和传递隐含经验类知识，从而更有效地推动人力资本和知识资本的社会化进程[14]，有效保持和提高区域的竞争力。

从经济全球化和一体化的背景出发，产业集群作为竞争与合作共存的开放网络，其区域内外的资源及产业上下游主体需建立交错复杂的联系，才能保证产业发展能获得必要的、源源不断的能量。因此，产业集群网络不仅包括本地网络，还包括跨区域网络来共同支持产业集群的发展壮大。

3. 经济外部性特征

由产业企业成长机制可知，产业集群在地理空间上的集聚很大程度上是得益于集聚带来的外部经济效应，最典型的例子当属美国硅谷的形成与发展，由于外溢经济效应为产业集群不断带来经济、文化、人才等方面的输入，硅谷逐渐集聚了上百家全球 IT 巨头和数以万计的中小型高新技术企业。由此可见，产业集群的外部经济特征主要是由于集群中的知识、技术集中，人才、资金集中，外溢的技术集聚和源于市场联系的外部资金集聚，导致的产业集群内企业的快速成长而产生的。

4. 柔性专业化特征

产业集群也是一种系统性的柔性生产。这里柔性生产的“柔性”是用来描述对市场需求量、产品构成和产品设计等方面快速变化的适应能力，它是相对于福特制（即大批量标准化生产模式）的“刚性”而言的。首先，产业集群企业的生产和管理方式具有柔性化特点，即产业集聚内的企业由于智力和体力工作活动的一体化及高度灵活性，使得企业对新技术和观念具有快速吸纳能力和自我调整能力。其次，企业之间的关系具有柔性化特点，即产业链上下游的供应商和客商企业之间能达到一定程度上的协作。再次，产业集群企业的劳动过程具有柔性特征。即柔性化的企业中，学习型工人和兼职劳动力大量出现。企业内外的信息流动渠道增多，外部创新的知识、技术等更快更容易地流入、渗透，增加了集群内企业的创新速率与概率[13]。

5. 产业植根性特征

植根性来源于经济社会学，其含义是经济行为深深嵌入社会关系中。集群内的企业不仅仅在地理上相互靠近，也具有很强的本地联系，这种联系不仅是经济上的，还包括政治、社会、文化等各方面。集群内的企业家们具有相同或相近的社会文化背景和制度环境，以此为基础，人们之间在日常的联系、互动过程中所采取的各种经济行为深深植根于互相所熟悉的圈内语言、背景知识和交易规则，因而具有可靠性、可预见性。因此，产业集群是一种积极参与全球分工而又与本地社会文化高度融合的本地化的产业聚集[13]。

（三）产业集群的结构

产业集群作为一个独立的系统，由内部诸多相互关联的要素作用而成。尽管产业集群内部构成要素和产业集群结构不同，但绝大多数产业集群内部的主要构成要素都包括以下几大类别：①最终产品或服务厂商，专业元件、零部件、机器设备以及服务供应商，金融机构及其相关产业的厂商[15]；②下游产业的成员，互补产品制造商，专业化基础设施供应商，政府与其他提供专业化训练、教育、信息、研究与技术支持的机构（如大学、高校研究机构、职业训练机构），制定标准的机构；③行业协会 / 委员会和其他支持产业集群成员的民间团体 [16]。同时，构成产业集群的每一主体要素都具有一定的主动性，在集群内部，各要素之间通过网络沟通，彼此之间具有独有的联结方式和相互作用力，通过所获取的经验和技术改善自身结构与行为方式，从而不断优化升级。

网络是集群内的行为主体在沟通及交换资源的过程中建立的各种关系的总和。我国学者从解释产业集群互动动力机制的角度出发，构建了产业集群的网络结构模型 [17]。其中，产业集群主要由行为主体、内外部资源及集群活动等部分构成（见图 4-1）。集群网络的行为主体主要包括集群内部的企业、科研院所、教育培训机构、地方政府、行业协会及其他中介组织等，集群内部的资源主要包括硬件基础设施、金融资产、人力资源、社会关系等，集群活动则主要是指集群内部行为主体之间的相互作用 [16]。

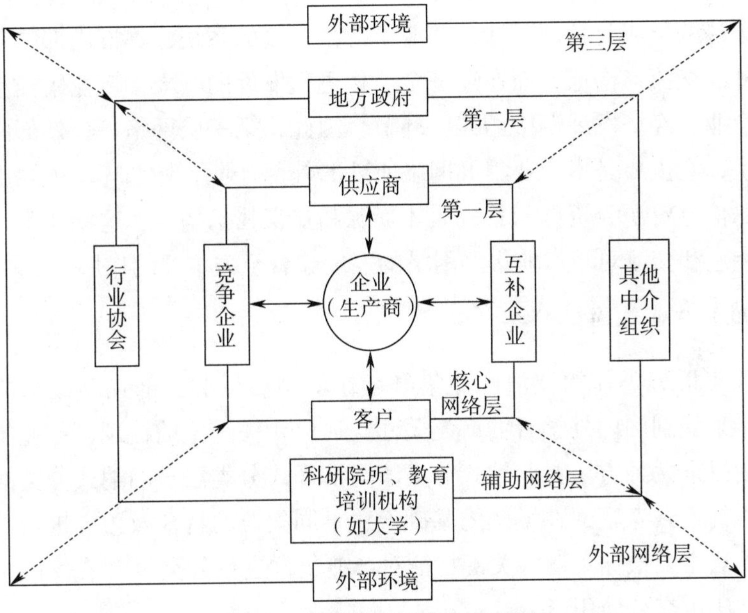

图 4-1　产业集群网络结构模型

（资料来源：张聪群，产业集群互动机理研究 [D]，咸阳：西北农林科技大学，2007.）

在模型中，构成产业集群的每一主体都是网络组织的节点。节点与网络组织之间通过价值链相互联系起来。在相互沟通无阻的情况下，节点之间通过组织的运行，能获得一定的利益，使得其自身的价值得以实现与提升。另外，网络组织自身具备一定的调节与升级功能，使得各节点能获得期望的价值。在一定时期内，模型中的节点、价值和功能三者之间处于相对稳定的状态 [7]。当组织所处的环境及背景发生变化，以及外界多元化、个性化的需求日益提升时，三者之中任意因素将随之发生变化，组织内原有的平衡将被打破，同时网络组织的发展将被持续推动继而促进网络组织的创新。这样一来，网络组织的价值将得到不断提升，相应的网络组织结构也必将随之变化。

产业集群的网络结构包含三层网络：核心网络层、辅助网络层以及外部网络层。核心网络层作为产业模型的第一层，主要以供应商、竞争企业、客户和互补企业四者与企业（生产商）之间的互动关系作为网络的联系架构，即第一网络是基于产业关联的经济技术合作与竞争关系形成的网络层面。辅助网络层是模型的第二层，是以集群内的地方政府、行业协会、科研院所、教育培训机构及产业集群中其他中介机构与组织等构成的社会主体为节点，以共同的服务对象为纽带而形成的网络层面[7]。第一层和第二层网络结构基于产业联系、知识共享和社会规制与公共服务紧密联系在一起，从而构成了产业集群的网络[18]。由产业集群的形成与特征可知，产业集群是开放的系统，集群内部的各主体不断地与外界交流与沟通，而在经济全球化迅猛发展的今天，产业集群整体往往是全球产业、经济发展链中的某一环节。因此，第三层网络——外部网络层便应运而生，它主要是指产业集群网络所处的外部环境。外部环境主要由不同区域之间的信息资源、资金积累、人才资源和知识技术构成，这些要素在集群内外部的传递和交流对于产业集群网络的发展起着至关重要的作用。

（四）产业集群的分类

产业集群分类作为厘清产业集群运作机制和集群内部互动关系的关键要素，近年来受到国内外学者的广泛关注。通过相关理论的梳理，产业集群分类可以采用以下两种方法：归纳式分类法与演绎式分类法。归纳式分类法基于现实中集群的细致考察，在案例的基础上对不同集群的特征及边界进行总结；演绎式分类法主要根据集群的关键特征对产业集群进行分类[19]。在实践中，以上两种分类法可交替使用。

Markusen（1996）从经济活动的空间组织角度把产业区分为四种类型，即马歇尔式产业区、轴轮式产业区、卫星平台产业区、政府启动型产业区。这里的产业区实际上就是产业集群，该分类的依据主要是产业集群内的企业规模、企业之间的关系以及集群的向外扩展倾向[19]。

1. 马歇尔式产业集群

马歇尔式产业集群主要是指以中小企业占主导地位的产业集群。在产业集群内部存在浓厚的“产业氛围”，企业之间彼此依赖，竞争与合作并存[20]。同时，由于产业集群的发展壮大，区域周边延伸出许多服务于产业集群的服务机构。例如意大利的产业集群。

2. 轴轮式产业集群

轴轮式产业集群是以一家或几家大型垂直一体化企业占主导地位的产业城，“轴”通常是指产业集群中的龙头企业，通常由众多中小工商企业围绕龙头企业发展；“轮”是指龙头企业与这些中小企业之间的紧密或松散的联系。例如美国西雅图是以波音公司为主导的“飞机城”；底特律是以通用汽车、福特、克莱斯勒三大汽车巨头为主导的“汽车产业城”[19]；南京的轨道交通业也是颇具典型意义的轴轮式产业集群。

3. 卫星平台产业集群

卫星平台产业集群是一种孤立式分支机构的聚合体，如跨国公司为了利用当地政府提供的一些优惠政策而在一些发展中国家设立的生产基地。这种产业集群的内生发展前景主要取决于区外企业总部的决策以及当地提供资金来源、信息技术、商业服务等共享资源的能力[20]。

4. 政府启动型产业集群

政府启动型产业集群主要是政府设立的公共机构和非营利组织所带动的产业集群，这类产业集群多指军事基地、国防基地、高校等研究机构或政府行政办公中心区等产业集群。此类产业集群的发展主要取决于政府的政治意愿与政治行为[20]。

针对发展中国家来说，任寿根（2004）提出除了上述产业集群之外，新兴产业集群也越来越广泛发展。新兴产业集群主要是针对现代服务业和高新技术产业而言，其主要特征是以中小企业为主，产业集群高度依赖政府主导与制度分离；同时产业集群高度依赖相关产业发展。这类产业集群具有创新优势、信息优势和品牌优势，但受外部因素影响较大，面临的风险和创新压力也较大，在发展过程中企业之间容易形成恶性竞争，典型发展轨迹即为创新→衰退→再创新。政策干预的方式主要是制度分割，该类产业集群反映了地方政府作为产业集群的主体之一，在该类集群演进过程中，通过地方政府与集群内企业主体的联系起着主导作用[19]。

通过对产业集群相关理论的归纳梳理，能够明确产业集群并非简单的产业集聚。产业集群是相关企业和机构的柔性集聚，而产业集聚是指众多产业的企业或者相关产业的企业在某一特定地域内的一般性的集中与聚合，可以说，产业集群是产业集聚发展到一定阶段的现象[6]。同时产业集群具有明显的产业关联性以及地理空间集中性的特点，产业集群中的各主体往往还具有非常紧密的互动。此外，产业集群还具备集群式成长、网络化成长、经济外部性、柔性专业化、产业植根性的特征。同时，通过对产业集群结构的分析，大致了解了集群内各主体的作用，这将有助于后面分析南京产业集群的形成机制。在产业集群分类方面的梳理中，也大致可以认定南京轨道交通产业集群是属于轴轮式产业集群，后面也将结合该类别的产业集群特征对南京的轨道交通产业集群进行分析。

二、轨道交通产业集群发展概况

轨道交通作为现代城市高效、快捷的城市公共交通工具，不仅能有效缓解城市交通压力并拓展城市空间，同时也成为衡量地区综合实力的重要标志，深刻影响着地区经济发展、社会稳定和人文环境建设。南京市也正是在这样的社会背景下大力发展轨道交通产业，成为“速度之城”。

（一）全球轨道交通发展概述

1. 全球轨道交通发展现状

如今全球范围内的轨道交通发展方兴未艾。在轨道交通建设方面，发达国家的主要大城市如纽约、华盛顿、芝加哥、伦敦、巴黎、柏林、东京等已基本完成城市轨道交通网络建设[21]，新兴国家和地区的城轨建设正如火如荼地进行着，亚洲地区包括印度、伊朗、越南、印度尼西亚等在内的国家均在国内的多个城市在建或规划建设城市轨道线路。世界各国纷纷开始采用立体化的快速轨道交通来解决日益恶化的城市交通问题[22]，全球轨道交通的发展进入了前所未有的高速发展阶段。

2. 全球轨道交通产业集群发展现状

在国际方面，德国、法国、加拿大和日本等国均处于轨道交通产业发展的最前端，加拿大庞巴迪公司、法国阿尔斯通公司以及德国西门子公司在内的极少数企业占据了轨道交通产业市场份额的一半[23]。此外，它们还在大部分处于轨道交通产业发展初期的国家承揽了大量业务。显然，轨道交通产业在全球范围内呈现出明显的集群特征，大部分市场份额被少数几个国家所瓜分，并且集中于这些国家的少数几个地区。尤其在新兴国家，轨道交通产业发展相对缓慢，未能形成自主品牌，轨道交通建设往往采取招标投标引进技术和厂家的方式，但发展空间较大，市场远未达到饱和状态。

（二）我国轨道交通发展概述

随着城镇化的快速发展，我国的经济实力和综合国力显著增强，大力发展轨道交通已经成为我国与其他国家、我国内部地区之间的物质交流，以及我国经济和社会进一步发展的必然选择[24]。

1. 我国轨道交通产业集群发展历程

我国城市轨道交通产业发展的先河是1969年10月1日完工通车的北京地铁，全长23.6公里，天津地铁1号线则是继北京地铁后我国建成的第二条地铁线路。两地地铁建成极大地改善了当时人们的交通条件，激发了其他城市申报建设地铁项目的热情，但由于当时国家经济还处于起步阶段，修建地铁带来了较大的财政压力，并且立项标准、投融资机制和盈利模式也并不成熟，因此国务院曾经两次叫停地铁立项，直接影响了杭州、沈阳和上海的地铁建设计划。总之，早期我国轨道交通产业发展存在较多的问题，很多工程甚至还因为融资困难出现建设搁浅的情况。既要顾及日益增长的城市轨道交通需求，也需面对财政压力过大、融资困难、难以盈利等建设阻碍，地铁建设的矛盾逐渐凸显出来。

自2007年之后，出于扩大内需保证增长的考虑，国家施行了一系列扩张性政策，这使得我国城市轨道交通建设全面加速发展。货币当局放松银根使得地铁项目的融资需求得到了保证，而扩张性财政政策的实施使得大量资金向城市轨道交通产业倾斜。各级政府纷纷出台相关的城市轨道交通政策，加大城市轨道交通建设的力度。2007年之后我国地铁建设产业飞速发展，“十二五”规划纲要更是明确了要将交通建设产业作为重点，在城市轨道交通建设方面，将建设北京、上海、广州、深圳等城市轨道交通网络化系统，建成天津、重庆、沈阳、长春、武汉、西安、杭州、福州、南昌、昆明等城市轨道交通主骨架，规划建设合肥、贵阳、石家庄、太原、济南、乌鲁木齐等城市轨道交通骨干线路[25]。

预计到2020年，我国城市轨道交通累计营业里程将达到7395公里[26]。为了加大城市轨道交通建设力度，国务院制定了较以前更低的申报标准：城市人口在300万人以上，GDP在1000亿元以上，地方财政一般预算收入100亿元以上。而轻轨的标准只要达到上述条件的60%。据统计，截至2009年全国就有近50个城市及格[27]。这些数据都显示我国城市轨道交通产业已经进入了一个稳定发展的状态，并且在未来还会增长。

2. 我国轨道交通产业集群发展现状

目前，我国已经成为世界上轨道交通产业发展速度最快的国家，轨道交通建设规模逐年扩大，在 GDP 总投资份额中所占份额越来越大，正成为一项拉动经济发展的新兴产业。然而我国轨道交通产业集群发展呈现出了和国际相一致的情况，两极分化十分严重，产业分布集中在极少数地区，如常州、株洲、唐山和青岛等地区，其他大部分地区还处于起步阶段，无法形成集群效应。尽管在轨道交通产业发展的过程中存在着诸多问题，但我国还是涌现出了一批标杆城市，这些城市引领产业发展，真正实现了产业链的平衡过渡和有效衔接，其中以湖南省株洲市和湘潭市最为典型，包括株洲市时代集团、株洲电力机车厂和湘潭市电机集团，其中株洲电力机车厂曾经和德国西门子公司合作并取得过多项城市地铁车辆建造合同。3 家企业均有较为强大的科研队伍支持，拥有多名工程院院士和国家级科技专家。总之，目前我国城市轨道交通建设产业正处于蓬勃发展的状态，尽管存在较多的困难和问题，但总体还是呈现出了增长的趋势。从国家相关机构发布的数据来看，截至 2015 年 7 月，经国务院批准的城市轨道交通总规划里程超 7300 公里。已经有 22 个城市开通了轨道交通，运营里程达 2764 公里，北京、上海、广州、深圳几个一线城市将建成较为完善的城市轨道交通网络，南京、重庆、武汉、成都等城市建成轨道交通基本网络，南通、石家庄、兰州等城市建成轨道交通骨干线[28]，其他城市的轨道交通建设也将加快，从而使我国轨道交通的发展水平达到一个更高的层次。

3. 我国轨道交通产业发展趋势

通过提升主体企业的产能、完善配套企业的运作、有机结合科研培育和高校企业合作等方式，未来我国轨道交通产业集群发展将达到“国际先进、世界一流”的目标，实现轨道交通产业资源要素的聚集和产业链的整合。这就要求一方面要形成自己的核心技术和自主品牌，另一方面还要打通国际市场并实现销售稳定发展。在现阶段，为了推进地铁产业进一步发展，国家出台了相关政策，降低了申报建设城市轨道交通关于人口方面的要求，将城区人口从 300 万人以上降低至 150 万人以上，这无疑将会带动更大的投资空间和建设需求[29]。国家发改委、交通运输部联合印发的《交通基础设施重大工程建设三年行动计划》也指出，2016—2018 年，拟重点推进铁路、公路、水路、机场、城市轨道交通项目 303 项，涉及项目总投资约 4.7 万亿元。其中，铁路和城市轨道交通项目是建设“重头戏”[30]。总之，随着城市轨道交通产业制度的越发完善以及国家政策的大力支持，未来我国轨道交通产业集群发展必定呈现出较为明朗的发展态势。

（三）南京的轨道交通产业发展历程

1. 起步阶段：南京浦镇车辆厂轨道车辆发展

原南京浦镇车辆厂从1908年建厂发展至今，在一百多年里顺应发展需求几经改革和更名，于2015年6月更名为中车南京浦镇车辆有限公司。南京浦镇车辆厂的建立被认为是南京轨道交通产业的发展起点。

南京浦镇车辆厂始建于1908年。自1969年起，浦镇车辆厂成为铁道部定点制造客车的生产基地。1999年，国家计委下发《关于城市轨道交通设备国产化的实施意见》（计预测〔1999〕428号）文件，确定南京浦镇车辆厂为城市轨道交通车辆定点生产企业，自此，南京浦镇车辆厂成为全国为数不多的城市轨道交通车辆制造企业之一。该厂自2000年年初与法国阿尔斯通公司牵手，经双方的精诚合作，顺利完成国际一流地铁车辆生产技术的转让，南京浦镇车辆厂实现了由消化吸收到规模化生产的跨越，成为国内最早形成城市轨道车辆规模化生产能力的城市轨道车辆定点生产的厂家。双方合作生产的我国首列具有国际先进水平的国产化地铁列车——上海明珠线地铁列车，2002年7月28日在南京浦镇车辆厂下线。上海明珠线的诞生标志着我国地铁车辆国产化进程取得重要阶段性成果，成为我国城市轨道车辆国产化的第一个里程碑。2003年8月南京浦镇车辆厂实现了整车自主生产。2004年4月，上海明珠线一期28列168辆地铁车辆项目工程竣工，同年9月南京1号线地铁列车下线[24]。

浦镇车辆厂陆续引进了大型龙门加工中心、欧马加工中心、铝合金大部件龙门焊接中心和焊接机械手、三坐标测量机等154台（套）大型设备，配套了检测、组装、试验等完整的现代化装备。此外，浦镇车辆厂同国内各大高校建立了合作关系，自主培养自动化控制方面的设计队伍，同瑞士两家专业软件公司合作，共同开发完成网络控制软件。这使得浦镇车辆厂完成了由“列车制造商”向“系统集成商”的飞跃，并最终完全掌握了地铁列车的知识产权。到2004年上海明珠线项目完成时，浦镇车辆厂已掌握了城轨车辆车体、转向架、表面处理等核心技术，并完善了自身的质量控制、技术管理、物流供应和自主生产体系[24]。

2. 南京轨道交通产业集聚阶段

随着我国国民经济持续快速发展和城市化进程加快，轨道交通产业迎来新的发展机遇。为构筑南京市产业新基础，建成长三角先进制造业中心，实现“开拓新兴产业新领域，构筑支柱产业新优势，推进传统产业新突破”的总体要求，南京紧紧抓住“十一五”期间轨道交通建设的重要市场机遇，在2006年正式提出重点发展轨道交通产业，构筑产业发展和产业竞争新优势的战略部署。在政府的支持和推动下，以浦镇车辆厂为核心的南京轨道交通产业逐渐快速发展起来[24]。

随着城市轨道交通产业的发展，若计划在国际国内市场上拿到订单，光靠车辆供应已很难达成，客户更需要的是完整的轨道交通产业链的供应（见图4-2）。随着浦镇车辆厂规模的不断扩大、订单的不断增多，出于资金、场地及能力等的限制，浦镇车辆厂并不能自主完成轨道交通产业的所有环节，只能专注于已有产业链上核心机车车辆的制造生产[24]。

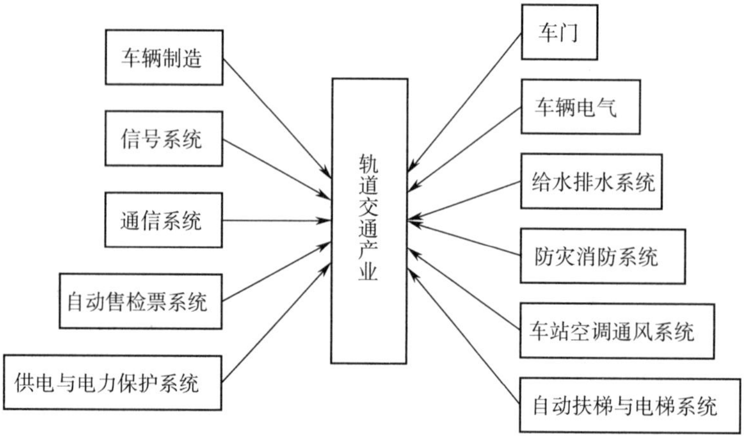

图4-2 轨道交通产业分解图

在政府的大力推动和轨道交通产业本身的吸引下，利用南京已有的资源，以浦镇车辆厂为核心，很多企业加入了南京轨道交通产业链。围绕着浦镇车辆厂，南京华士电子科技有限公司（简称南京华士）、国电南瑞科技股份公司（简称国电南瑞）、中国电子科技集团公司第十四研究所（简称南京十四所）、熊猫集团、南京康尼机电新技术有限公司（简称南京康尼）、天加空调设备有限公司（简称天加空调）、南京普天通信股份有限公司（简称普天通信）、国电南京自动化股份有限公司（简称国电南自）、南京消防器材股份有限公司等公司纷纷加入轨道交通产业[24]。各相关企业在轨道交通产业相关领域内的各个子领域发展，以轨道交通产业为首的产业集聚态势逐渐显现。

3. 南京轨道交通产业集群形成阶段

随着轨道交通产业领域的企业数量不断增加，该产业凝聚力不断增强，集群内企业分工更加明确，南京浦镇车辆厂的核心地位得以巩固和加强，集群内其他产业配套企业也在产业内找到自身定位，伴随中小企业的不断加入，集群内部企业形成了良性的竞争与合作关系[24]。

与此同时，相关项目设计机构、管理咨询机构、人力资源机构、会计师事务所等配套服务相继出现，以浦镇车辆厂为核心的轴轮式轨道交通产业集群最终形成[24]。

从项目的设计、施工到最终的运行，南京轨道交通企业基本覆盖了各个环节。南京地下铁道有限责任公司（简称地下铁道公司）在工程建设管理、咨询方面具备先进的管理理念和成功的经验；在土建工程建设方面，南京市的中国水泥厂、南钢、嘉盛集团等原材料供应商在相关领域颇具竞争力；车辆制造方面，浦镇车辆厂通过引进吸收国际大公司的技术，已制造出国际一流的车辆产品供应上海、南京等城市；中国电子科技集团公司第十四研究所作为中国电子信息产业排头兵之一，被国家发改委定点为信号系统国产化总成单位，在 CBTC㊀等新型体制的列车控制系统方面获得了突破，为南京、上海等城市提供了信号系统，同时，基于信号系统的统一平台完成了轨道交通综合自动化系统；南京康尼是列车车门系统的主要供应商；南京华士是车载电气设备重要集成和生产厂商，已成为列车车辆系统产业链配套供应商；熊猫集团引进了国外先进的自动售检票技术，产品已经在南京、北京等城市应用；国电南瑞、国电南自是我国电力保护与控制系统方面的领导者，在广州、北京、德黑兰等地的地铁建设中积累了丰富的经验，并积极向轨道交通综合监控方面拓展；南京消防器材股份有限公司和南京消防集团有限公司则是国内重要的消防系统和设备供应商，还有天加空调、南京五洲制冷集团公司（简称五洲制冷）生产的空调系统，南京蓝深制泵集团股份有限公司（简称蓝深制泵）生产的给水排水系统等[24]。

到 2008 年，已有多家地方专业化公司直接合作参与了城轨车辆的生产，以浦镇车辆厂为中心，围绕城轨项目形成的配套产业企业已达 30 余个。这些企业合作为南京市轨道交通产业实现自主创新创造了良好环境，并为我国企业走出国门、参与国际化轨道交通市场竞争奠定了坚实基础[24]。

（四）南京轨道交通产业集群演进机制

作为典型的轴轮式产业集群，南京轨道交通产业集群的发展有着轴轮式产业集群演进的一般规律，在当时中国的特殊国情环境下，其成长与成熟也带有

㊀ CBTC 为 Communication Based Train Control System 的简称，译为基于通信的列车控制系统。

自身的独特性。

自1999年国家计委的政策推动，到2000年年初与法国阿尔斯通的合作，南京浦镇车辆厂实现了由消化吸收到规模化生产的跨越，成为国内最早形成城市轨道车辆规模化生产能力的城市轨道车辆定点生产厂，而此后引进的各大加工中心及装配制造技术更是推进南京浦镇车辆厂走向快速发展[24]。

但是从动力学及经济学角度来看，由于资金、场地及能力的限制，企业若想完成轨道交通产业及地铁车辆制造的各个环节[24]，随着企业不断扩张，产业链延伸的成本将越来越大，当产业链延伸超过临界点时，其获得的效益将被成本覆盖。因此，相关产业的企业在一定范围内形成集群共同发展成为最为理想的发展模式。由于轨道交通产业巨大的吸引力，浦镇车辆厂周边开始逐渐诞生一些配套的企业。

从项目的设计、施工到最终的运行，南京轨道交通企业基本覆盖了各个环节，产业上游不但聚集了原材料供应商，还聚集了南京捷运工程技术咨询公司（简称捷运工程咨询）、江苏省交通规划设计院、江苏省交通科学研究院轨道工程研究所等咨询规划企业；产业中游聚集了南京康尼、南京华士、南京十四所、国电南瑞、国电南自、南京消防器材股份有限公司、南京消防集团有限公司、五洲制冷、蓝深制泵等轨道交通生产制造相关的企业；下游有地下铁道公司、熊猫集团等公司进行轨道交通的运营及管理，以上企业构成了南京较为完整的轨道交通产业链[24]。对此，我们总结出轨道交通产业链结构，如图4-3所示。

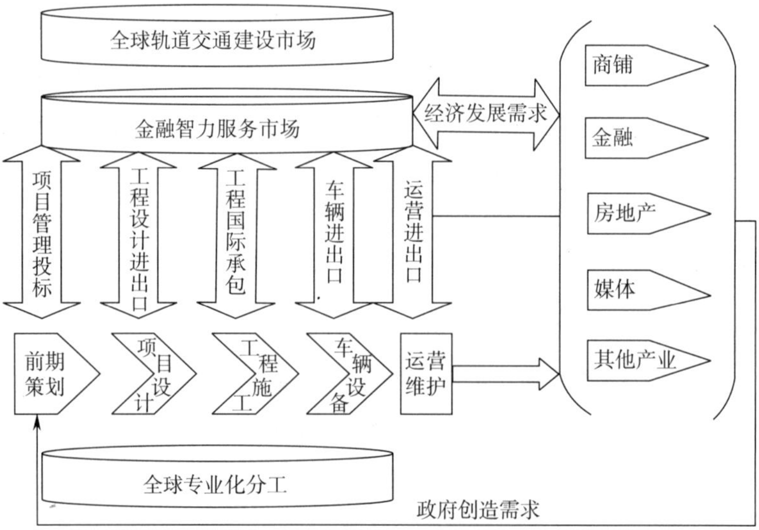

图4-3 轨道交通产业链结构

随着进入产业链的轨道交通企业的不断增加，产业链在技术不断进步、分工不断加剧的基础上开始不断分解。伴随着制造企业的不断进入、配套机构的相继出现，集群逐渐进入成熟期，集群空间价值链渐渐显现，轴轮式轨道交通产业集群显现，如图 4-4 所示[24]。

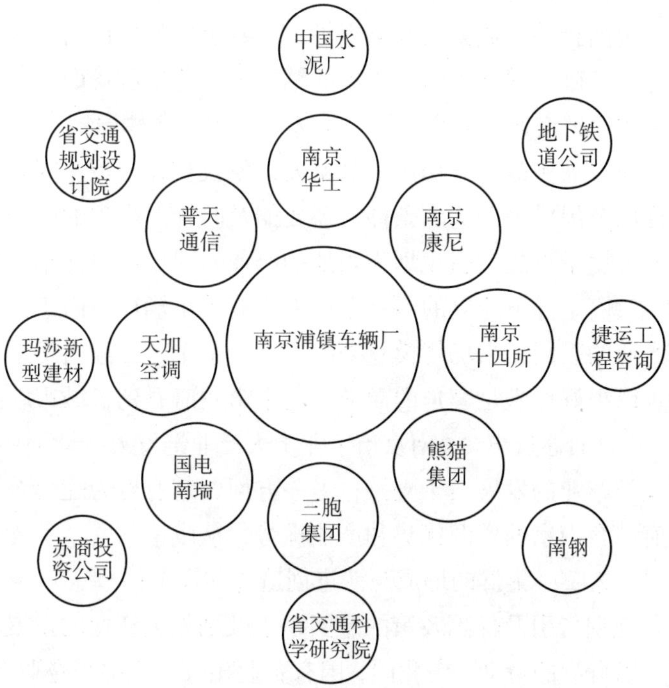

图 4-4　南京轨道交通产业集聚模式图

综上分析可见，南京轨道交通产业集群的演进遵循着一定的规律，“企业价值链→企业供应链→产业价值链→空间价值链”的递阶演进结构，形象地说明了南京轨道交通产业集群这个轴轮式产业集群的演进规律。同时我们也能看到，南京轨道交通产业集群的成长除了遵循一般的演进规律之外，也具有中国国情的特殊性[24]。

三、“速度之城”的发展机制

（一）政府与市场的共同主导

环顾国外典型的轴轮式产业集群，其演进往往是基于市场主导，伴随着市场的需求而逐渐发展起来的。但是中国的轴轮式产业集群往往是在市场与政府的共同作用下发展起来的，一方面是政府通过相关政策进行引导，另一方面则是以国有成分企业为龙头的市场探索与践行[24]。

新中国成立以后，政府主导下的经济建设也在适当的条件下制造了一些产业集群，其建设模式主要是在一个区域内以某一企业为核心，建立大规模的相关配套工厂，如山东青岛海尔集团、重庆嘉陵摩托集团、长春一汽制造等大型企业集团及周边的相关企业繁殖和衍生等，这些工厂的建设为后来发展产业集群奠定了一定的基础，并逐步形成典型的轴轮式产业集群。南京以浦镇车辆厂为核心的轴轮式轨道交通产业集群恰恰也体现了中国具体国情[24]。

政府在产业发展中的引导作用极其重要，不仅要在政策、规划中强调相关产业的重要性以及提供辅助优惠条件，还要能及时针对出现的问题进行调控。地方政府则要根据中央的指引规划为当地的产业发展提出更详细、更具针对性的政策指导。政府主导下建立的国有企业南京浦镇车辆厂，由于自身及整个城市轨道交通产业的发展，市场规模越来越大，单个企业已经由于生产成本等因素的制约，难以很好地满足客户的需求。南京市政府看到了城市轨道交通产业发展的前景，一方面通过出台《南京市工业十大产业链发展行动纲要（2006）》，从政策上对该类产业的发展给予支持；另一方面，政府也为配套企业的发展给予支持，政府结合南京的资源优势和产业优势，从政策和资金上支持了一批配套企业的发展，为整个集群的形成与演进创造了前提条件[24]。

政府各种规划指引及优惠政策的意图在于鼓励相关产业的发展，而真正的践行则需要市场自身的行动。在我国，国有企业相较一般中小企业在发展规模、人才资源、融资能力、信息资源获取等方面都具备明显的优势，因而往往能够成为地方龙头企业，引导地方产业成长与升级。南京浦镇车辆厂对当地轨道交通产业的带动就颇具典型意义。

实践表明，政府与市场共同主导发展起来的产业集群，既避免了传统由政府主导的产业集群发展过程中市场活力缺乏的问题，也避免了完全市场型产业集群过程中调控能力弱的缺点，因而显示出强劲的竞争优势[24]。

（二）土地要素的供给具有重要意义

产业集群的发展在某些方面取决于自然资源的供给状况，作为一项重要的经济制度，土地制度在产权、生产要素流动与配置、产业组织、劳动分工等多方面起着关键性作用。只有能够组织工业化生产的土地资源，才能聚集相关企业。中国的土地制度始终和经济的增长与人民生活改善有着紧密的联系，也和工业化、产业地方化发展以及区域经济发展有关[24]。

随着我国不断推进城市化进程，农村变城市的步伐不断加快，在此过程中原有的大片土地也都纳进了城市规划，加之长期吸引外资政策的影响，工业用地指标不断减少，企业投资建厂的土地资源越来越少，土地资源逐渐成为稀缺资源。南京浦镇车辆厂之所以能够发展壮大，并带动南京轨道交通产业集群的发展，与之在南京高新技术开发区所拥有的土地资源是分不开的[24，31]。

四、长三角城市群轨道交通产业发展与优势协同

长三角地区在经历了高速发展之后，区域一体化成为必然的发展趋势。作为承载生产要素流动的重要载体，快速、大容量、公交化的城际及城市轨道交通网络将为促进区域经济一体化发挥重要的作用[32]。在国务院2008年发布《关于进一步推进长江三角洲地区改革开放和经济社会发展的指导意见》之后，长三角地区的区域联动成为长三角各城市积极探索的目标。2010年《长江三角洲地区区域规划》出台，长三角联动的步伐进一步加速，并逐渐成长为具有国际竞争力的城市群。在区域联动的过程中，地区之间公共交通的联络与互通成为城市与城市之间联系的纽带。在《长江三角洲地区城际轨道交通规划（2005）》的基础上，长三角地区基本形成了以上海、南京、杭州等大城市为核心的1~2小时交通圈，这大幅缩短了城市间的交通时距，同时加速了长三角地区一体化发展的进程[33]。

（一）交通快速发展，交通建设一体化

长三角地区作为我国最重要的区域经济带之一，在轨道交通网络建设方面已形成了一体化状态。目前，长三角范围内的地级市、县级市及重要镇均被铁路相连，较长距离、大容量物流和客流的运输得到了充分的保证。同时，长三角的区域经济一体化也由于交通一体化的发展得到了迅速的发展。以轨道交通车站为集聚和扩散的点，轨道交通工具要素作为传递的轴，通过点与轴的集聚和扩散，推动轨道交通沿线地区的综合发展，从而形成以沪—苏—锡—常—宁为轴的新型高效的城市经济走廊[32]。

（二）生产要素流动，地区发展一体化

作为现代交通体系中的重要形式，轨道交通一直承担着生产要素的流通与运输功能。随着长三角经济一体化的推进，长三角地区人员的流动性越来越强，大大促进了地区内部的技术和资金流动，对加快跨省市投资、拉动整体经济发

展水平起到了重要的作用[32]。

轨道交通网络的建设对于长三角区域经济一体化的作用深刻而长远。城际轨道交通对于疏导地区人口密度、引导人口向郊区城镇分流作用明显，因此可以说，长三角的轨道交通大大促进了长三角地区的城镇化进程。同时，城际快速轨道交通系统在大都市圈、城市群中具有不可代替的作用，对城市群的交通结构、城市群形态的调整均造成了巨大的影响，地区经济一体化的趋势越来越明显[32]。可以看出，近几年长三角的经济发展方向主要呈现点→轴→区域的顺序发展，这主要是由区域性的轨道交通带来的积极影响。

（三）产业布局调整，经济发展一体化

在长三角整个区域层面来看，上海市的优势主要在于资金和技术密集型的第三产业，而江浙两省在劳动密集型产品上更具有竞争优势[32]。从江浙两省内部层面来看，省内中心城市承担着现代服务业生产的功能，而省内的市镇则承担着更多的劳动密集型产业生产功能。以江苏省为例，南京、苏州、无锡等城市具有更高的资金和技术聚集能力，而市镇的中小企业主要在装备制造、服装加工及小商品制造等方面更具优势。这种相对优势能够得以保持且持续发展，离不开基础设施作为配套保障。长三角的轨道交通将之前在空间结构上分散、零落的省、市、镇通过交通网络联结为一个整体，从而达到强化城市群之间的联系与分工、增强城市之间的配套能力、提高经济质量、节约经济成本和促进区域经济产业升级转型的目的[32]。

（四）提升投资环境，促进地区经济联动

自我国加入世界贸易组织（WTO）以来，对外开放水平进一步提高，区域经济迎来了前所未有的机遇。在经济全球化背景下，东部地区经济得到了长足发展，而伴随着经济发展与产业发展，长三角地区获得了全球的广泛关注，越来越多的商业投资进入长三角地区，并进一步促进了该地区的经济发展和城镇发展。目前，长三角地区的各个城市已基本完成了自身的市场体系建设。上海已构建了资本市场、资金拆借市场、期货市场、技术市场、劳动力市场和房地产市场等各类生产资料市场及消费品市场。江苏省、浙江省已发展成一批规模大、辐射广的轻纺产品和小商品专业市场。

在此过程中，轨道交通作为地区经济联动的重要因素之一，成为盘活地区经济要素的关键途径。根据相关资料，长三角轨道交通建设投资对 GDP 的直接贡献值为 1∶2.63，每 1 亿元的投资将可能提供 8466 个就业机会。从这方面

来说，长三角轨道交通网络的建设将给人才在长三角地区创业、生产等创造更多的机会和更大的发展空间，并进一步推动区域经济的发展[32]。

长三角城市群的形成，使得区域内的交通运输量大大增加，缩小区域内及区域间时距的快速轨道交通显得尤为重要与紧迫。根据世界大都市圈和城市群发展的经验，城市群必须具备一个现代化的基础设施网络，而快速轨道交通网络正是城市群综合交通网络的骨干架构[34]。现今，长三角轨道交通的发展主要在上海、南京、杭州等几个大城市中寻求交通方面的优势资源。南京作为轨道交通设备制造及配套设施的重要制造基地，现有的制造技术为轨道交通一体化奠定了一定的基础，因此在长三角地区轨道交通一体化发展的进程中，南京承担了重要制造基地的功能，这保证了轨道交通联网中诸如供电制式、车辆型号、信号制式等关键技术指标的统一。因此，在轨道交通产业发展中，南京的装备制造功能提供了轨道交通的设备输出，而上海、杭州等地凭借着充足的资金实力及先进的管理经验提供了优质的运营维护输出，彼此之间形成了优势协同，共同支撑了长三角地区轨道交通的一体化发展，进而推动长三角地区产业、经济及城镇的一体化协同快速发展。

第二节　产业集群与优势城市

前文通过南京轨道交通产业集群的形成，对产业集群相关理论以及产业集群形成中政府及国有成分的主体作用进行了阐述分析，而产业集群如何提升城市优势，促进区域的经济发展，进而影响优势城市构建，则是本部分主要探讨的内容。

一、集群形成与城市优势

产业集群实际上是把产业发展与区域经济，通过专业化的分工与交易有效地结合起来，从而形成的一种有效的生产组织方式，它是推动地方区域经济增长的重要形式[35]。

（一）产业集聚与产业集群

产业集聚强调同一产业内各企业的集聚，产业集群的重点则在于不同产业企业之间的相互配合与分工协作。

具体来说，产业集群是指在特定区域中，具有竞争与合作关系且在地理上集中、有交互关联性的企业、专业化供应商、服务供应商、金融机构、相关产业的厂商及其他相关机构等组成的群体。目前国际上的产业集聚主要可分为两种类型：传统产业集群（意大利的新产业区）和高新技术产业集群（美国的硅谷和印度班加罗尔软件产业集群）[36]。

产业集聚是在一个适当大的区域范围内，生产某种产品的若干个同类企业，为这些企业配套的上下游企业以及相关的服务业高密度地聚集在一起[37]。产业集聚问题的研究产生于19世纪末，马歇尔曾提出了两个重要的概念“内部经济”和“外部经济”。马歇尔之后，出现了许多流派。比较有影响的有：韦伯的区位集聚论、熊彼特的创新产业集聚论、E.M. 胡佛的产业集聚最佳规模论、波特的企业竞争优势与钻石模型等[36]。从国际上看，产业集聚是工业化进程中的普遍现象。在工业发达国家，竞争力强的产业通常采取集聚的方式，如美国底特律的汽车、西雅图的飞机、硅谷的电子产品等[38]。

产业集群并非产业集聚的同义语。专家指出，产业集聚属于动态的运行过程，产业集群则是静态结果。产业集群是特定的产业集聚现象，特定产业的集聚是产业集群形成和发展的基础，但并非任何产业集聚都能发展成为一个产业集群。产业集聚是因为某产业的有关企业集聚于某地而形成的一种聚集效应，它是产业集群的初级阶段；当这些企业之间发生某些有目的的合作时，则产生联合行动效应；当政府有意识地参与其间时，会出现制度效应。这三种效应都是构成产业集群的效应[39]。

（二）产业集群对城市优势影响机制的提出

在我国，台湾软件产业集群的发展是产业集群提升城市优势进而促进经济发展的最佳实例。20世纪70年代中期，台湾当局筹建了新竹科学工业园区，并给园区内企业提供了相关的优惠政策。园区内新成立的工业技术研究院电子所（ERSO）在当局支持的发展过程中，衍生了一系列有名的公司，如联华电子、台积电等[40]。20世纪90年代，在短短不到二十年的时间里，台湾已成为名声斐然的“硅岛”和全球第三大集成电路（IC）生产基地。

改革开放以来，从高新技术产业集群（如北京中关村的电子信息产业集群；上海浦东新区外高桥保税区的微电子信息技术产业集群；金桥现代科技园区的汽车、家电、通信等产品的产业集群）[41]，到传统的产业集群（如江苏吴江区的纺织业、河北高碑店市的箱包业、云南玉溪的烟草业、重庆的摩托车制造行业），我国大陆许多产业集群的发展实例都充分显现出其发展对区域经济发展所产生的巨大优势和促进作用。这些产业集群都在不断刷新着所在地区的影响力，成为区域经济发展的关键增长点。

既然产业集群对地区经济的发展有着如此之大的促进作用，那么产业集群是如何提升城市优势、促进区域经济发展的呢？首先，产业集群与城市优势理论研究与发展的实践表明，一个国家或地区竞争优势的获得来源于其产业在内部集聚过程中所获得的优势。以柔性专业化为特征的大量中小企业集聚群体，它们彼此之间通过分工与合作而结成稠密的区域网络组织，共同应对快速变化的外部市场环境和技术条件，生产率不断提高，创新活动不断涌现，从而产生很强的城市优势[42]。同时，世界各国区域的经济发展也表明，产业的竞争优势来源于构成该产业的企业竞争优势。值得一提的是，产业集群内企业的竞争优势对整个产业竞争力的影响尤为突出。其次，产业集群是由一大批产业相关的、生产差别性较小的企业在一定区域内聚集而形成的，因而它为企业竞争优势的培育提供了极佳的发育土壤，也使产业集群在新企业进驻方面具有较强的吸引力。此外，产业集群内长期形成的完整的产业体系及产业集群本身所具备的竞争优势，也会对一个区域的产业竞争优势及地区发展优势产生直接积极的影响。综上所述，产业集群与企业竞争力、产业竞争力和城市优势四者之间存在特殊的影响机制，如图 4-5 所示。

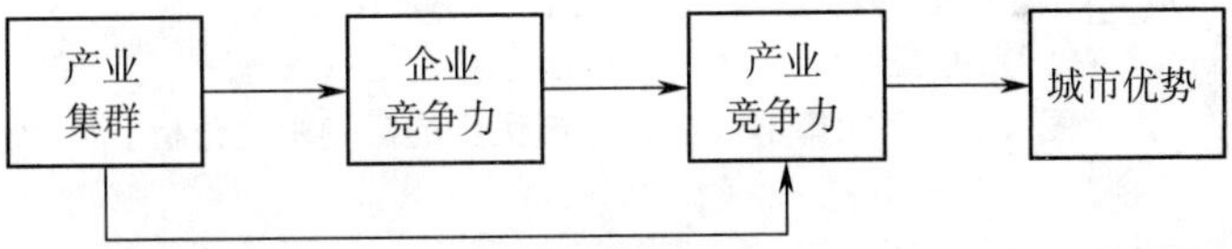

图 4-5　产业集群与企业竞争力、产业竞争力和城市优势四者之间的影响机制

（三）产业集群对城市优势的影响机制分析

1. 基于产业集群效应分析

产业集群对城市优势所形成的集群效应，除了规模经济和范围经济效应之外，还由于集群内增长极的不断发展产生极化效应与信息和技术的扩散效应（外溢效应），以及集群内企业之间的信息交流和文化认知[43]。

由于产业集群的形成存在一定的外部经济，可以降低生产成本和交易成本，从而提高以地区为基础的企业生产率[44]。同时，产业链上下游的企业也能通过地理集中带来的外溢效应来降低信息搜寻的成本及交易的成本。

此外，产业集群还会在地理上形成一种集中的、主要以面对面和直接交流为主的信息转换系统，这种信息转换系统会使得各行为主体之间的信息倾向于对称分布，各种信息（供求状况、技术变化、政治经济政策和产品信息反馈）可以很快地在集群内部传播开来，从而形成必不可少的信息链条，使信息传播更加畅通。同时由于产业集群总是在一定区域范围内的集聚，为集群内企业与企业间的长期发展建立以信任和承诺为基础的稳固的认知文化，这必将节约企业间的交易成本、降低经济交往的风险[45]。

上述的产业集群会使区内的企业具有区外企业所无法比拟的优势，如市场规模的扩大，劳动力资源丰富的供给，技术扩散，交易成本、信息成本以及采购成本的降低等。集群内部形成的这些有利条件，会促进集群内企业竞争优势的形成和提升，通过影响机制，产业集群所形成的这些效应最终会对城市优势的形成和提升产生积极的促进作用[43]，如图 4-6 所示。

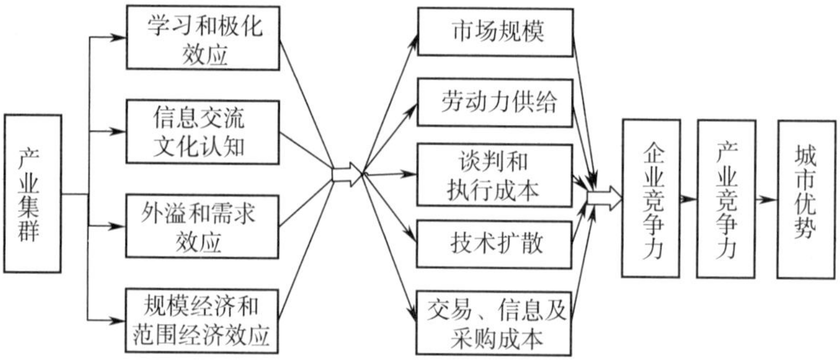

图 4-6　产业集群效应对城市优势的影响机制分析

2. 基于竞争优势分析

根据波特的竞争优势理论，一国或一个地区竞争优势的获得主要取决于四个方面的因素（见图 4-7）：生产要素、相关与支持性产业、需求状况和企业战略、结构和竞争对手。这四个因素是一个互动的体系，其中的每一个因素都会强化或改变其他因素[43]。

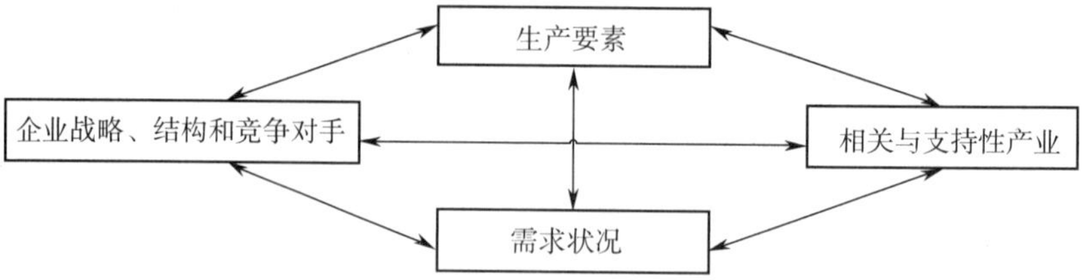

图 4-7　国家地区竞争优势四大要素

产业集群由于具有专业化的特征，因而存在着良好的要素条件：产业集群中的企业不仅包括上游的投入供应商，而且还包括下游的销售商及其网络、客户；集群中同一产品的需求者对产品的高要求，会使得集群中存在苛刻的市场要求；企业间由于产业的空间集聚而结成的介于市场和企业之间的柔性分工协作网络，具有批量小、品种多的特点，能很好地改善区域的需求条件，也能使企业形成规模经济与集聚经济[43]。另外，由于产业集群的规模和协同效应，产业集群内部会集聚很多相关联的产业，即产业集群中会存在着一些相关性和支持性的企业。根据竞争优势理论，上述因素将形成互动机制，从而促使该地区相关企业竞争优势的形成。

综上所述，产业集群战略的实施可以通过内部要素之间的互动机制及其对要素的改善，促进企业竞争力的形成和提高，进而进一步通过扩散效应等影响，促进和提升区域的竞争力，如图 4-8 所示。

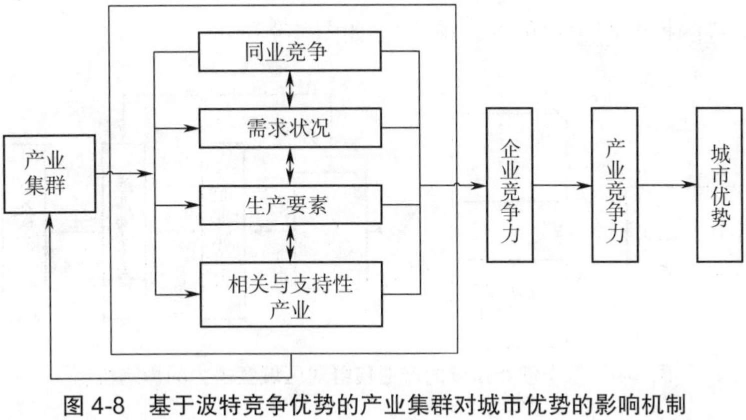

图 4-8　基于波特竞争优势的产业集群对城市优势的影响机制

3. 基于创新分析

区域促进创新实现的机制是竞争与合作。竞争为创新提供压力和动力，协作为创新提供有效的实现形式[1]。而产业集群通常会为区域内企业提供竞争与合作的双重机会，因而也就为集群内的企业提供了一种创新的可能与平台[43]。

由于产业集群表现为大批量相关的企业在某个特定区域内的集聚，那么，在一定范围内，集聚于此的企业生产的产品差别性较小，使得集群内的企业共处于一种竞争的环境，这种竞争能够提高企业的危机意识，激发企业的创新热忱，从而促使集群内企业进行不断的创新。同时，集群内大量辅助型产业和机构的存在，不仅有利于知识信息的迅速传播，还可以加快企业学习创新的进程，降低企业的生产和运输成本等。

产业集群在促进企业竞争的同时，往往也促进了集群内企业的专业化分工与协作。随着产业集群不断的发展，产业集群必然会从区域生产的专业化阶段进入到更高的地区生产系统化和区域系统化阶段。在更高的阶段里，集群内的企业除了横向竞争外，更多地会倾向于集群整体的垂直发展。此外，集群由于地缘的接近性会促使企业相互间更加了解，企业之间更容易根据各自的优劣条件实行正式的或非正式的分工协作[45，46]。这种分工协作既包括产业链横向的分工，也包括产业链垂直纵向的协作。

集群内企业间的这种既有竞争又有合作、既有分工又有协作的互动关联所形成的竞争压力和潜在压力不仅仅有利于构成集群内企业的持续创新动力，而且由此带来一系列的产品创新，在提升企业竞争力的同时也会促进产业升级的加快，使得区域的产业结构得到优化，提升产业竞争力，并最终通过影响机制对城市优势的提升产生积极的影响[43]，如图 4-9 所示。

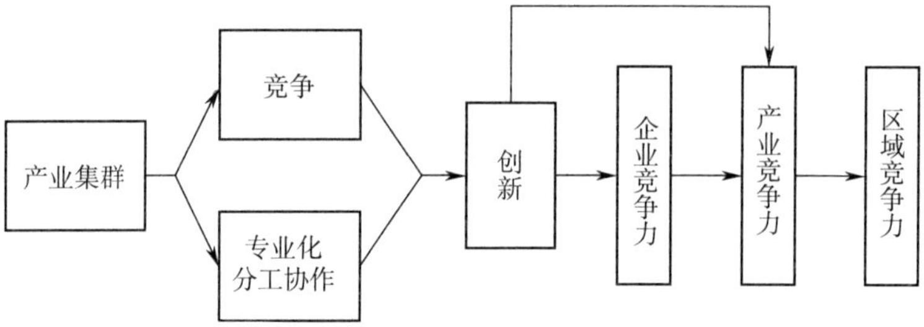

图 4-9　基于创新角度的产业集群对区域竞争力的影响机制

二、从城市优势到优势城市——基于产业集群的再思考

（一）产业集群优势研究

有关产业集群优势的研究中，马歇尔最先将产业集群的竞争优势概括为劳动力市场供应、专业化投入及技术外溢三个主要因素。迈克尔・波特提出了产业集群的区域竞争优势理论，构建了著名的“钻石模型”，主要由生产要素、需求状况、相关与支持性产业以及企业战略、结构和竞争对手四要素组成。其他一些学者则强调了产业集群的竞争优势在于区域创新能力的强弱。国内学者主要立足于我国各地区产业集群发展的实践，对产业集群优势进行了一定程度

的运用和扩展。吴宣恭教授（2002）比较全面地将产业集群的竞争优势概括为资源优势、成本优势、创新优势、市场优势和扩张优势。魏守华、石碧华（2002）从直接经济要素和非直接经济要素两个方面分析了产业集群优势，认为产业集群优势的直接经济要素包括生产成本优势、基于质量基础的产品差异化优势、区域营销优势、市场竞争优势四个方面；非直接经济要素主要是指产业集群的区域创新能力。胡大立等（2005）总结了产业集群的若干特征，即具有“区域化布局、专业化经营、市场化联动、社会化协作”等基本特征，并认为区域化布局（或称区域性聚集）是产业集群最外显性的特征，专业化经营是产业集群本质的特征。柳德舫（2008）指出产业集群优势包括低成本优势、内生增长优势、劳动力市场共享优势、技术管理创新优势、获取外部经济效应优势、规模扩张优势、市场竞争优势等八个方面。马宗国、张咏梅（2006）认为产业集群优势的发挥离不开集群内企业间的竞争合作机制，这种竞争合作机制有利于产生外部经济和规模经济，并能促进互动式学习和技术扩散，进而为集群内企业创造了成本优势、产品优势、创新优势、区域营销优势等。汪晓萍（2008）指出产业集群的空间集聚使得集群企业在生产成本、营销成本、运输成本、交易成本、信息成本和学习成本方面占有优势，并且集群的分工提高了效率、竞争促进了创新、联合提升并扩大了影响，又充分体现了集群企业的附加值[47，48，49]。

（二）产品优势、企业优势对优势城市形成的影响机制

孟韬（2005）认为产品优势是企业优势形成的基础，企业优势又推动着区域优势的形成。在某一产业区域内，一个或多个强势的企业优势会成为优势城市的代表符号，因此，龙头企业（群）是培育优势城市和传播优势城市知名度的最佳载体。胡大立等（2005）指出产业集群内的企业大都是专业型的中小企业，大量的同行业企业和相关企业之间有着高度的竞争且合作的特殊关系，大大推动了部分优势企业争创名牌，同时产业集群内大量名牌产品和名牌企业集聚，逐渐促进了优势城市的形成。根据企业优势和优势城市的关系指向，我们认为区域优势的形成主要有两种不同的路径：一种是由“优质”的企业优势（名牌企业）支撑而形成的“依托型”区域品牌，它的特点是先由几个名牌企业或企业名牌支撑形成优势城市，在市场上企业名牌的影响力超过优势城市；另一种是在“量”的基础上或者在历史长河中产生的“覆盖型”优势城市，其特点是优势城市的优势已经较为突出，但是其在区域内未建成企业

名牌，或者企业品牌的影响力较小，在市场上该区域中的企业优势几乎失语。李明武（2008）认为企业优势能够表现优势城市的竞争力，优势城市的形成不能缺少来自“优质”企业优势的支撑，有的优势城市本身就是由企业优势转型而来。赵品、郭斌等（2012）也基于信号理论对企业优势带给区域优势的影响机制做出了研究。

综上所述，优势城市的形成主要基于名牌企业或企业优势带动，随着产品知名度和美誉度的不断提升，逐渐形成了产品优势，企业优势将带动其他企业继续创造新的优势，从而形成产品或企业优势群，品牌群的名牌效应将逐渐扩散到整个产业甚至整个地区，使得产业或该产业所在地区的名牌效应显现出来，从而形成了优势城市。可见，优势城市的形成与优势产品和优势企业的关系甚为紧密，企业优势是优势城市的基石。

（三）产业集群优势对企业优势、优势城市形成的影响机制

就产业集群对优势城市造成的影响方面，学者们从不同的角度进行了分析。洪文生（2005）认为优势城市是产业集群发展的必然产物，是一个产业集群产品的主体和形象的代表，具有广泛性、持久性、公共性、外部性、抽象性与具体性。涂山峰、曹休宁（2005）认为优势城市是伴随着产业集群的产生、成长而逐步形成的，产业集群有利于优势城市的形成并使之得到有效维护。陈方方、丛凤侠（2005）认为产业集群是树立优势城市的前提，产业集群为优势城市提供了三个方面的竞争优势：首先是外部经济效应，其次是人才聚集效应，最后是学习创新效应。喻卫斌（2004）认为区位优势的形成主要是产业集群所带来的成本优势、产品优势和渠道优势的结果。王兆峰（2007）提出产业集群优势主要通过产品优势和优势企业优势两个方面来体现，是优势城市形成的基础。盛亚军、张沈清（2009）认为产业集群优势影响优势城市的形成，他们在回顾并总结产业集群相关理论文献的基础上，通过深度访谈，研究了一套集群产业优势测量量表，将集群产业优势的构成维度界定为成本优势、产品优势、营销优势和创新优势四个维度，并通过预测试、先导测试以及问卷调查等方式对量表进行了精炼和实证检验，结果表明他们所开发的量表具有较好的信度和效度水平[50]。吴永、马妍（2010）指出产业集群作为一种特殊的企业的组织形式，在一定范围内高度集中了以某一主导产业为基础的价值链上的上下游企业和辅助生产单位，这种相关产业组织为企业提供了市场优势，有利于促进优势城市的成长和发展[51]。

第三节　政府与国有成分基于产业集群对优势城市的塑造

一、政府——看得见的手

市场经济全球化的浪潮正推动着全球各国政府的改革和创新，我国独一无二的社会主义市场经济体制也向政府提出了特殊的诉求。在我国，政府产业政策的实施方式和产业结构的调整模式，属于地区经济发展的重要调控手段，也是实现经济协调发展的重要前提。

在城市优势模型中，影响生产率及生产率增长的主要有以下四个因素：①生产要素，即国家在特定产业的竞争中有关生产方面的表现；②需求状况，即本国市场对产业企业所提供的产品或服务的需求，这直接影响到产业企业的生产数量及地区产业的发展空间；③相关产业和支持性产业的表现；④企业战略、结构和竞争对手。以上四个因素构成了产业环境，而政府，尤其是我国政府对于产业环境的影响也主要是从这四方面出发的，不论是政策补贴、资金市场政策还是教育措施及科研支持，政府的种种决策均会直接影响产业环境和地区经济发展。因此，政府对要素的作用急需被重视和研究。

（一）政府在优势城市发展中的定位

在优势城市模型中，政府主要通过政策对城市发展优势产生积极或消极的影响。对于政府来说，倘若地区竞争力想要提高，那么地区经济就必须不断发展，地区产业环境标准也必须维持在一定较合理的阈值内。政府产业政策制定的根本目的也在于刺激产业升级优化及产业的持续创新，因此政府政策应大力推动产业环境的建设发展，积极营造良好健康的发展环境。

在南京轨道交通产业集群发展中，政府在浦镇车辆厂发展之初便开始动态地、长期地进行监督与扶持。倘若南京市政府及相关部门在车辆厂发展到一定阶段时以短期利益和静态竞争优势为依据，制定部分以获取短期利益为目的的政策，那么，这样对南京甚至于长三角轨道交通产业的发展具有极大的消极影响。

对于政府来说，由于部分看似合理且奏效的规范和政策在特定的产业环境之中并不能产生有效的、应有的结果，因此，健全产业政策的前提之一是必须建立可支撑产业发展壮大及突出优势的模型，将利于产业发展的政策和相关措施放在产业发展的总体框架之下进行验证。同时，对于一个产业政策来说，它对地区产业发展是否能产生相应的积极效果往往取决于该政策与其他因素之间的作用关系，据此制定涵盖多重领域的、可持续的发展计划，以全面提升地区经济稳定发展。

由于一个政策所能产生的效果往往离不开其他因素间的相互作用，因此政府必然要考虑各个独立政策之间的互动性，找到能涵盖多重领域且能稳步推行的计划，这也是钻石理论的精华所在[52]。

中央政府部门在制定政策时，往往只提出目标导向和原则性规定作为地方政府政策执行的依据，但并不对某特定地区的具体发展做出明确界定，给予地方政府较大的决策权。地方政府以改革过程中所出现的问题为导向，充分依据科学，将国家竞争优势理论嵌入产业政策，提升地方经济竞争力，这是一种新的探索和挑战[53]。

（二）产业政策提升区域竞争力的有效途径

正如优势城市模型所呈现的理论，政府制定产业政策主要是为了通过提升企业生产力，以刺激地区企业发展及提升地区竞争优势。在政策制定过程中，从政府作用力出发，探究钻石理论体系中政府对关键四要素的作用，对政府产业政策的制定将是一种积极探索，这也响应了中央“让一切劳动、知识、技术、管理、资本竞相迸发”的要求。

1. 产业政策及其作用

现代经济社会中，家庭和企业是最小的也是最基本的经济单位；整个国民经济则是最大的经济单位；二者之间分布着是数量众多、大小各不相同的经济单位，其中因具有某种共同属性而聚合到一起的，可按一定标准进行划分的企业集合，即为我们所称的产业。产业是经济运行过程中的一个重要层次，任何国家的政府都或多或少地影响着产业的成长发展[53]。

同时，由优势城市模型可知，体现国家竞争优势的产业往往颇具地理集中性。这不仅仅是产生竞争优势的重要条件，更是维持和扩大竞争优势的重要机会，这也证明了当地政府在地区产业发展中所扮演的重要角色[52]。

2. 政策对生产要素的影响

生产要素一般由熟练技术能力的人力资源、基础科学、经济信息和基础设施等组成。虽然政府出台的相关政策往往会涵盖产业领域的各个内容，但生产要素仍是其中的重点。生产要素是竞争优势中最重要的组成部分，也是产业发展和地区发展的核心要素和关键作用点，比如专业化职业化人才培训计划、现代化的基础设施、大学针对产业相关领域的研究等[53]。企业为了提高生产力，必须不断掌握高级而专业的生产要素，从而通过生产要素的作用以激励产业发展能够持续提升竞争优势[52]。在此，产业政策对此有重要的影响。

政府最重要的功能是发挥产业政策作用，创造和提升生产要素，包含掌握熟练技术的人力资源、基础科学和基础设施等。根据优势城市理论模型，地区现有的资源类型和级别并不重要，其关键在于是否具备能持续提升生产要素的机制，只有这样才能通过高级的、能真正带来优势的生产要素提升自身的标准。

第一，政府要提升产业水平，强化教育和培训机构。提升产业发展的人才资源素质是产业政策提升经济效率的最佳手段。政府应针对本地特定的产业发展，制定反映本地区产业环境的特色教育政策和技术培训政策，同时联合研究平台和产业发展需求，鼓励产业自行发展专业教育培训，才能有的放矢地提升地区发展优势。作为政府研发机构，专业研究的重心应放在产业集群或横向的技术需求上，即达到集群效应，带动那些具有地理集中属性、产业关联特性的企业产业集群谋求共同发展[54]。

第二，在资本渠道建设方面，政府在影响资金成本、供给量以及金融市场方面往往扮演重要的角色。开放而公平的资本市场能够扶持企业成长壮大，进而使其迸发出更高层次的竞争优势，故而，政府应努力保证资本市场的公平开放。

第三，在基础设施建设方面，高级而又现代化的基础设施是引进现代科技和参与国际竞争不可或缺的条件。政府在创造和提升基础设施方面负有巨大的责任，支持基础设施发展的政策也是地区发展的重要前提[52]。

综上所述，从提升自身产业发展能力出发，政府必须不断加强生产要素的质量、保证基础设施建设和保证资本来源，只有将以上关键要素结合起来以构建优良的产业环境，才能从整体上发挥产业及地区的竞争优势。

3. 政策对需求状况的影响

产业优势的产生和发展，需要地区合理的市场需求作为配合。区域市场需求是刺激产业发展的关键要素，在此方面，政府通过控制府开支、控制产品种类等方式影响国内需求[55]。在全球竞争的大环境下，政府应着力刺激地区需求，由主导者转换为监督者，只有这样才能保证地区生产的产品质量能满足地区内产品市场需求。因此，针对当地需求条件，政策制定的原则应为改善区域内产业产品的质量。

政府应该提倡精致型需求，加快产业发展升级。政府通过政策引导公众对精致型产品的需求，促使企业为迎合顾客需求而创新产品、提升竞争力，也有助于提升下游客户的水平，这种政策鼓励既能同时加强客户和供应商的需求水平，也能使其与生产企业共同形成相互强化的产业链。此外，在公共福利和社会环保层面，政府可以通过交通、环保和健康等法律法规影响地区客户需求和市场需求，以提升整个地区的生产力。

4. 政策对相关产业与支持性产业的影响

政府政策在扩张相关产业的市场及发展产业、地区整体竞争优势方面，同样扮演着重要的角色[52]。

从产业集群的特征可知，产业竞争优势不止体现在产业内部，还体现在产业集群方面。客户、供应商和相关产业中任其一方生产能力的提升都会带来其他两方的强化和提升。正如南京轨道交通产业集聚的发展，大部分产业集群通常是自我形成的，但在集群成型之后，政府必须加以引导、强化[54]。通过南京轨道交通产业集群发展案例可知，对于政府而言，产业集群的发展前期除了企业自身的集聚，还要有政府在人才资源培养、资金渠道疏通和基础设施建设等方面做出相应的扶持和引导。

就像信任、规范以及网络能够通过合作行为来提高社会效率，在竞争的压力下所形成的产业协会、行会等团体也能够促进人才、信息和技术的交流与扩散，企业间休戚与共的网络优势也提升了整个地方产业的竞争力[53]。其关键在于，产业集群并不针对某一企业，竞争优势往往在产业之间的相互联系、相互提升的过程中得以体现，过分偏向某一行业或企业都将造成产业发展偏向的问题。

5. 政策对企业战略、结构和竞争对手的影响

政府政策会对企业的成立、组织、管理和竞争等产生方方面面的影响。产业发展过程中，政府通过引进外资、调整汇率和进口管制等机制在企业全球化竞争道路上扮演重要的角色。政府可以成立专项信息收集研究机构，向产业界提供国外市场的相关情报。政府需尽力避免妨碍国际化，比如对货币、技术人力的移入移出做出过多限制。当经济向更精致、更高级发展时，国际化非但不会威胁本国就业，还将提高本国生产力，同时也将降低国家对汇率的敏感度[52]。

置于自由、开放和竞争的市场中，一个管理良好的企业应在没有任何外部

补助或保护的情况下赚取正常的利润，这被视为企业的自生能力，它是经济成功的隐藏要素。政府需维护地方企业之间的公平竞争，鼓励企业完善治理结构，鼓励更多的企业扩展本土以外的业务，通过劳动力市场推动个人目标的实现，弘扬企业家精神等[53]。以本土企业间的竞争，为即将到来的国际化提升自己，企业才能在全球竞争中取得优势。

（三）地方政府制定产业政策效用分析

当前我国经济发展处于由生产要素、投资导向阶段，步入创新导向的新阶段。市场在配置资源中的决定性作用越发明显，政府理应承担起间接性、辅助性激励产业发展的功能，紧紧围绕提升生产率等关键因素制定产业政策，即将钻石理论融入政策制定[53]（见图 4-10）。具体可通过以下方法去甄别产业政策的制定：

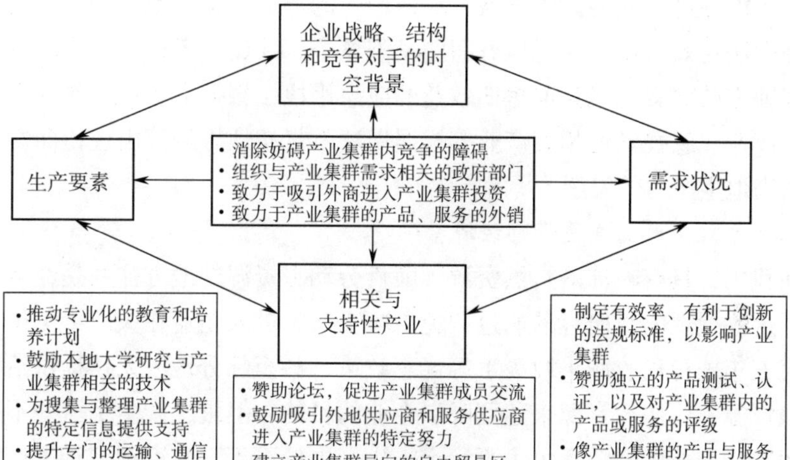

图 4-10　政府对产业集群的影响

1. 从事产业竞争的是企业，而非政府

竞争优势的创造和提升最终将以企业的发展成果呈现出来，这才是直接与对手较量的主角。政府若不能以产业参与者的角色跟上市场变动的步伐，只能使得不恰当的政策扭曲市场的运行，降低地方的竞争优势。因此，虽然政府的政策影响只是间接的与辅助性的，但政策的制定者仍需进行科学研究，不能靠家长式的管理去主观臆断决策。地方党委和政府也应围绕提升竞争力的关键要素，建立评估、考核领导干部机制[53]。

2. 优惠政策并非良策

当前，招商工作仍然是地方工作的重点。地方常常通过直接补贴、减免税收、土地优惠等政策，吸引外商投资。而很多企业仅从成本核算方面考虑，而非提升产品质量和生产技术。实行企业优惠政策的风气一旦形成，就很难遏制。我国欠发达地区每年都会引进众多“游击企业”，落户的企业往往并不具有很好的自生能力，但是却囤积了大量工业用地，导致工业园区内大量土地闲置。正确的优惠政策应当能够提高产业生产率并有效促进本地区产业竞争。例如科技进步补贴，应遵循先补助与产业集群紧密联系的专业化研究机构，再补助委托研究机构，其余补贴小规模企业以及大学研究机构的原则[53]。

3. 竞争优势来自长久活力，而非短期获利

一个新公司自成立起，大约三四年可以步入正轨；一个产业要形成优势，则需要十年或更长的时间。政府通过创造生产要素、制定鼓励政策、提升需求质量等手段促进企业的健康发展，加速产业的形成，使得地方经济更具活力，但这种做法见效太慢。面对地方间的激烈竞争、评比、考核，产业政策往往成为一些地方政府救急或获取短期效益的应急手段。狠抓大企业、忽视小企业；抓重点产业、忽视其他相关产业等错误做法不仅使地方经济出现扭曲病态，也阻碍了当地生产力的发展[53]。

4. 地方需要产业发展带动经济繁荣

在我国，具有充沛的自然资源、廉价劳动力资源的地方往往是经济欠发达地区，这些地区的政府容易通过“免二减三”（进入企业在头两年免税，第三年到第五年施行税收减半政策）等优惠政策，甚至部分地区无偿提供给相关企业土地资源、厂房等资源来达到吸引企业的目的，但是也产生了一些不好的效果，如进驻企业的产业竞争力不稳定、生产力低下等。政府制定相关产业政策必须注重产业竞争优势的提升，并且督促企业以确保实施，为真正具有竞争优势的产业提供支持。

5. 产业的形成与政府政策并非密切关联

研究表明，至少一半以上的产业企业在发展初期更依赖于市场的导向，其发展方向与政府政策的关联性不占主要地位。经验表明，任何企业或产业都有机会突破自己，取得成功。每个政府都有自己心目中的重点产业，如果遵循竞争的关键因素以激励产业，成功的概率可能就更大[53]。

6. 各种产业的分类不能反映出竞争优势的实质

基于现有文献资料，人们习惯将产业分门别类，由此出现了所谓的技术密

集型产业或非技术密集型产业、劳动密集型或知识（资本）密集型产业、朝阳产业或夕阳产业等说法。这种分类意味着某一范畴的产业优于另一范畴的产业，甚至影响到政府制定产业政策的考虑。政府不应对产业范畴产生偏见，政府政策的目的应在于提供任何产业都可以在其中创新和成长的环境[53]。

7. 政府应该坚持长期维护地方的竞争优势

许多企业乐于求稳，而非将自身置于长期的竞争压力中。譬如，排斥外来竞争者，发展多元化经营掩盖核心产业问题等。在全球一体化与全面竞争化的时代，政府应从积极方面激励企业进行自主创新、提升自身实力，而非协助部分企业排斥外来竞争对手，进而帮助本土企业逃避其必须面对的竞争挑战。政府的长远目标和发展策略决定了产业企业发展的期限，以及优势城市发展的可持续性。

二、国有成分——优势城市的践行者

在南京市轨道交通产业集群案例中，南京浦镇车辆厂的核心地位不容忽视。从企业角度来看，南京浦镇车辆厂的发展历程实质上也反映出南京市轨道交通业的发展，同时，作为国有成分，浦镇车辆厂在南京以形成轨道交通产业集群为优势来构建优势城市的过程中发挥了至关重要的作用，是优势城市的践行者。

南京浦镇车辆厂隶属机构随着时代变迁几经改变，如今更名为中车南京浦镇车辆有限公司，其性质为国有大型企业，经营范围不仅包括了轨道交通车辆、零部件、相关设备等的技术研发与制造，也包含维修、租赁、维护翻新等后续服务，以及相关产品的咨询、轨道交通规划设计及咨询等。而这样的发展转变也正是南京市轨道交通行业起步、发展，再到企业集聚，形成产业集群的直观反映。在此过程中，浦镇车辆厂作为国有成分发挥了技术创新引领行业进步、带领开拓海内外市场、推动地方产业发展与升级等作用，具体分析见下文。

（一）技术创新引领行业进步

产业的发展集聚到形成产业集群的过程中，技术也应是不断发展前进的，尤其是轨道交通这类新型制造产业，更离不开技术的创新发展。国有成分在资金、资源、人才等方面都具备明显的优势，政府制定的财政优惠政策、人才保障政策等在国有成分的落实也往往较一般的企业更全面。基于以上优势，国有成分能够通过不断研发技术引领行业创新。

在南京轨道交通产业集群形成过程中，浦镇车辆厂在技术创新方面起到了至关重要的引领作用。建厂初时，该厂工人不满百人，新式机床、动力设备及车辆大小配件，均须从英国购进。而如今的中车南京浦镇车辆有限公司已经拥有成熟的研发制造平台，先后研制了“两动一拖”动车组、160 公里 / 小时的内燃观光动车组、200 公里 / 小时的轨道检测车、200 公里 / 小时的城际动车组，以及具有国际一流水平的城市轨道车辆和现代有轨电车[56]。同时，公司拥有完整的产业链，包括不锈钢、铝合金以及碳钢结构的 A 型和 B 型地铁列车，140~200 公里 / 小时的 CRH6 型城际动车组，25 型铁路客车以及各种类型的转向架、各种速度等级的制动机。另外，中车南京浦镇车辆有限公司获得的诸多科技荣誉也是对其研发技术引领行业创新的重要佐证。轨道交通产业的技术创新，不仅仅给研发企业带来技术实力与经济效益的提升，同时新技术的推广应用也是对轨道交通产业发展的推动。作为国有企业，中车南京浦镇车辆有限公司充分利用自身优势，发挥主体作用，在轨道交通领域进行技术创新引领行业进步。

（二）带领开拓海内外市场

地方国企往往在地方具备龙头地位，在综合实力方面往往高于地方平均水平，市场开拓能力同样强于一般的中小企业，开拓国内市场如此，开拓海外市场更是如此。中车南京浦镇车辆有限公司作为南京市轨道交通产业的国有企业，在开拓海内外市场方面也做出了巨大贡献。公司先后获得了格鲁吉亚、几内亚、马来西亚、突尼斯、阿根廷、喀麦隆、土库曼斯坦等国家动车组或铁路客车订单，实现了产品和技术输出。在城轨市场，先后获得上海、南京、苏州、杭州、无锡、深圳、东莞、香港和孟买等城市以及伊朗、埃塞俄比亚等国家的城轨车辆订单，市场遍及亚洲、南美、北美、北非、中东等[56]。

通过开拓海内外市场，将产品和技术进行输出，中车南京浦镇车辆有限公司在实现经济效益的同时，也将品牌宣传扩展到了更广的范围，证明了南京轨道交通产业的发展实力，使轨道交通产业成为南京的城市优势。

（三）推动地方产业发展与升级

地方国有成分凭借资源、资金、技术、人才、管理等方面的优势，往往会成为当地龙头企业，在技术创新、管理模式等方面对其他行业内的企业产生影响，在行业发展方向、社会责任等方面具备强大的号召力。

回顾南京浦镇车辆厂的发展历程可以看到，从建厂初仅从事配件生产，以及桥梁、轮渡、驳船及机械设备维修工作，到如今从事城市轨道车辆、城际动车组、现代有轨电车以及铁路客车、重大核心部件等产品制造，如今的中车南京浦镇车辆有限公司已经成为我国铁路客运和城市轨道交通装备专业化研制企业、集成供应商及方案解决者。而围绕南京浦镇车辆厂，南京华士、南京康尼、熊猫集团、国电南瑞、国电南自、普天通信、天加空调、南京消防器材股份有限公司等公司纷纷加入轨道交通产业[56, 57]。南京市轨道交通产业不断发展与升级，并逐步形成产业集聚。

本章小结

本章内容主要从南京的轨道交通产业集群的发展历程入手，分析南京如何通过形成产业集群积累优势，进而形成城市优势的。从南京浦镇车辆厂由最初的车辆制造为起点，到之后在增长联盟主体政府的支持下，由政策支撑与市场需求支撑等原因逐渐吸引其他相关企业，实现了南京轨道交通产业的产业链上下游成功扩展延伸，进而形成由车辆制造到轨道交通建设及运营环节构成的庞大的轨道交通产业平台，并对长三角甚至全国的轨道交通产业发展产生了重要的积极影响。同时，南京轨道交通产业的品牌打造也为南京本地的经济发展和城市营销做出了一定的贡献。

然后，从产业集群与优势城市打造的方面出发，本章指出了产业集群通过其产品优势、产业集群优势及企业带动效益优势来为城市的经济、社会发展不断注入新的活力，同时，产业集群将成为培育优势城市和传播优势城市知名度的最佳载体。那么，在优势城市打造中，如何通过政府与市场的力量来培育企业集群及提升区域竞争力等问题便成为城市发展增长联盟中各主体必须重视的内容。理论与实践表明，通过企业在市场上优胜劣汰的充分竞争，企业及产业集群自身能更加明确发展的方向及发展优劣势，此时，政府通过有限的、辅助性的政策支撑，将利于优势产业的发展及优势城市的塑造。

对于政府来说，在地方产业发展过程中，所要扮演的角色并非是引导者，而应是监督者、协调者的角色。对于区域发展来说，政府导向的引导依据就是区域经济发展的战略定位及地区主导经济的发展方向；在政府战略制定方面，政府应充分尊重市场经济的导向、区域经济的资源配置和产业结构的形成三个重要因素，市场调控因素和经济基础是产业发展中最基本的制约因素。因此，政府应站在全局的角度，系统评价区域经济的要素，充分运用区域内外有特色、有价值的资源和机会，通过政策手段制定区域经济发展规划，并使用适当的经济参与手段，促进发展潜力较大的地区尽快形成稳定的区域经济结构[54]。

我国的产业集群具有“以中小型民营企业为主”的特点，而恰恰这些企业在应对市场方面具有灵敏快捷的特点，并具有迅速把握市场机会、满足市场需求等的突出优势，在产业集群发展中不可或缺。但是，中小企业由于发展规模不足、人才资源不足及资金不足等问题，其抗风险能力不足，因此其发展也受到严重制约。在此方面，国有成分则占据了大部分有效资源，在人才吸引、资金积累、信息资源获取等方面具有明显优势。同时，产业集群中，中小企业具有自身特有的产业组织和产业制度，国有成分也具有自身的企业组织和制度，两者达到融合发展成为产业集群发展面临的重要问题。从一定程度上说，当中小企业和国有企业的组织和制度形成一定的协调性和兼容性之后，两者能以一种为集群成员所认可的非正式方式保持整体同步和统一，为流畅地沟通提供便利，其协调成本也大大降低。

在南京优势城市发展案例中，我们不难发现，国有成分发展步伐与产业集群发展步伐紧密相关。在以产业集群发展为典型优势的城市发展中，采取措施使得相关国企尽快融入产业集群，充分发挥国有成分的辐射带动和集聚效应，并最大限度地发挥国有企业和中小企业的优势。国有成分可通过行业协会制定相关产业集群政策，建立起以国企为代表的大型企业在产业集群中的核心地位；或者通过资源的共享性实行多元化战略进而对和它存在强依赖关系的中小企业起到主导作用等方式[58]，利用资产、规模等优势在产业集群中起到中心主导作用，并带动产业集群内中小企业的发展。而中小企业利用自身专业性优势形成优势互补，从而激发产业集群及优势城市的整体发展。

参考文献

[1] 吴秀英，王阅．产业集群的基本理论及其政府行为研究 [J]. 东方企业文化，2013（21）：234-234.

[2] 刘松，李朝明．基于产业集群的企业协同知识创新内在机理研究 [J]. 科技管理研究，2012（2）：135-138.

[3] 戴发山，黄世秀．提升中小企业集群竞争优势的策略 [J]. 江苏商论，2007（7）：98-99.

[4] 朱华友．我国产业集群研究现状及理论述评 [J]. 资源开发与市场，2004（2）：93-96.

[5] 黄选高，乃东燕．“十一五”广西产业集群发展问题的对策思考 [J]. 市场论坛，2004(8)：4-7.

[6] 吴晓军．产业集群与工业园区建设——欠发达地区加快工业化进程路径研究 [D]. 南昌：江西财经大学，2004.

[7] 张聪群．论产业集群的本质、特征及其结构 [J]. 学习与探索，2007（4）：142-146.

[8] 张聪群．产业集群视角下的农业产业化障碍分析 [J]. 农业经济，2006（2）：67-69.
[9] 蔺利．国际产业集群的形成、演进以及可持续发展研究 [D]. 上海：上海大学，2004.
[10] 刘强．区位理论、区位因子与中国产业集群形成机理 [J]. 河南社会科学，2008（1）：64-66.
[11] 吕挺琳．文化资源的集群特征与文化产业化路径选择 [J]. 中州学刊，2007（6）：98-100.
[12] 刘湘辉．基于中小企业集群的湖南城镇化发展研究 [D]. 长沙：湖南农业大学，2006.
[13] 郑耀群．产业集群发展的制度因素研究 [D]. 西安：西北大学，2009.
[14] 叶春英．工业园区竞争力的评价指标体系研究 [D]. 上海：同济大学，2006.
[15] 李淑英．事实与建构——从诺尔 - 塞蒂纳的实验室研究看理论实体的实在性与非实在性 [J]. 科学技术与辩证法，2006（2）：49-51.
[16] 高强．辽宁省装备制造业集群网络结构研究 [D]. 大连：大连交通大学，2008.
[17] 刘恒江，陈继祥，周莉娜．产业集群动力机制研究的最新动态 [J]. 外国经济与管理，2004（7）：2-7.
[18] 李凯，李世杰．沈阳市装备制造业集群现象与网络结构研究 [C]. 沈阳：自主创新振兴东北高层论坛暨第二届沈阳科学学术年会论文集，2005.
[19] 马远军．城市群与产业集群互动的理论与实证 [D]. 南京：南京师范大学，2009.
[20] 李磊．辽宁省装备制造业企业集群构建研究 [D]. 沈阳：沈阳理工大学，2007.
[21] 周翊民．城市轨道交通及其在我国的发展策略 [J]. 机车电传动，2001（5）：5-10.
[22] 陈蓓．国外城市轨道交通发展规模研究 [D]. 北京：北京交通大学，2010.
[23] 苏仕勋．大连机辆公司城轨业务竞争战略研究 [D]. 大连：大连理工大学，2013.
[24] 项荣．轴轮式产业集群演进规律与升级策略研究——以南京浦镇车辆厂为核心的轨道交通产业集群为例 [D]. 南京：东南大学，2009.
[25] 付磊．城市轨道交通现状及发展前景分析探讨 [J]. 建筑工程技术与设计，2015（17）：2139.
[26] 李清．打造节能环保型城市轨道交通系统——记深圳阿迪泰尔科技开发有限公司 [J]. 科技创新与品牌，2014（5）：48-49.
[27] 佚名．保增长之下的全国“地铁热”已确定无疑 [N/OL]. 南方都市报，2009-06-12[2017-03-16]. http：//finance.qq.com/a/20090612/000403.htm.
[28] 李国勇．地铁将迎来新一轮建设高潮 [J]. 中国经贸导刊，2015（21）：17-18，19.
[29] 肖彬，张晓艳．城市轨道交通建设现状及建设成本分析 [J]. 建筑工程技术与设计，2016（21）：11-12.
[30] 佚名．城际与城市轨道有区别 [N/OL]. 经济日报，（2016-07-08）[2017-03-16].http：//finance.china.com.cn/roll/20160708/3802481.shtml.
[31] 杨芳．城市化进程中土地资源持续利用问题 [J]. 黑龙江科技信息，2015（34）：283.

[32] 徐杭苏 . 区域经济一体化中的长三角轨道交通网络功能 [J]. 城市轨道交通研究，2010（1）：12-14.
[33] 徐志成 . 长江三角洲区域经济合作研究 [D]. 南京：东南大学，2004.
[34] 傅萃清 . 建设珠江三角洲经济区城际快速轨道交通系统的必要性 [C]. 乌鲁木齐：第十届中国铁路枢纽站研讨会论文集，2001.
[35] 支宏斌 . 上海化学工业区推进产业集聚的策略研究 [D]. 上海：上海交通大学，2006.
[36] 佚名 . 产业集群与产业集聚的区别与联系 [EB/OL].（2011-03-29）[2017-03-16].http：//www.docin.com/p-162538796.html.
[37] 朱冬梅 . 基于产业集聚增长机制的胶东半岛产业发展战略研究 [D]. 济南：山东大学，2007.
[38] 赵华 . 河南省产业集聚区的形成与发展研究 [D]. 天津：天津工业大学，2010.
[39] 李洛焱，李矿辉，杨文正 . 国内外产业集聚区研究的进展与动态 [J]. 河南建材，2012（2）：146-150.
[40] 黄花叶，聂鸣，孙理 .OECD 国家集群政策及其对我国区域经济发展的启示 [J]. 研究与发展管理，2003（2）：11-15.
[41] 冯德连，徐洁香 . 论中小企业集群与我国产业国际竞争力 [J]. 北方经贸，2004（5）：28-30.
[42] 盖文启，朱华晟 . 产业的柔性集聚及其区域竞争力 [J]. 经济理论与经济管理，2001（10）：25-30.
[43] 佚名 . 以产业集群提升江苏区域竞争力 [EB/OL].（2013-07-24）[2017-03-16].http：//www.docin.com/p-681379048.html.
[44] 邵海丽 . 产业集群发展与地方政府治理——以建设台州先进制造业基地为例 [D]. 杭州：浙江大学，2004.
[45] 刘玉巍，张建 . 产业集群效应的发挥与产业国际竞争力的提升 [J]. 科技情报开发与经济，2005（5）：132-134.
[46] 佚名 . 区域特色产业集群的培育与发展 [EB/OL].（2013-05-29）[2017-03-16]. http：//www.wangxiao.cn/lunwen/0498413384.html.
[47] 任春红 . 集群产业优势对区域品牌形成的作用机理研究——以柳市低压电器集群为例 [D]. 长春：吉林财经大学，2009.
[48] 宋化雨 . 中小企业集群竞争优势研究 [D]. 石家庄：河北经贸大学，2007.
[49] 李春燕，刘文 . 产业集群优势与区域品牌的关系 [J]. 发展，2016（8）：27-28，34.
[50] 李瑜娟 . 基于产业集群的区域国际品牌建设研究——以浙江为例 [D]. 杭州：浙江工业大学，2014.
[51] 吴永，马妍 . 从产业集群的视角构建区域品牌 [J]. 中国商贸，2010（26）：222-223.

[52] 田娟 . 北京产业发展中的政府角色定位分析 [D]. 北京：首都经济贸易大学，2005.

[53] 张伟 . 地方政府如何通过产业政策提升竞争力——基于钻石理论分析 [J]. 改革与开放，2015（2）：14-15.

[54] 陈瑛 . 政府在现代服务业发展中的角色与作用研究——以卢湾区为例 [D]. 上海：上海交通大学，2009.

[55] 陆志强 . 促进常熟市生产性服务业发展的政策研究 [D]. 上海：上海交通大学，2007.

[56]《铁路技术创新》编辑部 . 追求卓越　屡创佳绩　扬帆起航　续写辉煌——走进南车南京浦镇车辆有限公司 [J]. 铁路技术创新，2013（6）：8-10.

[57] 于百勇 . 城市轨道交通的正外部性及其内部化策略研究——以南京地铁为例 [D]. 南京：东南大学，2009.

[58] 李美姗 . 关于国有企业改革和发展与产业集群的研究 [J]. 消费导刊，2009（7）：50.

第五章

产业市场的构建与主体作用

——市场就是一连串的制度

本章导读： 经济增长是城市初期发展的主要方向，此时，作为增长联盟主体的政府应扮演何种角色、制定哪些方面的策略成为城市发展的关键。本章主要论述在优势城市的构建过程中，政府如何在政策支持的基础上与产业企业协同作用于市场，带动整个产业及城市的发展。从“制度之城”深圳的电子信息产业发展历程出发，研究政府与国有成分对深圳电子信息产业及整个城市发展的作用，归纳出优势城市发展的作用与动力机制。

第一节 透过“制度之城”深圳看主体对产业市场的作用

深圳作为我国成功的经济特区，其产业经济在制度均衡与制度非均衡的相互交替和演化中不断发展。在传统计划经济制度向现代市场经济制度演进的过程中，深圳率先突破传统体制的壁障，在社会经济发展中创造了举世瞩目的“深圳速度”，如今，深圳已成为具有一定影响力的国际化都市[1]。

一、深圳电子信息产业市场概况

市场是什么？是交易场所，也是交易主体之间发生的一系列交易行为。产业市场又叫生产者市场或工业市场，是由那些购买货物和劳务，并用来生产其他货物和劳务，以出售、出租给其他人的组织构成[2]。它具有购买者数量较少、规模大、生产者市场需求波动较大、需求缺乏弹性等特点。深圳电子信息产业总产值已连续多年位居各行业产值榜首，成为深圳不可替代的龙头产业，并影响着全国市场。在发展过程中，深圳产业市场独具特色。

（一）电子信息产品交易场所多样化

2005 年，深圳市政府提出在电子信息产业发展方面实行全面的“自主创新”战略，建设自主创新型城市，在高端领域参与国际技术竞争与合作，从根本上改变深圳的经济增长方式。2008 年，深圳获得国家发改委正式批准，试点建设全国首个创新型城市，为全国城市的发展探索经验，并提供示范作用。《深圳国家创新型城市总体规划（2008—2015）》明确将高新技术产业定为深圳市核心产业，鼓励技术创新和产业融合，以产业核心竞争力的提升带动深圳城市地位的提升。

深圳非常重视 LED㊀产业发展，在政策上给予大力支持，拉动民间投资，培育出一批龙头企业与上市公司。借力“中国电子第一街”华强北，深圳首先布局 LED 平台，建立了国内首个 LED 国际交易中心——华强 LED 交易中心。

㊀ LED 为 Light Emitting Diode 的简称，译为发光二极管。

它现已成为国内外最重要的LED货源基地，年交易额达百亿元，覆盖LED全产业链，进驻企业多达500多家，产品出口到全球各地。而深圳也发展成为国内最大的LED封装和LED显示屏生产基地，在LED驱动电路设计、智能化、光学设计领域实力雄厚，企业规模达到数千家，占据国内“半壁江山”。

2014年年底，深圳市政府研究设立的深圳电子商品交易中心正式启动。它是大型电子信息产品现货电子交易场所，由老牌电子信息百强企业华强集团旗下上市公司作为主发起人，联合其他四家公司共同出资1亿元设立，是国内外首家电子信息产品的电子交易平台。电子商品交易中心以现货电子交易为核心，同时整合结算服务、交收服务、仓储服务、质检服务、物流服务及金融服务等各项配套服务，具有“多、快、好、省”四大优势，为客户提供了创新性的优质服务。

在消费市场方面，华强北商业街已成为中国电子产品交易聚集地，素有“北有中关村，南有华强北”之美誉，被誉为“中国手机行业的风向标”。华强北商业街约有50多个大型电子产品市场，营业总面积近20万平方米，大小商户1万余户，从业人员近10万人，市场规模巨大，品类齐全，堪称世界第一。其价格与国际市场直接接轨，是全国电子配套市场的“晴雨表”，而且辐射东南亚和欧美市场，一些欧美客商常年驻点采购[3]。

伴随着电子产业的发展，深圳电子类展会市场也得以发展。中国电子第一展、亚洲五大著名电子展会之一，有着50多年悠久展览历史的“中国电子展”多次落地深圳会展中心。此外，深圳还积极举办中国智慧家庭博览会、深圳国际智能家居/智能硬件博览会、深圳国际电子展等各种展览会，努力走向国际化，形成品牌效应，打造专业化和品牌化的电子展览业，促进深圳电子信息产业与世界的交流与合作，并成为国内企业与国际企业之间相互交流学习、经贸洽谈、新产品推荐展示的窗口。

（二）电子信息产业龙头企业集聚

产业市场离不开龙头企业的支撑。在电子信息产业领域，深圳已集聚一批具有显著示范引领作用的龙头企业，如：计算机制造业的鸿富锦、联想、长城科技；通信设备行业的华为、中兴；互联网产业的腾讯；家用视听行业的创维、TCL、康佳，已成为家喻户晓的龙头和名牌；研祥、航盛电子、朗科等一批创新型企业，也逐渐成为各细分领域的代表性企业[4]。

2015年，深圳有20家企业入选中国电子信息百强企业，超过200家为境内外上市电子信息企业。在计算机、通信设备、家用视听、电子元器件等细分行业具有较强的竞争力，基站、路由器、交换机、智能终端等重点产品产量位居世界前列。电子信息产业不断转型升级，众多企业从采用 OEM 到 ODM㊀，再到自主品牌的发展模式，形成了一批具有自主知识产权、创新能力强、技术先进的名牌产品。在新兴高端领域，涌现了一批代表性企业，如大疆创新成为全球领先的无人飞行器控制系统及解决方案的研发、生产商；柔宇科技成功研发出全球最薄的新型彩色柔性显示屏；华讯方舟在超高速移动宽带通信技术等方面走在前列[5]。

深圳技术创新体系逐步建立并完善，龙头企业的知识产权创造和技术运用水平显著提高。深圳软件和信息技术服务企业承担的国家科技重大专项项目不断取得突破，在网络操作系统、新一代无线通信技术和高性能芯片等领域掌握了一批核心技术。2017 年 9 月，全市各级重点实验室、工程实验室、工程（技术）研究中心等创新载体累计达到 1551 家[6]。

在空间上，企业间通过不断相互协作形成了华为科技城新一代通信产业基地、深圳软件产业基地、光明新型平板显示产业基地、福田国际电子商务产业园、罗湖莲塘互联网产业集聚区等产业基地和集聚区。

二、产业发展壮大，从初级到支柱

（一）产业经济效益大，产业链齐全

2015 年，深圳电子信息制造业实现总产值 1.50 万亿元，同比增长 9.1%，占全国电子信息制造业比重约 1/7，占全市规模以上工业产值比重 56.6%；互联网产业增加值为 756 亿元，同比增长 32.4%；深圳电子商务交易额为 1.73 万亿元，同比增长超过 14.5%，其中跨境电子商务交易额达 334 亿美元[7]。全行业逐渐发展为“软硬兼备”的良性状态，支柱产业地位进一步巩固。

深圳电子信息产业从无到有、从小到大、从弱到强，实现了跨越式的发展，构建了完善的产业结构，成为全国乃至全球最重要的计算机、通信设备、外部设备、家用视听、电子元器件和软件研发生产出口基地，形成了通信设备、计算机及外设、数字视听、汽车电子、平板显示、软件六大产业链，并辐射带动大批传统制造企业转型升级[8]。重大项目对做大产业规模、完善产业链具有重

㊀ OEM 为 Original Equipment Manufacture 的简写，译为原始设备制造商，是一种代工生产方式；ODM 为 Original Design Manufacture 的简写，译为原始设计制造商。

要的推动效应，深圳对重大的战略性项目提供了全方位的支持，如海思半导体的最新麒麟芯片项目、中兴微电子项目、中芯国际 8 英寸芯片生产项目、华星光电 TFT-LCD 8.5 代面板生产项目等。

横向来看，深圳电子信息产业已形成专业的集聚片区，包括华为、富士康“重兵把守”的龙华 - 坂田片区，中兴、腾讯、创维、TCL、长城、金蝶等 IT、家电企业林立的高新区，手机、笔记本电脑等数码产品云集的大沙河创新走廊片区，华星光电、旭硝子等产业巨头集中的新型平板显示基地 [9]。各片区间的密切协作构成了深圳完整的电子信息产品生产、加工、制造链。纵向来看，深圳电子信息产业形成了研发、生产、销售产业链条，研发方面形成了“产学研资介”相结合的区域创新体系。

1. 计算机制造业率先发展

20 世纪 80 年代初，深圳爱华电子有限公司和深圳中航电脑设备有限公司开始组装电子计算机元件，这是深圳电子信息产业萌芽的标志。90 年代初，深圳计算机生产企业已增至 20 家，产品类型多样，包括微型计算机、工作站、工业仿真机和工业控制机等，产能也迅速增加，1991 年占全国微机总产量的 50% 左右，产值达到 6.2 亿元，计算机产业成为深圳高新技术产业中的支柱力量，并形成以国营和“三资”企业为骨干、以金长城微机为龙头企业的生产体系。自此，深圳成为全国计算机产业中的主要开发生产基地。到 90 年代后期，深圳计算机生产技术水平不断提升，规模逐步扩大，相关零件和外设产品生产也迅速发展起来，硬盘驱动器、主机板卡、显示器、打印机等的产量跃居全国第一。

2. 软件开发业势头强劲

深圳软件产业起步于 20 世纪 80 年代，1989 年，深圳软件企业有 120 余家，产值超过 5 亿元。随着改革开放的深入与计算机的迅速普及，深圳软件产业抓住发展机遇，营造良好发展环境，走上了快速发展的道路，并积累了一定的产品和市场优势，形成对全市经济、社会发展的支撑和引领作用。

2012 年，深圳软件企业数量增至 3796 家，其中 47 家成功上市，9 家进入全国百强，软件从业人员 49.1 万人；软件产业总产值达 5180.3 亿元，占全国软件产业总产值的 10.1%；2015 年，软件产业总产值达 8840 亿元，比 2012 年增长 70.65%。从产业结构来看，2012 年深圳软件业务收入为 2748.6 亿元，其中，软件开发收入为 701.3 亿元，信息系统集成服务收入为 448 亿元，嵌入式系统软件收入为 938.8 亿元；2015 年软件业务收入约 4500 亿元，比 2012 年增长 63.72%，约占全国软件业务收入的 10%[10]。

硬件与软件齐头并进，使深圳产业结构不断优化。“十二五”期间，深圳软件产业复合增长率为 18%，整个电子信息产业中“软”部分的比重逐年增加。

3. 通信产品制造业成为支柱

深圳通信器材制造始于 1983 年，从小企业电子按键电话机的来料与进料加工到小容量交换机试制，再到程控交换机的研发与生产，深圳打开了通信器材生产的大门。中兴、华为、振华电子等一批通信设备企业先后崛起，成为全市甚至全国的领头羊，1994 年全市 16 家企业的程控交换机生产能力达到 260 万线，年产值 15.5 亿元，占全国总产量的 25%。

2009 年，深圳通信产业进一步加速电子商务信息化进程。深圳制定了通信产业发展规划，将电子渠道发展视为实体渠道的补充，形成立体化、全方位的协同营销体系，进而提升产业的核心竞争力。现在深圳的电子渠道服务职能逐渐加大，有超越实体渠道服务的趋势，发展前景一片光明。

4. 相关产业发展

除上述产业之外，集成电路、电子产品检测、互联网产业等电子信息相关产业也发展迅速。

集成电路产业方面，发展态势良好。2000 年，深圳从事该产业的企业不到 400 家，规模较大的仅有 30 家左右，自 2004 年深圳 IC 基地成立以来，产业增速不断加快，产业规模逐步得到扩大；到 2010 年，深圳集成电路研发设计企业已占全国的 50%，2013 年 IC 产业整体产值达到 221.5 亿元，比 2012 年同期增长 40% 以上 [10]。

电子产品检测及配套市场属于深圳市“起步早、发展快”的产业。1987 年深圳电子检测中心、电子配套市场相继开业；2010 年，深圳为鼓励形成以企业为主题的区域创新体系，85% 的市科技发展资金用于支持企业和科研机构的技术创新活动 [8]，对国家和省市级企业技术中心给以资金支持和政策倾斜，并对科技企业孵化器给予 300 万元的资助，大大激发了电子产品及配套市场行业的发展。

经过 20 多年的发展，深圳互联网产业规模居全国前列。根据深圳市软件行业协会的统计数据，2012 年，我国注册登记的网站数量达 5 万多家，全国大型、有影响力的网站有 30% 集中在深圳；深圳互联网业务收入达 800 多亿元，总利润 142 亿元，电子商务交易额近 6000 亿元 [11]。深圳互联网产业发展日趋国际化、深度化，大数据等成为互联网发展的热点领域。

（二）产业跨越式发展

自深圳经济特区设立以来，深圳电子信息产业在产业结构升级、投资方向引导、技术培训和行业管理等方面实现了跨越式的发展。电子信息产业从初级加工到自主创新仅用了30年时间，其间仅用10年便建成了以生产消费类电子产品为主的行业结构、以外商投资为主的投资结构、以“三资”企业为主的企业结构、以视听产品为主的产品结构。如今，深圳电子信息产业的产业结构调整不断深化，建立起以国际先进技术水平为基础的现代电子工业体系，迈向以生产高新技术产品为主的行业结构与产品结构。

1. 不断提升战略定位的行业结构

从最开始通过外引内联和引进外资打造收音机、录音机生产线，逐渐形成电子信息产品建设基础，到布局以消费类电子产品生产为主、投资类电子产品与元器件和基础类产品生产为辅的产业格局，深圳在不断提升战略定位。1986年，消费类产品生产总值达到13.9亿元，占电子信息产业生产总值的85.3%；投资类产品产值1.23亿元，占7.5%；元器件与基础类产品产值1.18亿元，占7.2%。

20世纪90年代起，行业发展重点由消费类电子产品向高新技术产品转型。政府实施鼓励发展高新技术产品的产业政策，通过吸引国外投资带动高新技术产品生产的发展，2000年深圳投资类产值比例提高到69.8%，消费类产品的产值降为16.7%。深圳电子信息产业的结构逐渐转型。

进入21世纪，深圳市政府积极转变职能，制定了《深圳工业结构调整实施方案》《深圳工业“十一五”发展规划》等产业发展规划，对电子信息产业的转型发展做出了重要的引导。2007年，深圳电子信息产业产值达到7995.4亿元，比10年前的产值增长近26倍，成为深圳市头号支柱产业。

2. 双向引进外商为主的投资结构

深圳是全国改革开放的排头兵，制定了“全方位发展外向型经济”的战略，大力引进外资，促进地区发展，外商独资企业、港商独资企业及合资企业也纷纷落户深圳。到1987年，深圳市与外商签订的引进合同协议投资总额达4.4亿美元，实际投入使用1.8亿美元，约占电子工业早期投资总额的55%。

深圳注重引进高新技术产品生产，20世纪90年代期间，深圳共引进高新技术外资项目4200项，占全市工业引进项目总数的28%；签订引进合同总额80.5亿美元，占全市工业引进外资合同的50%。随着经济全球化的深入发展，深圳加快了融入全球经济的步伐，电子信息产业在利用外资开展对外贸易和对外经济合作方面均取得了较好的成绩。到 2007 年年底，深圳运作正常的境外机构和企业共有 436 家，来自 80 多个国家和地区[8]；截至 2009 年年底，共有近 30 家被列入世界 500 强的电子信息企业在深圳投资，实际利用外资 8.93 亿美元。

3. 逐步实现规模经济的企业结构

深圳电子信息产业类企业的发展起于最初的 4 家电子产品来料加工企业，1981 年电子企业发展到 11 家，1982 年前后开始涌现内联公司、联营公司，至 1986 年年底，深圳已有 178 家不同经济性质的电子企业，其中 117 家企业联合形成了以深圳市电子工业总公司为核心层的全市第一家企业集团——深圳市电子集团公司，同时开始形成集团、公司和子公司三级管理的隶属关系。1987 年，国家允许兴办民营科技企业，全市电子企业猛增至 412 家，其中电子及通信设备制造业中实行独立核算的企业有 157 家，工业产值达 25.9 亿元。

1988—1990 年在国家“上规模、上水平、上等级”企业评审活动背景下，深圳各类经济性质的电子企业进一步增至 620 家，实行独立核算的企业 274 家，总产值为 72.4 亿元。随着深圳市政府重点扶持和发展高新技术产业的政策不断落实，一批跨国公司纷纷落户深圳，三资企业数量成倍增加。

1994 年，深圳市政府实施大力发展高新技术产品的政策，促进了该领域的发展。1995 年年底，全市电子通信设备制造业中实行独立核算的企业共计 384 家，比 1990 年增长 40.1%；工业总产值 473.9 亿元，比 1990 年增长 580.5%。2000 年，全市电子企业数量 3200 家，其中，电子及通信设备制造业中实行独立核算、500 万元以上产值的企业 356 家，工业总产值 1615.1 亿元，销售收入、利税总额、固定资产原值分别达到 1126.1 亿元、106.7 亿元、274.4 亿元，分别比 1990 年增长 14 倍、18.6 倍和 13 倍。

4. 从单一到多元的产品结构

从收音机、录音机到黑白电视机，从电子手表、电子按键电话机到彩色电视机、智能手机，随着自主研发能力的增强，深圳可生产的电子产品种类不断丰富，产品结构随消费需求不断调整优化。

1985 年，深圳市“四机一器”（收音机、录音机、电视机、电话机、计算器）的产品结构非常明显，而随后，拓展至通信产品中的光芯电缆、传真机等设备，还投产了计算机、硬盘磁头、软磁盘等产品。1990 年，深圳不仅完成了三大类电子产品的生产布局，还将深圳电子工业建设成为产品门类齐全、初具规模的全国电子产品生产出口基地，出口产值为 49.2 亿元，占全市出口总值的

47.9%。同时，23种产品被评为替代进口产品，分别有5个、13个、31个产品分别被评为国优、部优和省优。20世纪90年代以来，为适应国内外的市场需求、跟踪世界先进技术发展，深圳电子工业进行了产业结构和产品结构的一系列调整，高新技术产品品种从1985年的420种增加到近千种，2002年，高新技术产品产值达1709.9亿元，占全市电子工业总产值的78.2%，比1991年增长81倍。

5. 引进与创新并重的技术进步

深圳电子信息产业的发展遵循先引进先进技术，后在消化吸收的基础上进行研发与提升的基本原则，因此，深圳电子信息技术水平与国际先进技术始终保持着较为密切的衔接。

20世纪80年代中期，国际先进的计算机技术、视频技术和相关关键性生产技术、开发技术和生产设备相继被引进；80年代后期又重点引进了通信产品和激光视听产品生产技术，为深圳电子工业的发展铺下了坚实基础。随着全球电子信息时代的到来，深圳采取优先发展、优先引进、优先消化吸收与自主研发相结合的措施，将通信技术、超大规模集成电路微电子技术、移动设备生产技术等作为全新发展的目标。截至2007年年底，深圳电子信息行业已有9个国家级企业技术中心和57个市级企业技术中心，建成了国家超级计算深圳中心等重大科技基础设施和中科院深圳先进技术研究院等高水平研究机构，电子信息产业的自主创新体系已经形成，并逐渐成为自主创新的中坚力量[12]。

在高新技术产业领域，深圳进行了重点扶持，集中优势突破国内计算机系统技术、超大集成电路设计与制造技术、网络管理与安全技术等主要关键信息技术，下一代信息网络、移动互联网、云计算等领域的技术创新也取得重要突破，技术进步效果显著，掌握了一批核心技术，话语权明显增强，PCT㊀国际专利申请量连续7年全国第一[13]。

6. 协会建设与行业管理发挥重要作用

深圳市电子信息产业在发展的过程中，行业管理与协会建设对其快速发展起到了极其重要的作用。

在管理体制上，深圳为适应市场经济体制中电子工业的发展，市政府率先在全国范围内打破计划经济下的管理模式。1982年市政府撤销工业主管局，设立工业发展委员会对专业公司统一直接管辖；外驻企业实行市政府与投资系统

㊀ PCT为Patent Cooperation Treaty的简写，译为专利合作协定，是专利领域的一项国际合作条约。

双重管理；外商独资企业由所在地的主管部门管理。1986 年深圳市电子集团开始实行集团、公司、子公司三级管理；1996 年政府实施“产权分离”和“抓大放小”政策，市属企业归口到市投资管理公司管辖形成投资管理公司、集团、公司三级管理。到 2000 年，深圳全市电子企业中除 56 家进入市工业百强的企业由市经济发展局进行重点管理外，其余的企业都按市场经济管理方法进行宏观管理，企业享有充分的自主经营权。

在行业协会建设上，为适应深圳经济特区电子工业发展的需要和体制改革的趋势，深圳市政府推行简政放权与宏观管理，由行业协会承担重要的行业管理工作。1984 年市政府、广东省电子工业局和国家电子工业部及相关部门协商成立深圳市电子工业发展协调委员会，承担深圳电子工业的发展规划与布局的协调工作；1986 年筹建了全国第一个协助深圳市政府推行行业管理的电子行业协会；1987 年又分别成立了深圳市计算机行业协会和深圳市软件行业协会。截至 2013 年 6 月底，深圳市注册登记的行业协会共 417 家，其中市级 340 家，区级 77 家[14]。

随着协会管理事务的深入，协会影响力日益扩大，2000 年年底，深圳市电子行业协会、深圳市计算机行业协会和深圳市软件行业协会的会员数量分别达到了 220 家、120 家和 130 家。协会在推动产业升级转型、开拓行业市场、协调社会管理等方面发挥着日益重要的作用，成为深圳市经济社会发展中难以替代的重要力量[14]。

三、深圳——制度之城

制度创新是行为主体为谋取潜在利益而推动的制度变革，它是具有更高效率的制度安排对于现有制度安排的替代过程[1]。在市场经济主导下的产业发展过程中，制度创新仍然是推进技术进步和产业发展的强大动力。深圳的电子信息产业从无到有，从低端到高端，无不得益于改革开放以来的重大制度变革。

（一）政府持续的制度支撑

1. 深圳市电子信息产业制度初期建设

深圳经济特区建立之初，电子信息产业没有任何积淀。20 世纪 80 年代建立的电子信息企业由于处于发展初期，大多以电子产品代加工为主，整个地区的电子信息产业处于产业链低端，订单结算的生产方式直接导致了其经营分散、势单力薄的局面。针对这种状况，深圳市政府以创新产业政策为引导，组建了龙头企业——深圳市电子集团公司，为深圳电子信息产业参与国际竞争提供了实力主体。同时，通过产业政策方面的不断调整，深圳电子信息企业由产业链低端的零部件加工转型到深度加工，并全面提升自身研发实力，最终成为电子信息产业的佼佼者。

深圳经济特区成立之初，来料加工类产业作为主导产业为地区经济的初步发展奠定了基础。1981 年，中央相关文件指出：试办经济特区是两省实行特殊政策的一项重要内容，是执行开放政策、吸引外资的一种特殊形式，特区是扩大出口、利用外资、引进技术、发展经济比较成功的好形式。各项特区优惠的推出，吸引了以港资为主的大批外资的进入，同时也吸引内地电子科技企业纷纷来深圳投资，江苏、黑龙江、吉林、甘肃、贵州等省市的企业先后来到深圳投资设厂，并以工贸结合、技贸结合或外引内联方式筹建新的企业，外引内联政策对特区初期发展电子工业产生了巨大的影响[15]。

到了 20 世纪 80 年代中后期，深圳制定了“上水平、上规模、求效益，全方位发展外向型经济”的发展目标，贯彻落实特区工作会议精神和中央有关发展外向型经济的要求[15]。在深圳市电子信息产业发展部门政策的支持下，深圳承接国际及台湾地区电子信息产业的二次转移，不失时机地选择高新技术产业为目标，与中科院联合创办以开发高新技术产品、发展高新技术产业为主的深圳科技工业园，吸引国内外著名厂商到深创办高新技术企业，并对民营电子科技企业的发展给予了有力的支持，逐渐发展成为电子信息产业集群。

这一阶段广东省与深圳市出台了一些关键政策（见表 5-1），奖励对推动深圳市电子信息产业发展和科学技术进步做出重要贡献的单位，调动了广大科技工作者和经营管理者的积极性和创造性，有计划地逐步在珠江三角洲建立以深圳为首、以电子信息产业为主体的高新技术产业开发带。

表 5-1　初期相关政策文件汇总

序号	政策名称
1	《深圳市科学技术进步奖励暂行办法》（深府〔1987〕206 号）
2	《关于依靠科技进步推动经济发展的决定》（粤发〔1991〕24 号）
3	《加快高新技术及其产业发展的暂行规定》（深府〔1991〕243 号）
4	《关于依靠科技进步推动经济发展的决定》（深发〔1991〕24 号）

2. 深圳市电子信息产业制度中期建设

1992 年，邓小平视察深圳，提出科学技术是第一生产力，经济的发展必须依靠科技和教育。为加快深圳电子信息产业发展，广东省委、省政府在深圳召开“珠江三角洲发展高新技术产业座谈会”，集中研究珠江三角洲地区如何抓住机遇，发挥优势，加速发展电子信息产业等高新技术产业。1994 年，深圳市“二次创业”拉开序幕，深圳市政府积极做好电子信息产业的产、学、研联合工作，保证资金的专款专用。1995 年，深圳市政府提出“以高新技术产业为先导，先进工业为基础，第三产业为支柱”的发展战略，加速推进产业优化升级，积极促进科技成果商品化、产业化，使科技进步在经济发展中发挥越来越重要的作用，更好地实现电子信息产业发展速度和效益的统一。

此后，相关政策密集出台（见表 5-2），在税收优惠、产业化研发、知识产业保护、人才引进、国际合作等多方面给予支持和政策倾斜，推动了电子信息产业的全面发展。

表 5-2　中期相关政策文件汇总

序号	政策名称
1	《国家科委关于深圳市高新技术产业园区实施一区多园管理体制的复函通知》（深府〔1997〕27 号）
2	《深圳市高新技术产业园区发展规划纲要》（深府〔1997〕154 号）
3	《关于在我市科技工作中落实“三个一批”发展战略若干意见》（深府办〔1997〕20 号）
4	《关于进一步扶持高新技术产业发展的若干规定》（深府〔1998〕29 号）
5	《关于贯彻〈关于进一步扶持高新技术产业发展的若干规定〉的实施方法》（深科〔1998〕13 号）
6	《关于修订深圳高新技术企业（项目）认定和考核办法的通知》（深科〔1998〕32 号）
7	《深圳市创业资本投资高新技术产业暂行规定》（深圳市政府令第 96 号）

3. 深圳市电子信息产业制度后期建设

进入 21 世纪，深圳市产业政策以提高自主创新能力、落实科技发展为主要基点，扩大产业规模优势，推动产业结构优化升级，加强人才队伍建设，健全创业投资机制。并率先出台实体经济与互联网融合发展政策，深化电子商务普及应用，创新互联网企业商业模式，培育品牌，使深圳迅速成长为全国乃至亚洲重要的电子信息产业基地。这一阶段相关政策文件见表 5-3。

表 5-3 后期相关政策文件汇总

序号	政策名称
1	《关于加快发展高新技术产业的决定》（深发〔2001〕16 号）
2	《关于完善区域创新体系推动高新技术产业持续快速发展的决定》（深发〔2004〕1 号）
3	《深圳新一代信息技术产业振兴发展政策》（深府〔2011〕210 号）
4	《关于促进科技和金融结合的若干措施》（深府〔2012〕125 号）
5	《关于进一步促进电子商务发展的若干措施》（深府〔2013〕119 号）
6	《深圳市人民政府关于加快信息化发展的若干意见》（深府〔2013〕105 号）
7	《关于进一步加快软件产业和集成电路设计产业发展若干措施的通知》（深府〔2013〕899 号）
8	《深圳市关于进一步促进电子商务发展若干措施》（深府〔2013〕119 号）
9	《深圳"互联网 +"行动方案》（深府〔2015〕69 号）

（二）国资发挥的引领作用

在深圳电子信息产业发展过程中，国有资本在推动电子信息产业发展中起着重要的引领作用。在改革开放之初，深圳作为改革开放的窗口吸引了大量其他地区及部门国有资本投资，除了总参、电子工业部和航空部三个部委外，其他部委和省市如兵器工业部、船舶工业部、航天工业部以及江苏、黑龙江、吉林、甘肃、贵州等省市的企业也都先后来到深圳投资设厂，并以工贸结合、技贸结合或外引内联方式筹建新的企业，为后来深圳电子信息工业的发展奠定了基础[15]。

深圳市赛格集团与中兴通讯公司是两个典型的国有资本发挥产业引领作用的例子。

深圳市赛格集团有限公司成立于 1986 年，是全国组建最早的一家电子企业集团，它是由深圳市国有资产监督管理委员会、中国东方资产管理公司、中国华融资产管理公司、中国长城资产管理公司四家股东出资设立的有限责任公司。成立之初，赛格集团联合隶属电子工业部、广东省电子局和深圳市的 117 家电子科技企业构建起跨部门、技工贸结合的外向型企业联合体[16]。1988 年，赛格集团投资建立的赛格广场是华强北电子市场发展的起点，为深圳及珠三角地区的中小生产企业和商家提供了交易平台，现已成为"亚洲最大的电子专业卖场”。2015 年赛格集团注资上千万元成立了深圳赛格创业汇有限公司，通过筹建赛格创客中心，筑巢引凤，吸引优秀创客人才，全力打造创客生态圈。赛格创客中心提供包括智能硬件的供销平台、金融服务、创投基金、小批量生产、电商推广、创客公寓、多平台服务等全方位的支持；充分挖掘华强北的产业潜力，通过品牌运作、法律保障等方式实现自主品牌产业化发展，为推动整个地区的产业发展起到良好的引领作用。

中兴通讯公司首创“国有民营”机制，这一机制后来被称为“中兴模式”，为许多同行企业树立了楷模。1996 年，中兴通讯提出实施公司战略上的“三大转变”，主要包括：由产品结构单一的交换设备，向交换、传输、接入、视讯、移动、电源等多种通信产品扩展；目标市场由农话向本地网、市话网扩展；销售对象由国内市场向国际市场拓展三个方面。这是中兴通讯向国际性、综合性通信制造企业迈进的开端。如今，中兴通讯已成为中国电信市场最主要的设备提供商之一，并为 100 多个国家的 500 多家运营商，及全球近 3 亿人口提供优质、高性价比的产品与服务。此外，中兴通讯作为全国重点高新技术企业、技术创新试点企业和国家“863”高技术成果转化基地，承担了近 20 项国家“863”重大课题，是通信设备领域承担国家“863”课题最多的企业之一，公司每年投入的科研经费占销售收入的 10% 左右，并在美国、印度、瑞典及国内设立了 13 个研究中心，这为深圳及我国的高新技术发展奠定了良好的基础，同时也为我国电子信息产业走向国际、扩大国际影响力做出了重要的贡献[17]。

（三）珠三角城市群电子信息产业发展与深圳协同优势

一般而言，区域经济发展中，要尽量避免产业同构。表面看来珠三角地区存在较为明显的产业同构现象，但实际上珠三角地区同构的产业中仍有差异性，如深圳和东莞都以电子信息产业为第一大产业，但深圳电子信息产业自主程度、科技含量均较高，具有自主知识产权的高新技术产品产值是珠三角地区之最。例如：2008 年东莞电子信息产业增加值为 722 亿元，占 GDP 的 19%，占规模以上工业增加值的 39%；深圳电子信息产业增加值为 1607 亿元，占 GDP 的 21%，占规模以上工业增加值的 46%。又如：彩色电视机生产方面，深圳比东莞有优势。产量也远大于东莞，而在激光视盘机生产方面，东莞占绝对优势。此外，深圳在微型电子计算机、存储设备、程控交换机、集成电路、液晶显示器件、电话单机、移动电话机等方面占优势，而东莞在其他电子信息产品方面占有优势[18]。

第二节 产业市场与优势城市

纵观全球，世界知名城市无不建立在自己坚实的产业基础上，城市发展壮大过程中离不开自己拥有的比较优势产业，但这种比较优势产业不是固定不变的，会出现转型升级也有可能被其他产业所替代。城市形成比较优势产业的途径多样，国外学者利弗（Lever）认为有的是通过自然演化，有的是利用比较优势主动促进，还有的则是被动实施，形成途径主要有宏观经济增长、产业结构升级、技术变革、政策环境、历史偶然事件以及路径依赖等。

一、产业市场，制度的集合

在经济飞速发展与科技竞争日益激烈的今天，制度创新对于国家和组织的发展至关重要，而最为关键的两种制度创新包括政府层面和企业层面的制度创新。政府层面的制度往往以法律法规、政策的形式体现出来，它对国家经济的发展起到指导和规范的作用。企业层面的制度则是在政府层面制度的大框架下，约束企业员工行为的一系列规范。从政府层面上看，深圳作为经济发展的试点区域，从中央到地方层面均针对其产业发展制定并出台了一系列产业发展的新型法律法规，从此角度来看，创新就是一种破坏性创造的过程，废除旧的法律法规也是创新的一种形式。从企业层面上看，制度创新是对各种生产要素的改造，因为企业本身就是各种生产要素按照一定的制度组合起来的经营主体。企业制度创新是为了建立一种更优的制度安排，以调整企业经营者、所有者和员工之间的利益分配关系，从而保证企业战略目标的实现[19]。具体来说企业层面的制度创新包括生产方式、分配方式、营销方式的创新。

（一）政府层面制度

纵观深圳的电子信息产业发展可知，深圳产业发展是制度创新的受益者。从国家层面上看，党的十一届三中全会以来，经济体制改革的实践与理论探索实现新的突破，并明确了计划经济与市场调节必须结合起来，才能达到最优化资源配置的目的。市场调节有利于开展竞争，发挥优胜劣汰机制的作用，按照市场需要从事生产经营，促进技术进步和经营管理水平的提高。从国家至地区层面制度建设和企业发展两个角度出发，深圳在计划经济与市场调节结合方面做出了大量的探索和实践。

国家层面提出将深圳打造成为国家创新型城市，提出电子信息高端产业项目建设目标，并提出形成较为完整的集成电路和平板显示产业链，促进电子信息制造业向产业链高端环节延伸。深圳市政府也高度重视电子信息产业发展，在市场化改革的探索中起到了积极的推动和促进作用。《深圳工业“十一五”发展规划》明确提出“发挥深圳电子信息产业优势，以信息技术为基础，通过实施渗透融合、拓展的延伸策略，把电子信息产业链接到医疗设备、汽车电子、仪器仪表等数字化装备制造业，数字视听、数字家电等智能化消费品制造业以及军工电子产品制造业，形成雁形电子信息产业群，以信息化带动工业化，促进产业融合发展”的策略[8]。此外，深圳市政府全力支持企业信息化，出台了大量支持电子信息产业发展的政策，既包括电子信息产业相关部门的专门政策，也包括支持高新技术企业发展的一般性政策。

相关扶持政策涵盖税收减免、奖励扶持、技术转化、人才支持、金融支持等诸多领域，有力地推动了深圳电子信息产业发展（见表 5-4）。

表 5-4　深圳高新技术产业发展相关支持政策

文件类型	文件名称	文件号	内容
深圳地方性法规	深圳经济特区高新技术产业园区条例	市三届人大常委会公告〔2001〕第 15 号	1. 人才引进、资金支持、风险投资、规划与建设鼓励与保障 2. 高新区进入与迁出条件与审批程序 3. 高新区管理体制与政府行为规范 4. 违反条例的处置措施与办法
深圳地方性法规	深圳经济特区技术转移条例	市五届人大常委会公告〔2013〕第 123 号	1. 技术转让经费；技术质押融资；人才；公共服务平台及其载体建设等方面的政策 2. 利用财政性资金促进高等院校、科研机构技术转让 3. 违反技术转让相关惩处措施
深圳地方性法规	深圳经济特区加快经济发展方式转变促进条例	市五届人大常委会公告〔2010〕第 21 号	1. 创新驱动发展方式目标及措施 2. 调整产业结构发展目标及措施 3. 低碳循环经济发展目标及措施 4. 规划目标及依据 5. 引导促进措施 6. 目标考核办法及措施
深圳地方性法规	深圳经济特区科技创新促进条例	市五届人大常委会公告〔2014〕第 144 号	1. 科技创新发展目标、制定依据、管理体制、服务体系、考核评价 2. 科技创新人才鼓励、财政支持、企业互动、金融支持、表彰激励措施

（续）

文件类型	文件名称	文件号	内容
深圳市规范性文件	深圳国家自主创新示范区建设实施方案	深府〔2015〕54号	1. 深圳国家自主创新示范区建设指导思想、基本原则、建设目标 2. 推进深圳国家自主创新示范区增强自主创新能力措施、打造创新型产业集群措施、优化综合创新生态体系措施、统筹规划空间布局措施、全面推进开放创新措施、优化创新发展环境措施 3. 深圳国家自主创新示范区建设保障措施
深圳市规范性文件	深圳市财政产业专项资金股权投资管理办法（试行）	深府办〔2015〕19号	1. 产业资金管理机构及措施 2. 项目立项程序、审批条件、申报条件 3. 产业资金使用管理、退出办法 4. 产业资金使用考核办法
深圳市规范性文件	深圳市产业发展与创新人才奖暂行办法	深府〔2011〕121号	1. 产业发展与创新人才奖组织管理办法 2. 申报条件、申报与审核程序、奖励经费来源、监督管理办法 3. 违反惩处措施
深圳市规范性文件	深圳市创新型产业用房建设方案	深府〔2008〕202号	1. 创新型产业用房建设目标、基本原则 2. 创新型产业用房建设方式 3. 创新型产业用房建设计划、供应管理办法、保障支持措施
深圳市规范性文件	深圳市高层次专业人才配偶就业促进办法（试行）	深府〔2008〕205号	1. 解决高层次专业人才配偶就业原则、负责实施部门 2. 高层次专业人才配偶就业待遇、协助程序
深圳市规范性文件	深圳市高层次专业人才认定办法（试行）	深府〔2010〕50号	1. 高层次专业认定原则、范围和条件、标准、程序 2. 高层次人才考核办法
深圳市规范性文件	深圳市高层次专业人才学术研修津贴制度实施办法	深人社规〔2014〕7号	高层次专业人才学术研修津贴申报程序、奖励内容、经费管理
深圳市规范性文件	深圳市高层次专业人才住房解决办法（试行）	深府〔2008〕204号	1. 深圳市高层次专业人才住房解决原则、办法 2. 高层次专业人才待遇及申报条件、监督管理办法
深圳市规范性文件	深圳市高层次专业人才子女入学解决办法	深府〔2008〕206号	高层次专业人才子女申请入学和转学内容、申请程序、办理程序

（续）

文件类型	文件名称	文件号	内容
深圳市规范性文件	深圳市国（境）外高级专家特聘岗位管理办法（试行）	深府〔2008〕208号	深圳市国（境）外高级专家特聘岗位设置、招聘条件及程序、聘用合同签订、待遇、绩效评估办法
深圳市规范性文件	深圳市科学技术奖励办法	深府〔2012〕126号	奖励原则、奖项设置、申请、评审与授予、奖励经费与监督管理
深圳市规范性文件	深圳新一代信息技术产业振兴发展政策	深府〔2011〕210号	1. 深圳新一代信息技术产业振兴发展目标和发展重点，以及资金、组织 2. 发展壮大新一代信息技术企业、重大项目、产业基地发展规划 3. 资金、人才、发展环境建设
深圳市科技创新委规范性文件	关于促进科技型企业孵化载体发展的若干措施	深科技创新规〔2012〕7号	1. 实施大孵化器战略，构建企业培育生态链目标及内容 2. 完善公共服务体系，提升孵化培育能力内容 3. 加大政府支持力度，引导社会资本多元投入措施 4. 强化统筹管理，优化工作机制和行业规范措施
深圳市财政委员会、深圳市科技创新委规范性文件	关于加强新型科研机构使用市科技研发资金人员相关经费管理的意见（试行）	深财规〔2014〕7号	1. 新型科研机构定义、费用支出范围 2. 人员相关经费管理、诚信档案、科研资金执行监管 3. 人员相关经费支出标准
深圳市科技创新委规范性文件	深圳市促进科研机构发展行动计划（2013—2015年）	深科技创新规〔2012〕8号	1. 深圳市促进科研机构指导思想和主要任务、建设目标、基本原则 2. 机构倍增计划、能力提升计划、机制创新计划、评估体系完善计划实施内容
深圳市科技创新委规范性文件	深圳经济特区高新技术产业园区协议类空置厂房调剂管理办法	深科技创新规〔2012〕1号	高新区内工业用地土地使用权所形成的地上建筑物空置部分的调剂管理
深圳市科技和信息局规范性文件	深圳市高新技术企业认定管理办法	深科信规〔2009〕1号	高新企业认定条件、申请和认定程序、申请材料、复审办法、违反处理措施
深圳市科技创新委规范性文件	深圳市高新技术项目认定实施办法	深科技创新规〔2012〕2号	高新项目审批条件、申请材料、申请表格、审批机关等

（续）

文件类型	文件名称	文件号	内容
深圳市科技创新委规范性文件	深圳市科技创新券项目实施办法（试行）	深科技创新规〔2015〕1号	深圳市科技创新券实施机构、申请程序与条件、申报材料、奖励措施等
深圳市科技创新委规范性文件	深圳市科技创新委员会非行政许可审批和登记实施办法	深科技创新规〔2012〕4号	1. 非行政许可审批事项：科技计划项目及科技研发资金管理使用 2. 非行政许可审批事项：高新技术企业认定内容 3. 非行政许可审批事项：高新技术产业园区协议类空置厂房调剂资格审查内容 4. 非行政许可审批事项：高新技术项目认定内容
深圳市科技创新委规范性文件	深圳市科技创新委员会行政许可实施办法	深科技创新规〔2012〕3号	行政许可事项：申请高新技术产业园区土地和厂房及配套住房内容
深圳市科技创新委规范性文件	深圳市科技计划项目管理办法	深科技创新规〔2012〕9号	1. 项目立项程序 2. 项目实施过程中市科技主管部门、项目承担单位管理制度 3. 项目验收管理办法
深圳市科技创新委规范性文件	深圳市科技类民办非企业单位免税资格确认服务实施办法	深科技创新规〔2013〕1号	科技类民办非企业单位认定条件、管理办法、申请方式
深圳市财政委员会、深圳市科技创新委规范性文件	深圳市科技研发资金管理办法	深财科〔2012〕168号	1. 研发资金支出的对象、范围和方式 2. 资金审批程序 3. 预算的执行 4. 资金监督与责任
深圳市科技创新委规范性文件	深圳市科学研究机构确认服务实施办法	深科技创新规〔2012〕6号	科学研究机构的确认服务对象与办理程序、优惠条件
深圳市科技创新委规范性文件	深圳市软科学研究项目管理办法	深科技创新规〔2012〕5号	软科学研究项目申报程序、项目评审办法、项目立项、项目实施、项目验收、经费管理、成果管理

（续）

文件类型	文件名称	文件号	内容
深圳市科技创新委规范性文件	深圳市政府投融资园区产业用房租金减免暂行办法	深科技创新规〔2014〕191号	租金减免程序、减免内容、申请条件

深圳市政府积极落实相关政策，还推出多样化创新支持计划（见表5-5），支持推动企业进行创新研究，为创新研究营造良好的社会环境，引导企业创新研究方向。

表5-5　深圳市高新技术产业发展相关创新计划

业务中类	业务小类
知识创新计划	基础研究
	软科学研究
技术创新计划	技术攻关
	技术开发
	创业资助
	委托无息借款
协同创新计划	深港创新圈
	国际科技合作
	国家和省计划配套
	科技金融
	战略性新兴产业专项和未来产业专项资金
	股权投资
创新环境建设计划	重点实验室
	工程中心
	公共技术服务平台
	科技孵化器建设
	技术服务创新
科技应用示范计划	科技应用示范项目
节能环保专项资金	节能环保专项项目
创客专项项目	创客空间（第一批）
	个人创客

（续）

业务中类	业务小类
科技创新券	服务机构入库
	创新券申请
	创新券兑现
项目验收	深圳市科技计划项目验收操作流程

（二）企业层面制度

1. 企业文化的传播

企业文化指的是在一定的社会文化背景条件下，企业为解决生存和发展问题而形成的被组织成员所认可和遵循的信念、认知[20]。它着眼于企业员工，主要是对人而非物的约束，强调员工之间要形成一种共有的使命感和责任心，包括物质文化、精神文化、制度文化以及行为文化几个层面。企业作为社会资本要素的集合体，应该能够引领社会价值观的建立，因此企业文化传播对于社会文化的形成就起到了极为重要的作用。企业文化既能够在企业内部进行传播，也能够向外部进行传播；对内传播贯穿了企业发展的整个历程，企业文化代代相传，最终能够在新老员工之间形成共同的价值观；对外传播则会在行业甚至社会上形成一种被大多数人所接受的价值观念。

企业文化的传播对优势城市发展也具有极其重要的作用，对外传播的文化会外化为社会成员统一的行为，有利于同行业的规范化管理，还能够对同行业的其他企业形成示范效应，从而促进行业的发展和优势城市的建设。深圳许多高新技术企业都有着属于自己的文化，能够引领社会成员建立正确的价值观，为优势城市的建设提供精神支持。

2. 股份制的推行

20世纪80年代，我国开始了股份制的探索，深圳作为全国资本市场中心，率先对国有企业进行了股份制改革。股份制改革就是要从资本市场上筹集社会资金，以扩大生产规模。实行股份制能够将企业的市场价值股份化，从而使得企业的产权更加明晰。深圳市股份制改革最具有代表性的企业就是赛格集团，它通过将集团母公司进行改制，降低了政府对企业的行政干预，并在集团内部及子公司建立了完善的公司治理结构，在资本市场进行了一系列资产重组和并购操作，从而完成了从传统企业到新型股份制企业的转型。通过股份制改革，明晰了企业与市场之间的关系，企业的治理结构也逐渐趋于完善，包括股东大会、董事会、总经理和监事会在内的治理要素之间相互制衡又相互联系，从而很好地服务于公司股东财富最大化的目标。完成了股份制改革的赛格集团业绩大幅提升，更好地开拓了产品市场，作为首批股份制改革试点公司，赛格集团也永远载入到股份制改革的历史篇章里。

3. 混合经济模式的运用

混合经济指的是企业的生产经营和股权结构既有民营成分又有国有成分，结合了两者的优点，具有一定的优势。国有成分资金雄厚，拥有较好的客户资源，并且较容易获得政府的政策扶持；民营成分经营效率较高，不易滋生腐败，管理较为灵活，因此将国有成分与民营成分结合起来能发挥两者的优势，从而促进企业更快更好地发展。一般占据控股地位的国有股东并未在公司经营管理层占据席位，而是将经营权完全委托给民营成分，这体现了资本对于创业团队的尊重、支持与信任，这不仅能够避免国有成分经营企业带来的行政干预和产权不明晰等问题，还在一定程度上形成了对公司创业团队的激励。与此同时，创业团队并没有过分计较控股权，充分吸纳国有资本加入公司股权结构，从而为公司发展注入了新动力，而国有控股的前提是创业团队对于企业经营权的保留，这样很大程度上避免了双方的冲突，还能够通过优势互补最大限度地促进企业的发展。

4. 产权国际化的探索

当今时代是一个开放的时代，各国之间的联系越来越紧密，企业要想实现可持续发展，打通国际市场是其中最为重要的举措。企业活动主要包括融资、投资和运营，因此打通国际市场也表现在三个方面，分别是在国际市场进行投资、融资以及在价值链中融入国际要素。具体来说，当企业在国内市场具有一定的规模时，可以考虑将企业包装到国外资本市场上市来进行融资，一方面可以扩大企业的国际知名度，另一方面也为后期在国际市场进行销售做好铺垫；企业还可以将闲置的资金投资于国外资本市场，通过良好的资本运作获取利润；除此之外，企业还可以在研发、采购、生产、销售等各个价值链环节引入国际要素，比如向国外同行业企业支付或是由其支付专利使用费，在国外市场进行原材料采购，在国外建立生产基地，将产品销售到国外等。通过一系列的举措，企业就能够在国外市场建立起较好的声誉，从而成功打通国际市场。以创维集团和华为为代表的许多企业都采取了产权国际化的措施，并且在国际市场取得了巨大的成功。

5. 多样化管理模式的推崇

优秀的企业往往具有优秀的管理模式，管理模式往往能够影响企业员工的工作作风与效率，好的管理模式甚至能够对员工形成很好的激励。深圳许多企业都开创了极具特色的管理模式，诸如中兴、华为的股权激励制度，赛格集团的全面质量管理制度以及康佳集团对于企业管理信息系统的应用等，这些管理模式对于企业的发展极为重要。像华为对于员工的分层股票期权制度，绩效越好，职位越高，则能够通过股票期权获取更多利润，股票期权制度很好地把公司绩效和员工利益捆绑在了一起，从而能够很好地激发员工的工作热情，员工只有努力工作，公司的绩效才可能提高，才有了通过行使看涨期权来获取超额利润的可能性。又诸如赛格集团的全面质量管理制度，将产品质量视为决定企业生存和发展的根本，因此通过一系列的制度安排来对生产线进行全面监督，从而保证了产品具有高质量并且能够在市场畅销。总之，深圳市诸多企业都开拓性地创造了极具特色的管理模式，并且这些管理模式最终演化为企业文化，促进企业发展并取得成功。

二、制度建设与优势城市

城市实质上是一定空间区域内各种要素的聚集，而构成要素聚集的因素又数不胜数、千变万化。从某种方面来说，城市的形成与发展是一系列偶然因素与必然因素作用的结果。对类似于深圳这样以产业支撑发展的城市来说，城市优势的构成因素除了产业发展因素、城市建设发展因素之外，制度创新及支撑因素是其优势构成的关键。

（一）从市场机制到制度创新

1. 市场机制的概念及内涵

市场是经济活动的载体，市场主体通过参与市场活动来实现自己利益最大化的目标。在市场活动中对市场主体影响最大的要素就是市场机制，市场机制是市场运行的实现机制，是通过市场价格的变化、市场主体对利益的追求、市场供求关系的平衡来调节经济运行的机制，是市场经济环境中价格、供求及其竞争要素之间的有机联系。从广义上来说，市场机制包括价格机制、供求机制、竞争机制和风险机制[21]。

价格机制是市场机制中最为基本的机制，也是市场机制中最为有效也是最为敏感的调节机制，它指的是市场主体在市场竞争的过程中，与供求关系相互制约又相互联系的市场价格的形成与运行机制。

供求机制则与市场价格机制互相制衡并互相促进，使市场活动趋于平衡。供求机制贯穿于企业从研发、采购、生产到销售的整个价值过程，是生产者与消费者之间关系的反映与表现。

竞争机制是维持市场正常运转的重要机制，它遵从优胜劣汰的基本原则。竞争是产品经济的产物，竞争的直接结果是资源的有效配置，促使资金从利润率低的部门流向利润率高的部门，从而能够引导社会资本的合理流动以及生产活动的有效开展。市场竞争还能促使企业改善生产经营管理，提高劳动生产率，从而促进市场主体的创新能力和水平。

风险机制则与价格机制密切相关，风险与收益成正比关系，这是市场经济的基本规律之一，风险机制还显著影响着企业盈利与亏损水平，从而间接影响企业的经营方式。

总之，价格机制、供求机制、竞争机制与风险机制共同构成了市场机制，市场机制作用于市场主体，影响其市场活动的方式，进而在买卖双方之间形成一种良性的循环，从而促使市场活动的有序进行。

2. 市场机制是制度创新的基础

深圳经济特区经过 30 多年的发展，逐步形成了具有中国特色的社会主义市场机制。回望发展历程，从计划与市场并行的双轨机制到市场机制的初步形成再到社会主义市场经济的建立，深圳市的产业发展很大程度上受到了市场机制的影响。

深圳特区成立之初，市场机制刚刚引入中国，作为中国经济改革的试行区，深圳走在了市场经济的最前列，对原有的计划经济体制进行了一系列大胆的改革。20 世纪 80 年代中后期，深圳经济迅速发展，进一步加快了经济体制改革的步伐，企业进行了一系列改革，更加强调发挥市场的作用。20 世纪末，深圳的市场经济体制已经基本建立。进入 21 世纪，随着中国加入 WTO，逐渐融入经济全球化的浪潮，深圳摸索出了一条适合自身发展的市场经济道路，并建立了具有自身特色的市场经济体制。

深圳的市场经济体制表现在以下几个方面：首先是合理的人才培育机制，深圳经济发展水平一直处于全国最前列，因此提供给职工的工资也高于其他地区的平均水平，高薪往往能够形成对员工较大的激励，从而促进产出，这也是深圳创新产出水平一直处于领先地位的原因；另外还开创性地创造出股权激励制度，将员工自身的利益和企业的长远利益捆绑在一起，对表现优秀的员工给予一定的股票期权，这其中以华为和中兴最具代表性。其次是产学研相结合的生产机制，高新技术产业属于哑铃型经济，价值链前端的研发和价值链后端的营销对于企业的利润创造具有极其重要的作用，研发成本也占企业总成本较大的部分，而生产成本较小，深圳市将企业、高校和科研机构结合在一起，充分发挥各方的优势，能够有效提高企业的创新能力和水平；深圳还建立了较为完善的研发成果转化机制，促使研发成果市场化，降低高新技术企业的市场风险。最后，完善的法律法规和金融环境为深圳产业的发展提供了基本制度保障，深圳拥有创业板和主板市场证券交易所，多项地方法律法规也对高新技术产业的发展提供了基本法律依据，高新技术产业发展过程中最为重要的融资和合规问题也就迎刃而解。

（二）从制度创新到产业发展

从深圳城市发展历程可以看出，深圳依靠中央扶持政策及地方产业发展政策由小渔村到经济发展特区，并通过电子信息产业发展制度的建立，大力推进技术进步和电子信息产业的发展，最终成为国际性都市之一，这种演变过程离不开制度建设、创新对优势城市塑造的支撑。

1. 制度创新概念及内涵

制度是指在一定历史条件下形成的法令、礼俗等规范，并且是在一定范围内对所有成员具有普遍约束力的办事规程或行动准则。从广义的范围上来讲，制度包括正式制度、非正式制度与执行机制[22]。正式制度是具有制度制定权的组织和个人为了实现一定的组织目标而按照某种流程制定的一系列规则、契约和法律法规的集合；非正式制度则是组织成员在长期组织活动和实践中所形成的组织文化、价值信条、道德观念以及风俗习惯的总称；执行机制则是保证正式制度与非正式制度得以实施的重要保证，是制度制定过程中的重要一环。这三部分相互联系、相互支撑，缺一不可，共同构成了制度的完整内涵。

“创新”这一概念及其理论的首次提出，应追溯到1912年熊彼特的著作《经济发展理论》。在熊彼特看来，创新就是要建立一种新的适应于产业经济发展的生产函数，即将一从未出现过的生产要素以新组合的方式与生产条件结合并形成全新的生产体系。创新包括产品的创新、技术的创新、组织的创新和市场的创新等。

制度创新理论创始人是美国经济学家道格拉斯・诺思、兰斯・戴维斯与罗伯特・汤玛斯，诺思和戴维斯在《制度变革和美国经济增长》一书中将制度经济学和熊彼特的创新理论很好地融合在了一起，提出了制度创新模型[23]。制度创新是指在现有的经济环境下，通过创设新的制度、规范体系来形成对组织成员更大的激励，从而促进组织目标的实现。制度创新的诱因包括市场规模变化、生产技术发展以及组织成员收入预期的变化，根本目的是实现组织目标和超额收益。制度创新是社会规范的选择、创造、新建和优化，包括制度的调整、完善、改革和更替等[24]。在现实社会的发展中，国家和社会中政府、个人、社团都在试图降低实施成本和摩擦成本，赢取经济、政治和社会发展的最大利益。因此政策必须从宏观、中观和微观层面的行动空间及其权利义务的具体定义上制约不同主体的有效行为，缓和社会利益冲突，而这就需要借助不断的制度创新来拓展制度自身的绩效范围。

根据诺思和戴维斯的理论，从不同创新主体出发，制度可分为三类：一是由个人独自推进然后大家“仿效”的制度；二是大家自愿联合组成的制度；三是政府强行推进的制度。然而，政府、合作团体、个人在制度变迁过程中并不处于等同地位，在社会所有制度安排中，政府是最重要的一个主体，政府可采取行动来矫正制度供给不足[25]。同时，部分学者把政府这一主体进一步区分为中央政府和地方政府，以更好地解释不同层次政府在制度创新中的不同行为机制。

在新制度经济学研究中，制度创新方式又被称为制度变迁方式。新制度经济学的学者们依据制度变迁主体的差异，将制度创新划分为诱致性制度变迁和强制性制度变迁，或需求诱致型制度变迁与供给主导型制度变迁，或自下而上制度变迁与自上而下制度变迁，以便更好地揭示制度变迁的规律。我国学者杨瑞龙在此基础上，对制度创新方式进行了进一步拓展，提出制度变迁“三阶段论”，即“供给主导型创新—中间扩散型创新—需求诱致型创新”，是在我国由计划经济向市场经济过渡过程中，制度变迁方式转换的三个阶段。其中，在中间扩散型创新阶段，中央及地方政府拥有资源配置权及特定的发展目标，从而担当起权力中心的制度供给意愿与微观主体的制度创新需求之间的沟通交流纽带，并起到了十分重要的作用[26]。

2. 制度对产业发展的持续支撑

在深圳电子信息产业发展的过程中，主要将“创新驱动发展”战略贯穿于整个过程，强调了制度创新对于城市、企业和组织发展的重要性。因此，从某种程度上来说，制度创新与市场机制创新是企业、城市及国家发展的原动力，其中，制度创新是市场机制创新的根本保障，从国家、地区政策引导的角度来说，制度创新也是实现我国发展目标的根本落脚点。

日本是一个成功地实现经济追赶战略的后工业化国家，在实施“追赶战略”的过程中，频繁而大量地制定、实施产业政策，并在此基础上形成政府规制体系。第二次世界大战后，根据社会经济发展的需要和国际经济环境的变化，日本先后进行了四次大的产业结构调整。第一次是战后经济恢复期，日本政府致力于重建产业以奠定经济自立发展的基础，依靠“倾斜生产方式”，推行“产业合理化”政策，重点发展煤炭、钢铁、电力、造船产业。第二次产业结构调整发生在20世纪60年代，主要特征是以重化工业为主导产业，全面、大量地引进重化工业技术，加大对技术成果的转化、吸收。进入20世纪70年代，“尼克松冲击”和石油危机的爆发使得日本出口导向型经济受到很大的冲击，出现经济“滞胀”局面，日本开始进行第三次产业结构调整，此次调整的主要方向是发展“知识密集型”产业，减少资源、能源的消耗，主导产业是汽车和电器机械。第四次是20世纪80年代，经济重点逐渐由制造业向非制造业转移，促进以服务业为重点的第三产业的发展，提出了“创造性知识密集型”的产业政策，“以科学领先、技术救国”的方针，调整产业结构[27]。

（三）从产业发展到城市优势

从深圳市电子信息产业发展历程可看出，深圳市产业发展史就是深圳产业制度建设指导史。在深圳市不断变化与创新的电子信息产业制度建设的引导下，深圳市电子信息产业取得了空前的发展，并发展成为全国重要的电子信息产业基地。显而易见，深圳电子信息产业发展对城市发展产生了巨大的带动作用。

1. 带动产业结构的优化

具体来说，深圳的电子信息产业结构变动的主体趋势，首先来源于以电子信息工业为主体的第二产业对第一产业和第三产业的替代，呈现出一个“二产大、一三产小”的典型工业化社会的产业结构与发展特征。另外，当深圳的城市优势显现出来之时，第三产业在第二产业发展的基础上快速发展，并以创新、研发为主导发展相对高端的第三产业。此时，深圳的产业结构呈现出二、三产业快速均衡增长的特点，这为深圳带来大量的劳动力人口，大大提升了深圳的城镇化速率并极大地加快了深圳城镇化发展进程。此外，由于深圳产业发展带来大量人口需要吸纳，深圳的人口城镇化、土地城镇化及经济快速发展便成为必然的发展趋势。

2. 形成国际化人才与企业创新创业高地

深圳拥有良好的创业环境，企业也更具风险意识和竞争意识。在有利的政策和社会文化环境下，深圳电子信息产业高速发展，逐步形成独具特色的产业结构体系，形成不仅面对国内市场，而且面向国际市场的以计算机与基础元器件等产品为主的高新技术产业群，成为深圳乃至珠三角经济增长的龙头，带动了其他产业的发展。

深圳市政府自 20 世纪 90 年代起，陆续颁布相关政策鼓励留学归国人员和内地科技人员到深圳创业就业，对高科技人才的进入提供了落户、购房等各方面优惠。除此之外，深圳市政府还在《关于进一步扶持高新技术产业发展的若干规定》中明确指出，对高新技术产业的融资、风险投资机构的进入和高新技术企业的所得税、增值税、厂房租金等提供极其优惠的条件[28]。深圳市政府大力引进全国知名高校和科研机构，为深圳的产业发展提供充足的高素质人才储备；同时，政府积极推动高科技企业与高等院校、科研院建立联合开发平台，支持国内外知名科研机构合作创办产学研基地、技术开发和人才培养基地等。这为深圳产业的发展带来极其显著的人才、企业等“软件”方面的优势，也为深圳市成为优势城市储备了充足的知识资源及竞争基础。此外，在知识产权保护制度的完善方面，深圳市政府出台了以知识产权的创造、利用和保护核心的一系列法律法规，确立了知识产权存在的具体形式及受保护的范围；同时，为引进先进技术，深圳市规定可以技术作为资本入股高科技企业的发展，这极大地鼓励了深圳电子信息产业的创新性发展。

2016 年年初，深圳电子信息产业中共有 3335 家国家级高新技术企业，占全市 5524 家国家级高新技术企业的 60.5%；深圳共有开放制造空间、创客工场等各类创客机构 107 家，创客人员超过 1 万人。在电子信息技术设施方面，深圳 2015 年通信基础设施建设投资达 62.5 亿元，“全光网城市”和“无线城市”建设取得显著成效[7]。

3. 促进城市可持续发展

产业发展为城市化进程提速，深圳从 1980 年至今快速城市化的 30 多年里，人口迅速膨胀。2012 年，官方统计的深圳总人口量已达到了 1054 万人，跻身全球约 40 个人口过千万的超级都市（Megacity）之一。而城市化也带来了城市局部气候和环境污染问题。城市过于密集、高楼大厦增多、人工材料增多、能源消耗增加、地表性质改变成为深圳城市气候变化的主要物理机制。根据深圳市气象局的研究，深圳的气候变化十分显著，诸如年均气温迅速升高、高温日数显著增多、夜间变得更为炎热、相对湿度显著降低以及短历时降水强度增加等。

应对如此严峻的气候环境问题，深圳市积极推进绿色低碳新型城镇化建设，包括海绵城市建设、低碳生态园区建设等。

2016 年 3 月，市政府组织海绵城市建设推进会议，正式成立海绵城市试点工作领导小组，建立起有关工作机制。2016 年 4 月，深圳入选国家第二批海绵城市建设试点城市，未来三年，每年都将获得国家 4 亿元的财政补助支持试点区域的建设。之后，《深圳市推进海绵城市建设工作实施方案》明确提出除特殊地质地区、特殊污染源地区以外，到 2020 年，深圳市建成区 20% 以上的面积达到海绵城市要求；到 2030 年，深圳市建成区 80% 以上的面积要达到海绵城市要求，以最高标准、最高质量开展深圳海绵城市的规划和建设工作，将深圳打造成为国际一流的海绵城市。根据《深圳市海绵城市专项规划》的编制内容，共从水生态、水安全、水环境、水资源、制度建设及执行、显示度六个方面建立了海绵城市规划指标体系；确定了 24 个近期建设区域，并对海绵城市基础设施建设项目进行了梳理，从组织保障、制度保障、资金保障、能力建设等方面对规划保障体系的建设提出了要求和建议 [29]。

在低碳生态园区建设方面，深圳的代表性案例就是深圳国际低碳城。深圳国际低碳城是 2012 年 5 月时任国务院副总理的李克强确定的中欧可持续城镇化合作的旗舰项目，以探索和示范可复制、可推广的新型城镇化低碳发展之路为使命，以发展新兴低碳产业为主。深圳国际低碳城规划因其发展理念前瞻、低碳技术切实可行，先后获得保尔森基金会 2014 可持续发展规划项目奖以及深圳市、广东省和全国优秀规划奖，可谓得到了国内外、规划行业内外的一致认可。近几年，政府按规划投资建设了道路交通和市政基础设施，尤其是海绵城市、综合管廊、河流生态化治理等工作都领先于国家政策要求 [30]。

三、从城市优势到优势城市——基于产业市场的再思考

（一）优势城市的打造

对于深圳而言，它由 1979 年建市之初的落后边陲小镇，经过 30 多年的发展，一跃成为我国最先进的一批国际性大都市之一，人均 GDP 于 2010 年首次达到国际上中等发达地区水平，是我国创新型城市发展的成功示范区。结合优势城市模型，深圳的发展模式可总结为：深圳的城市优势，是以制度及政策支持为发展基础，以市场经济调控为导向，以电子信息产业集群为发展主体，在产业市场调整、产业结构升级等方面自主创新发展的发展模式。

1. 以制度及政策支持为发展基础

深圳作为我国首批试点经济特区之一，在成立之初便享受到了由中央及地方政府给予的政策倾斜。在税收方面，深圳经济特区的外商投资企业、服务性企业、生产性企业等都能不同程度地享受到税收优惠；在法律法规方面，深圳经济特区在宪法规定的基础之上，可根据经济特区的具体情况和实际发展需要自主制定地方法规，以助产业发展和经济提升效益的实现。深圳的人才引进制度及技术引进制度均为地方电子信息产业飞速发展的动力因素。

在深圳发展初期，通过国家优惠政策吸引了众多“三来一补”的外资企业，这些企业的创办大大加速了深圳的经济发展和产业技术提升，同时增加了深圳的就业人口数量和产业发展的初创资金，为深圳的创新发展提供了坚实的基础。深圳引入外资、发展股份制经济，形成了多种经济成分并存的经济体制格局。深圳率先对国有企业进行改革，试点国企推行股份制改革，于 1993 年取消了企业行政级别，并于 2001 年和 2003 年相继出台了“1+11”和“1+7”系列政策文件，率先推进企业的整体改制，将 5 家大型国企面向国际招标招募，投融资体制改革进一步提速。2004 年，深圳成立了国有资产管理机构（深圳市投资管理公司），对国有企业和行政事业单位进行改革，履行出资人职责，管理产权和资本运作。

2. 以市场经济调控为导向

市场经济调控与资本市场的开放对于任何想要参与更大平台竞争的产业来说，都是产业未来发展的主导方向，对于高新技术产业的发展来说，资本市场的开放更是未来发展的重要战略。

从深圳的电子信息产业发展历程可看出，深圳是典型的由计划体制到市场经济制度转型过程中的制度试验区域，其优势主要在于可以更好地利用计划经济体制与市场经济调节机制的差别和对整体实施市场经济制度的风险性把控。在此背景下，深圳不仅承担着特定的使命，还能以我国特殊的制度规避国际与国内的贸易与投资壁垒，从市场经济自由和生产要素组合自由产生的比较优势中获取发展驱动力[31]。因此，制度引导与市场调控的结合成为深圳产业快速发展的根本原因。

深圳作为我国经济发展的先驱，在市场经济改革方面做出了一系列探索。1980 年深圳对土地进行拍卖，不仅盘活了土地价值，为深圳积累了大量的建设资金，还催生了我国的房地产业，加速了深圳城镇化进程；1982 年深圳开始实施价格改革，取消了计划经济时代的票证，将定价权下放至地方政府并实行浮动价格制度；20 世纪 90 年代起，深圳 97% 以上的商品价格都转变成了市场调节；同时，伴随着经济体制改革的不断推进，深圳从计划经济转向市场经济，并通过市场经济调控和制度倾斜来共同带动深圳乃至全国经济的发展。

3. 以电子信息产业集群为发展主体

正如国家经济竞争优势一样，城市优势的构成因素是由各种相互关联的因素构成的。电子信息产业集群作为深圳发展的主体，成为优势城市建设的中坚力量。深圳发展初期以加工贸易为主，由于当时规模化经营和最优化成本生产的需要，深圳的加工贸易主要呈现出劳动密集型的特点。随着深圳电子工业的进一步发展，深圳市一方面鼓励加工贸易企业转型升级、支持高新技术企业的发展，另一方面颁布一系列政策支持全市电子信息产业企业的转型升级，促进了深圳市电子信息产业的产品附加价值、企业技术研发和创新能力的提升，并加快了其从传统产品向高新技术发展、从加工贸易向自创品牌转型的步伐，进而推动了深圳市产业结构的升级和优化。

为进一步加快深圳市电子信息产业集群的规模并升级产业集群的产业结构，深圳市通过成立高新技术产业园区不仅完善了投资环境，还实行开放式的管理机制，吸引了大批国内外企业竞相落户深圳，并逐渐形成了电子信息产业集群、生物工程产业集群和新材料产业集群等高新技术产业集群。如今，高新技术产业已成为深圳市经济增长的支柱性产业，发展出一大批国内外知名的高新技术企业和名牌产品。高新技术产业、物流业、金融业和文化产业作为深圳市四大支柱性产业，其支撑能力明显高于我国其他城市支柱产业的支撑能力和可持续发展潜力，深圳自主创新优势使其成为全国首个国家创新型城市试点。

综上所述，深圳市城市优势模型构建如图 5-1 所示。

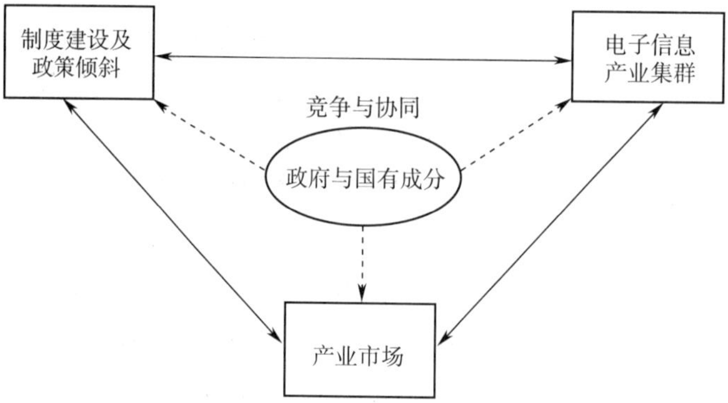

图 5-1　深圳市城市优势模型构建

（二）从竞争到协同：城市群视角

随着深圳的城市建设与发展，以及城市发展空间的限制，土地等资源要素价格日益上升，一些低端的电子信息产品生产企业难以负担高昂的土地租金，电子信息产业向珠三角其他城市搬迁，深圳的电子工厂向周边扩散。一方面，低端电子信息产品生产厂商向外迁移为电子信息产品设计企业提供了空间，吸引电子信息产品链条上的高端企业涌入，推动了深圳电子信息产业的升级；另一方面，大量的设计企业涌入推动了深圳电子信息制造业核心竞争力的提升。

此外，大量电子信息制造企业外迁还推动了珠三角全球电子信息产业基地的建设，也为深圳成为电子信息产品设计中心提供了产业基础。

在外溢效应的影响下，深圳及周边城市的电子信息产业快速发展，珠三角地区的电子信息产业带也逐渐形成，并沿着珠江口两岸形成两条信息产业走廊。如今，珠三角电子信息产业带集中了 20 个国家级开发区、2 个国家级软件园、12 个国家“863”成果转化基地和 1 个国家级的大学科技园，高新技术产业产值占了全省高新技术产品产值的 94%。同时，整个珠三角区域范围内，沿江形成了以东莞、惠州、深圳为中心的手机、计算机制造基地，以深圳为中心的电子元件、家用视听设备制造基地，以佛山、中山和珠海为代表的家用电子产品制造基地，以深圳、广州和珠海为代表的软件基地，区域间形成了以不同行业、不同产品结构为重点的产业布局。

此外，通过相关产业战略及政策，在广东省层面，中央至地方政府提出以深圳市为核心，以东莞、惠州市为节点打造珠江口东岸地区，在此基础上相关地区优化人口结构，提高土地利用效率，提升城市综合服务水平，促进要素集聚和集约化发展，增强自主创新能力，面向世界大力推进国际化，面向全国以服务创造发展的新空间，提高核心竞争力和辐射带动能力。

同时，在产业发展方面，珠江口东岸地区在深圳电子信息产业发展的带动下，电子信息高端产品制造业迅速崛起，并提出了“打造全球电子信息产业基地”的目标。在电子信息产业的带动下，深圳及广东省的金融、商务会展、物流、科技服务、文化创意等现代服务业逐渐发展，整个地区的产业结构得到优化升级，并逐步成为珠三角地区区域服务和创新中心。在自主创新方面，整个珠三角地区通过深圳的示范作用，在全省范围内加强了省部（院）产学研合作，组建了一批省部（院）产学研创新联盟，并提出了加强重点实验室、企业技术中心、产业技术创新平台、工程技术研发中心、国家级检测平台及认证服务机构等载体的建设目标。在建设国际性城市群方面，深圳进一步加强了区域合作与国际合作，通过深化粤港澳台科技合作及联合开展科技攻关，以打造广州、深圳为核心，以广州—深圳—香港为主轴，以东莞、佛山为后台服务基地的区域创新格局。

第三节　政府与国有成分基于产业市场对优势城市的塑造

一、政府——看得见的手

政府调节与市场调节是调节资源配置的两种方式。从经典的经济学理论角度出发，生产者、消费者理性决策，并且自由交换就可实现资源配置的最优化。市场调节虽然为资源配置最优化提供了一种实现方式，但实现的仅仅是一种暂时的均衡状态，随着经济发展的客观因素不断变化，如何实现资源配置打破传统的均衡状态，并向新的均衡状态转变成为政府调节与市场调节两者配合的重要任务。市场调节需要政府引导市场参与者做出变化，在产业转变中更需要政府积极引导，推动产业升级转型。

（一）产业政策对产业创新发展的作用

产业政策指的是管理当局为实现特定经济目标而针对特定产业制定的政策。产业政策具有独特性和普遍性的特点，独特性是指产业政策针对的是特定的行业和产业，普遍性指的是产业政策对行业里的所有企业都具有适用性。产业政策通常以规范性文件的形式出现，其目的多是鼓励投资，从而推动行业迅速发展，实现规模经济效应。深圳经济特区从成立至今，在特定的时期都出台过相应的产业政策，不同时期的产业政策又具有不同的目标，从一开始的鼓励民间资本创业到后来的全面进军高新技术产业再到后来的鼓励出口，背后都有战略深意，产业政策也和世界经济的发展状况息息相关。特别是在科技飞速发展和市场竞争日趋激烈的今天，产业政策对于社会资源的合理配置起到了至关重要的作用，政府往往能够给予相关企业一定的补贴或是税收优惠，因此能够增加企业的投资热情，引导资本从低利润的行业流向高利润的行业，也就能够在相应的行业中产生规模经济效应。

产业政策还能弥补市场自身的缺陷，发挥政府调控市场的作用。任何的市场经济现象均可以用供给需求理论进行解释，因此政府的产业政策也分为针对需求和针对供给两种。前者指的是产业政策能够直接作用于消费者的消费习惯与倾向，后者则是影响企业的供给政策。并且，针对需求和针对供给的产业政策之间是相互联系、相互影响的：需求能够影响价格，进而影响供给；反过来，供给也能直接或者间接地对需求产生影响。因此政府的产业政策能够产生连锁反应，在供给、需求和价值之间形成循环。合理的产业政策能够通过三者的良性循环作用于产品市场，正确引导消费者的消费倾向和生产者的供给策略。深圳特区的飞速发展正是得益于当地政府出台的产业政策，从对产业的影响到对社会经济的影响，甚至对国家的经济发展也能产生影响，产业政策总是通过一系列的传导机制来影响着优势城市的建立与发展。

（二）优势城市培育的政策措施

深圳市电子信息产业的发展，离不开政府分阶段分时期的产业政策支持。深圳科技工业园的成立标志着电子信息产业政策的开始，而后深圳市政府相继出台了关于技术进步奖励和推行科技事业的政策，大力鼓励民间资本和优秀的企业家投身于电子信息产业，正是产业政策的推行以及企业家的积极献身，快速带动深圳电子信息产业的发展。1992 年，邓小平视察深圳，指出科学技术是第一生产力，经济的快速发展必须依靠科技和教育，这为深圳电子信息产业的发展提供了基本理论指导。1995 年，深圳市政府提出了“以高新技术产业为先导，先进工业为基础，第三产业为支柱”的发展战略，再次肯定了高新技术企业在社会中的领先地位以及对于经济发展的引领作用，这为今后电子信息产业的蓬勃发展奠定了基础。20 世纪末期，电子信息产业已经成为深圳经济的有力支撑，深圳市有关部门也出台了较为完善的产业政策，例如 1997 年出台了《深圳市高新技术产业园区发展规划纲要》《关于在我市科技工作中落实“三个一批”发展战略若干意见》等文件，之后几年出台了更多的政策。

回顾深圳的产业发展历程，我们不难发现，深圳电子信息产业过程中，政府政策在产业发展中具有重要的作用。通过倾斜式的产业发展政策，深圳电子产业发展初期受到了充分保护，以此推动了产业聚集、企业规模扩张，实现了产业由弱到强的转变，形成自身的竞争优势。另外，在电子信息产业的发展离不开产业政策支持的同时，产业政策的出台以及执行反过来又受到电子信息发展状况的影响，通过电子信息产业的发展，相关产业被带动发展起来，进而实现相关要素向优势产业发展区域聚集，并带来就业人口的增长和区域人口的集聚，实现工业城镇化、人口城镇化和经济发展同步增长。

二、国有成分——优势城市的践行者

国有成分是制度的践行者和引领者。同时，在市场调节的基础上，国有成分能以最快的速度进行企业运行机制的转换和市场运行结构的调整，更有助于适应市场主导的产业发展过程。另外，市场主导与制度调整之间呈现出典型的协同关系，在市场调节失灵时，政府的制度政策能有效阻止局面的恶化，并带动产业发展向好的方面转向；同时，制度的调整也受到市场调节的束缚，在经济全球化与经济一体化的背景下，企业自身能力的提升（而非仅仅依靠制度支撑）成为在市场主导下的主要竞争力。在此背景下，国有成分成为优势城市形成与发展的中坚力量，不仅将带动自身产业及相关产业的发展，还将大大促进地区经济的发展，使得该地区进一步成为具有一定稳定产业基础、经济健康发展的优势城市。

（一）企业制度的创新是关键

企业制度的创新对于优势城市的建立极为重要。深圳经济特区自成立以来，就十分重视国有企业改革。计划经济时期，国有企业的人财物各个方面都由国有资产管理部门来进行统一管理，实行统包统筹的政策，政府在国有经济发展中占据主导地位，企业投融资以及运营决策都是由政府来制定，企业的生产经营活动完全是在政府划定的指标范围内进行的，人事委托以及管理者选拔也都由政府来主持进行，这就导致国有企业成为政府的附属机构，造成了政企不分以及产权不明晰的后果，企业无法进行自主经营，这样的经济体制严重影响了企业的生产效率和员工的生产积极性，因此随后深圳对计划经济体制下的国有企业进行了改革。

深圳作为我国改革开放的试点区，国有企业改革是其改革进程中极为重要的一步。后来国家引进市场经济体制，首要任务就是简政放权，减少政府对国有企业的干预，增加它们的自主经营权利，企业的管理者从经理人市场上进行选拔，而不再由国有资产管理部门派出，政府也不再给企业设置经营业绩指标，而是把企业置于市场大环境中，由市场参与者对企业优劣做出评价，从而增加了企业的生产效率和积极性。与此同时，加大了对管理者的业绩考核力度，实施总经理目标责任制，人事方面则采用了在劳动市场聘任员工的合同制，员工的薪酬与企业绩效挂钩，这样就极大地调动了员工生产的积极性。

此外，国有企业经济机制也发生了很大的改变。在经济特区初建时期，深圳实行了以增强企业活力为重点的改革，开始探索企业承包经营责任制、推动经营机制转换，以及进行股份制改革探索。同时，国有企业积极推行产权交易，促进产权在各类经济主体间合理流动。与国有企业改革相适应，深圳最先探索建立国有资产监管体制和运营机制，建立了“国资委—三大国资经营公司—企业”的三层管理模式[32]。

2003 年以来，深圳进一步对国有资产监管体制进行改革，强化国资委的出资人职能，简化国有资产管理层次，完善国有资产监管体系，从“管人、管事、管资产”的全盘管理，向资本化运作的“国有股东”角色转型，实现国有资产保值增值。改革中撤销建设和商贸两大控股平台，16 家上市国企被分别划归国资委和深圳市投资控股有限公司（深投控）管辖，同时引进国内外战略投资者。这样一来，国企结构从国资直接控制，转向由多方股东代表参与的董事会决策模式，另外，新的国企体系将关注重点由建设与商贸转移到公共服务和高新技术投资开发两大群体。

深圳自 1987 年到 2005 年的 18 年改革中，已经初步形成了一套“国资经营”管理模式：第一层是国资管理部门作为“股东代理人”，对国企的经营管理履行股东职责并享有相应权利（如人事推荐和分红权等）；第二层则是地方政府利用国有资本杠杆撬动社会金融资本，完成规模庞大的城市建设和产业升级，由此地方政府形成了一种以“国资杠杆”融资，再以土地来还债的“滚动融资”模式，撬动资本进行城市建设[33]。这样为深圳城市建设融入大量资金，实现深圳国资由“国资经营”向“城市经营”的演变。

以上措施对于促进现代企业制度的形成具有至关重要的作用。就这样，深圳国有企业很好地完成了角色的转变，建立了完善的公司内外部治理机制，促进了深圳优势城市的建立以及资本市场的健康发展。

（二）企业文化的培育是支撑

企业文化作为企业发展的灵魂所在，是企业员工在长期实践过程中所形成的精神财富，能够影响企业的发展与优势城市的建立。商业活动中的经验教训经过沉淀后固化形成的价值观念、道德规范、行为习惯等都属于企业文化的组成部分，它被企业员工所共同接受，能够影响员工的行为方式，进而影响组织结构和企业绩效。与此同时，企业文化在对外传播的过程中还能影响社会价值观念的形成，好的企业文化能够引领社会成员建立正确的价值观，形成良好的社会风气，甚至能够影响城市建设、消费观念等。然而，企业文化并非一朝一夕就能形成，这样的影响机制要经过很多年才能奏效，因此企业要注重对自身文化的培育。回望深圳企业文化发展历程，大致经历了起步、发展和成熟几个阶段。

在起步阶段，企业文化主要体现在其口号之中。例如康佳集团最开始的口号就是“我为你，你为他，人人为康佳，康佳为国家”，这体现了康佳集团与社会成员之间的互利互惠关系；又如 1984 年开始组建的深圳兴隆精密电子有限公司于创业初期提出了“艰苦创业，奋发开拓”的口号，这显然会影响员工工作的态度和积极性。20 世纪末期，企业越来越重视对文化的培育，并且拓宽了文化建设的范围，很多企业采用计算机技术对口号进行设计，制作公司标徽，有的甚至创造公司歌曲，要求员工定期进行演唱。

进入 21 世纪，随着深圳经济的迅速发展，企业文化制度也越来越完善，很多公司以规范的文本形式对企业文化加以描述，比如华为公司建立了《华为基本法》，并定期出版内部刊物。大部分公司文化除了对企业自身行为进行规范，还涉及社会责任的履行问题。在自然灾害时期，公司会组织员工进行捐款，协助政府进行灾后重建工作。企业的种种内外部行为，都会受其文化的影响，因此在优势城市的建设过程中，要注重对文化的培育。

（三）龙头企业带动快速发展

龙头企业是一定区域范围内对其他企业产生深远影响，具有一定号召力和示范作用，并对该区域范围以及范围之外的地区经济发展做出突出贡献的企业。深圳作为我国经济最为发展的城市之一，毫无疑问也拥有大量龙头企业，其中不乏世界 500 强，最为典型的代表莫过于中兴和华为。中兴和华为是目前国内领先的通信企业，但两者却拥有截然不同的发展历程和企业文化。有人曾形容华为的企业文化是“狼性”文化，中兴则是“黄牛”文化。中兴的运营政策比较稳健，对待市场和消费者都保持着一种中性的态度；华为近些年大势崛起，在投融资以及经营上比较倾向于冒险的决策，高风险意味着高收益，华为的市场份额大幅增加与其公司治理风格息息相关。

近些年，华为和中兴在国际市场大有作为，被业内人士称为“双子星”现象，两者在市场表现、技术发展、营销方式、管理与资源等各方面相互竞争又相互补充和合作，共同引领中国通信行业的发展。两者对于推动深圳经济发展和优势城市的建立具有极其深远的影响，具体表现在：每年为国家和地区贡献大量的税收，推进我国“创新驱动发展”战略的实施，引领我国企业创新能力的发展，吸引大量人才加入企业从而形成人才集聚效应等。总之，深圳地区的龙头企业促进了当地和国家经济的发展，更快、更好地促进优势城市的形成与发展。

本章小结

产业市场作为城市优势的三大基本要素之一，对产业的发展有极其重要的作用。而深圳的城市发展模式是制度建设与市场调节共同作用于深圳产业市场发展、最终带动整个城市发展的典型例证。

在深圳产业及城市的同步发展过程中，市场就是一系列制度构成的。在产业发展初期，政府在制度建设、试行与引领方面发挥重要作用；当产业发展进行到一定阶段，市场导向对产业发展的带动作用更为重要，同时，国有成分的龙头带动作用成为产业和经济发展的重要力量。在以上因素的共同作用下，深圳作为产业发展及经济增长极为迅速的城市，吸引了大量的人口资源、资金资源及技术资源，逐渐成为我国乃至全亚洲的发达城市之一。

市场力量的作用一般趋于强化区域间的不平衡，若某一地区由于初始的优势而比别的地区发展得快一些，那么凭借已有优势，该地区在今后会发展得更快。此外，循环累积因果论认为，经济发展过程首先是从一些较好的地区开始，一旦这些区域由于初始发展优势而比其他区域超前发展时，这些区域就通过累积因果过程，不断积累有利因素继续超前发展，导致增长区域和滞后区域之间发生空间相互作用[34]。

深圳毗邻香港，在金融、保险、地产及经济等生产服务业方面不断汲取资源，通过技术的转化和生产范围的延展，完成自主创新和自身完善发展的过程。而政府对产业市场的促进政策，会持续引导产业向前发展，形成城市的产业优势，支撑城市及整个地区发展。广东省政府将深圳、广州等城市作为带动珠三角地区发展的极点城市，在珠三角城市群发展过程中，深圳作为发展极点之一，通过扩散效应逐渐完成了产业逐步外扩、技术逐步外延及人口逐步外迁的过程。此时，深圳及周边的城市及珠三角产业带地区之间主要呈现出协同发展的关系，深圳进一步吸取更为有用的人力资源、技术资源并加快城市的服务业发展，而周边地区受到深圳外溢效应的影响，逐步发展电子工业及第三产业，成为全国及全球闻名的电子信息产业带。

参考文献

[1] 魏达志，张显未，郭启华．制度变迁中的解构与创新：深圳电子信息产业崛起路径的当

代考察 [M]. 北京：人民出版社，2010.
[2] 高婷 . 产业市场顾客满意度测评模型研究 [D]. 天津：天津财经大学，2010.
[3] 廖华 . 中国电子元器件市场排行榜 [EB/OL]. [2017-03-16].http：//www.njliaohua.com/lhd_82xa499egx03ypj6btct_1.html.
[4] 王福山，张蒙蒙 . CEEC 深圳给你一张新名片　专访深圳赛格股份有限公司董事、总经理刘志军 [J]. 消费电子，2016（8）：24-27.
[5] 迪建 . 论北京上海深圳的集成电路产业战略定位 [J]. 集成电路应用，2016（1）：14-18.
[6] 吴德群 . 27 家深企挺进中国企业 500 强 [N]. 广东科技报，2017-09-15（7）.
[7] 马芳 . 硬件之城越来越“软”　深圳软件业务收入约占全国 10%[N]. 南方日报，2016-03-28（SC01 版）.
[8] 新浪博客“配重塊铸造”. 深圳：电子信息产业“桥头堡”和“风向标”[EB/OL].（2010-02-20）[2017-09-16]. http：//blog.sina.com.cn/s/blog_4fffe4d00100hfpp.html.
[9] 吴德群 . 产业巨头聚集，三千新品亮相 [N]. 深圳特区报，2014-04-10（A5）.
[10] 蔡福发 . 深圳软件产业发展模式研究 [D]. 南宁：广西大学，2015.
[11] 刘晓帆 . 深圳电子商务发展的财税支持政策研究 [D]. 武汉：华中科技大学，2015.
[12] 深圳市科技工贸和信息化委员会 . 发挥自主创新的引领支撑作用　加快建设国家创新型城市 [C]. 北京：2011 全国科技工作会议，2011-02-01.
[13] 深圳市人民政府 . 关于印发《深圳新一代信息技术产业振兴发展规划（2011—2015 年）》的通知（深府〔2011〕209 号）[A/OL].（2011-12-29）[2017-09-16]. http：//www.szsti.gov.cn/info/plan/18.
[14] 黄雁章 . 深圳行业协会建设发展的思考 [J]. 特区实践与理论，2014（3）：47-49.
[15] 华强电子网，华仔 . 深圳电子工业发展历史回顾（1）[EB/OL].（2016-08-10）.[2017-09-16]. http：//www.hqew.com/tech/news/1346032.html.
[16] 蒋玉涛，郑海涛 . 创新型城市建设路径及模式比较研究——以广州、深圳为例 [J]. 科技管理研究，2013（14）：24-30.
[17] 李秀成 . 中兴通讯竞争战略及策略研究 [D]. 太原：太原科技大学，2008.
[18] 袁晓江 . 在珠三角兴起中深圳的城市和产业定位 [J]. 深圳职业技术学院学报，2009（4）：69-74.
[19] 王峰 . 浅议企业制度的创新 [J]. 中国化工贸易，2014（10）：217.
[20] 王莉 . 企业文化建设的辩证思考 [J]. 科技资讯，2007（8）：249.
[21] 李宝明 . 风险视角下的政府与市场关系 [J]. 经济研究导刊，2013（26）：7-10.
[22] 杨中艳 . 浅议公民道德建设中的制度建设 [J]. 科技信息，2013（20）：74.
[23] 杨莉 . 制度创新与中国制造业国际竞争力研究 [D]. 杭州：浙江工业大学，2008.
[24] 马凯 . 中国农村集体非农建设用地市场演化机制研究 [D]. 南京：南京农业大学，2009.

[25] 孙伯强 . 论我国政府主导型制度变迁及其转变 [D]. 郑州：郑州大学，2004.

[26] 梅德平 . 制度变迁理论与中国农村微观经济组织的变革 [J]. 江汉论坛，2003（6）：37-40.

[27] 刘心舜 . 日本产业结构调整——从奇迹到衰退的警示 [J]. 科技创业月刊，2006，19（7）：73-75.

[28] 刘艳丽 . 深圳在泛珠三角经济圈中的角色定位 [D]. 大连：东北财经大学，2006.

[29] 晏婵婵，刘庚怀 . 2030 年深圳建成区 80% 以上的面积将达到海绵城市要求 [N]. 南方都市报，2016-09-02（SA04）.

[30] 吴晓莉 . 城市创新与城市创业 [EB/OL].（2016-10-21）[2017-09-16].http：//www.upnews.cn/archives/23470.

[31] 袁易明 . 中国经济特区产业发展路径 [J]. 深圳大学学报（人文社会科学版），2010（4）：21-25.

[32] 中国特色发展之路课题赴广东省深圳市调研组 . 高举旗帜 科学发展——改革开放 30 年系列调研报告（9）——广东省深圳市经济社会发展调查 [N]. 人民日报，2008-11-10（8）.

[33] 黄河 . 国资，深圳的秘密杠杆 [N]. 南方周末，2014-03-28（6）.

[34] 王德起 . 城市群发展中产业用地结构优化研究——一个逻辑机制框架 [J]. 城市发展研究，2013（5）：36-44.

第六章

变迁的优势城市与永恒的“铁三角”

——城市变迁中的永恒即优势的积淀

本章导读：从“失落的空城”鄂尔多斯到“文化之城”西安、“速度之城”南京、“制度之城”深圳，我们发现最终能称之为优势城市的发展模式并不是一蹴而就的，城市发展“铁三角”实际上要经历过形成、运用、累积与转换四个阶段，才能弃其糟粕，取其精华。我国的优势城市当然不止这三个，闻名世界的北、上、广大都市又何尝不归属于此，但失败的案例也不胜枚举。事实上，“天才”与“庸才”之间，只有一念之差，而这其实取决于“看不见的手”市场与“看得见的手”主体（政府与国企）之间是如何配合与融合的。

第一节　沧海桑田，看优势城市塑造与重构

正如彼得·霍尔爵士曾指出的，“创意之火在城市迸发，使得城市创意和进步一时间竞争相勃发，造就了一个黄金时代。正如其突然崛起一样，这朵精神之花又会在一二十年之内迅速凋落”[1]。城市的发展如果套用那句俗语“三十年河东三十年河西”，其实一点也不为过，而其无论是“突然崛起”还是“迅速凋落”，也是成也创新败也创新。在这里，创新在本质上等同于城市优势。就如创新要与时俱进一样，城市优势也不是一成不变的，它在不同的时期也表现出不同的层次性与相对性。根据机构研究成果，中国经济增长的 27% 得益于人口红利，可谓是国家发展优势，但随着人口规模的降低、劳动力成本的上升，人口红利的辉煌已不在。再加上城市优势并不是孤立存在的，还要嵌入当前国际发展的大背景，与之相辅相成。放眼全世界，全球化深度调整更加剧了城市发展变迁的复杂性。但是饮水要思源，不能一叶以障目，城市优势会变，城市发展轨道会变，城市发展背景也会变，而优势城市的打造规律与成长路径是不变的。在这里要探讨的就是城市发展的变与不变的制衡之道。

一、时间的变迁，优势的打磨

城市的发展具有自身的发展规律。每个城市的起始、发展、高潮都是有迹可循的，起源于城市优势的西安、南京、深圳之所以能够在大浪淘沙中留存下来，原因在于它们以优势为核心，不断寻求突破、不断寻求转型，而非从一而终。目前，我国城镇化率已经突破 54% 的世界平均水平，达到 56%，虽不及日本（93%）、美国（82%），但是整体上也超过了一半，城市如何实现自我发展、自我循环、自我协调将是我国接下来要面临的重大问题，借鉴世界级城市发展经验也势在必行。虽说成功的原因只有一个，而失败的理论却各不相同，但是由于国内与国外之间经济文化的差距较大，而且优势城市的打造也并不是一朝一夕就能成功的，所以立足于时间视角，纵观世界级城市的变迁历程，从全局上把握城市发展规律与特点则更有益于我们找出优势城市之路。以下将对中国、日本、美国及世界历年的城镇化率做出统计（见图 6-1）

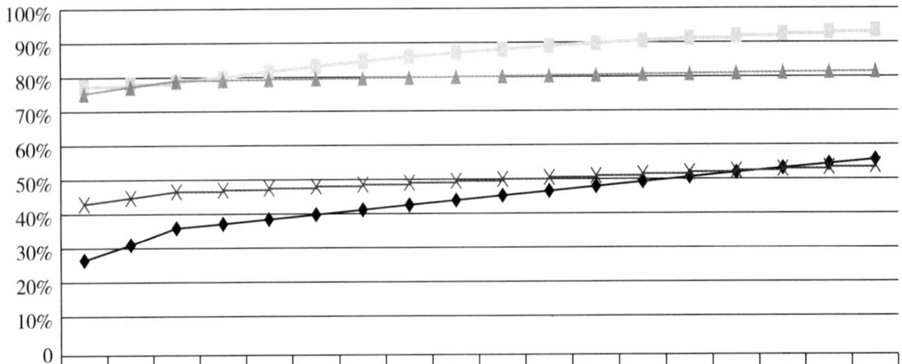

	1990	1995	2000	2001	2002	2003	2004	2005	2006	2007	2008	2009	2010	2011	2012	2013	2014	2015
中国	26%	31%	36%	37%	38%	40%	41%	43%	44%	45%	47%	48%	49%	51%	52%	53%	54%	56%
日本	77%	78%	79%	80%	82%	83%	85%	86%	87%	88%	89%	90%	91%	91%	92%	92%	93%	93%
美国	75%	77%	79%	79%	79%	80%	80%	80%	80%	80%	80%	81%	81%	81%	81%	81%	81%	82%
世界	43%	45%	47%	47%	47%	48%	48%	49%	49%	50%	50%	51%	51%	52%	52%	53%	53%	54%

图 6-1　中国、日本、美国及世界历年的城镇化率（%）

（资料来源：世界银行数据库，由南京卓远资产管理有限公司整理。）

（一）从单核到多核融合

从世界城市变迁的历史进程来看，无论是巨型城市、中型城市，还是小型城市，城市发展都展现出优势不断由单核裂变成多核的过程。我们用一个形象化的比喻来详细阐述，城市的发展原点就像一个人的拳头，当它不满足于目前的发展萌芽而不断向外延伸时，就会形成五指，也就是说开始从核心优势出发进行产业链的纵向横向延伸，继而联合相关生产要素填补“指缝”，而当城市的需求总量远远赶不上产业的发展时，这个城市的原始核将裂变为多核，然后再以每个裂变出来的分散核为原点，也就是拳头，再伸出五指，再填补“指缝”，从此不断重复。例如美国纽约的创意文化、硅谷的电子信息、德国图特林根的外科器械、法国巴黎森迪尔区的网络产业等世界知名的国家及其核心的产业优势也是如此形成的。

根据联合国《2016 年世界城市状况报告》，截至 2015 年年底，全球超级城市也就是居住人口超过 1000 万的，已从之前的 19 个增加到 23 个（见表 6-1）。将其作为城市在历史长河中屹立不倒的标准，我们从其中选取年轻国家的古老城市纽约为例，来具体看看城市是否如“拳头”“五指”一样发展。

表 6-1　全球超级城市

（单位：百万人）

1950 年			1975 年			2000 年			2015 年		
序号	城市	人口	序号	城市	人口	序号	城市	人口	序号	城市	人口
1	纽约	12.3	1	东京	19.8	1	东京	26.4	1	东京	26.4
			2	纽约	15.9	2	墨西哥城	18.1	2	孟买	26.1
			3	上海	11.4	3	孟买	18.1	3	拉各斯	23.2
			4	墨西哥城	11.2	4	圣保罗	17.8	4	达卡	21.1
			5	圣保罗	10.0	5	纽约	16.6	5	圣保罗	20.4
						6	拉各斯	13.4	6	卡拉奇	19.2
						7	洛杉矶	13.1	7	墨西哥城	19.2
						8	加尔各答	12.9	8	纽约	17.4
						9	上海	12.9	9	雅加达	17.3
						10	布宜诺斯艾利斯	12.6	10	加尔各答	17.3
						11	达卡	12.3	11	新德里	16.8
						12	卡拉奇	11.8	12	马尼拉	14.8
						13	新德里	11.7	13	上海	14.6
						14	雅加达	11.0	14	洛杉矶	14.1
						15	大阪	11.0	15	布宜诺斯艾利斯	14.1
						16	马尼拉	10.9	16	开罗	13.8
						17	北京	10.8	17	伊斯坦布尔	12.5
						18	里约热内卢	10.6	18	北京	12.3
						19	开罗	10.6	19	里约热内卢	11.9
									20	大阪	11.0
									21	天津	10.7
									22	海德拉巴	10.5
									23	曼谷	10.1

（资料来源：United Nations，Urbanization and Development：Emerging Futures，World Cities Report 2016，南京卓远资产管理有限公司整理。）

17 世纪下半叶，纽约位于纽约州东南哈德逊河口，濒临大西洋，是西半球最好的海港，得益于良好的地理位置，纽约成为北美最主要的贸易商业中心。这个时期纽约主要以制造业为发展动力，以港口交通为城市优势，随着经济的繁荣发展，至内战前夕，纽约已经成为美国的“城市巨人”（Urban Colossus）[2]。在美国内战爆发之后，纽约在移民潮的推动下更是迎来了大的发展机遇。经历了大型项目建设、城市发展转型、“不做有害事情”（Do No Harm）三个时期，纽约在经济全球化的背景下积极推动经济结构的高效化转型，金融、保险、房地产等取得了长足发展，从制造之城转变为资本之城。而到了 20 世纪，在“9·11”恐怖袭击、次贷危机等的冲击下，纽约城市在美国政府的介入下，开始了金融业的调整整顿，以刺激经济复苏。金融、制造的文化创新产业作为连接城市和区域经济的桥梁，则成为纽约经济发展的新引擎。

纽约城市的三个转身，从制造之城到资本之城再到创意之城，看似毫无联系，但其实隐藏在其身后的生产性服务业正是三者之间的耦合节点。首先，生产性服务业从制造业的内部生产服务部门衍生出来，贯穿生产的上、中、下游；其次，生产性服务业作为知识密集型产业，包括金融、保险、法律工商等服务，将制造业与资本市场连接起来；最后，生产性服务业是连接文化创意产业与其他产业的桥梁，是促进该产业与其他产业协同发展的加速器。所以说生产性服务业才是纽约的核心优势，而制造、资本、创意是其为顺应经济发展的趋势裂变出来而且依然存在的三个核，然后再以此核为中心，延伸五指，再填补指缝，造就了纽约现在的辉煌，如图 6-2 所示。

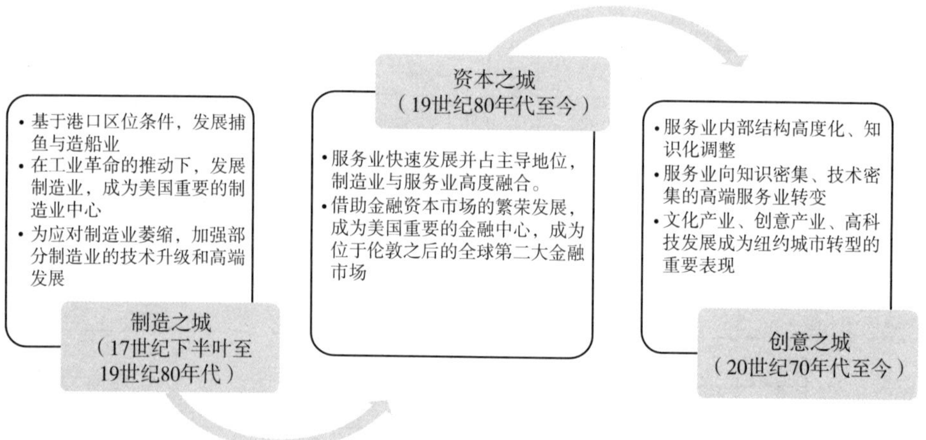

图 6-2　纽约城市发展历程

（资料来源：南京卓远资产管理有限公司整理。）

与之相反，若城市拘泥于单核发展，那么它遭遇滑铁卢的概率也将随之加大，美国的另一个城市“世界汽车之都”底特律就是一个盛衰变化极端的例子。我们细看它从1701年建城到2013年宣告破产短短300多年的发展历程，发现此地兴也汽车产业，通用、福特和克莱斯勒纷纷来此驻扎，而败也汽车产业，专注于产业的高效生产而忽略相关产业、相关市场的维护与促进，导致其在应对外界经济冲击时缺乏韧性。因此，从单核发展到多核融合是城市发展的客观规律，也是适者生存的一个表现。

（二）从硬实力到软硬相兼

早在春秋时期，我国道家学派的创始人老子就曾指出，“天下之至柔，驰骋天下之至坚。无有入无间，吾是以知无为之益”，这其实与软实力之父美国前助理国防部长约瑟夫·奈的理念有异曲同工之妙，软实力即“一种通过让他人做自己想做的事情而获得预期结果的能力，它可以营造一种准则或制度环境，并通过说服他人遵从或者使他们同意这些准则或制度来发挥作用。软实力可依赖某人或族群的观念或文化的吸引力，也可依赖通过塑造他者偏好的标准来形成”[3]，如果将此套用在城市发展竞争力上，则可以通俗地理解为像城市软实力这样看似柔软的战略却可以游刃于城市经济、科技、军事等布局或调整等的刚性发展之中，并慢慢使之重塑于无形。但是由于城市软实力的快速提升需要依靠强大的硬实力作为坚强的物质后盾，因此其作用在城市建立之初并不明晰，也没有得到足够的重视，而是当城市发展到一定阶段、积累到足够的财富之后，城市发展的软实力才开始与硬实力相互作用，相得益彰。世界文化之都伦敦从20世纪末至今的文化建设历程也证明了这一点（见图6-3）。

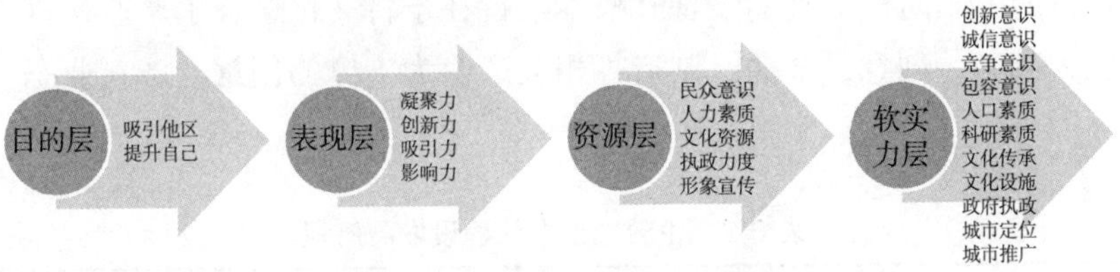

图6-3 城市软实力要素分层模型

（资料来源：南京卓远资产管理有限公司整理。）

在第二次世界大战之后，伴随着国际政治经济秩序的变化，曾傲立于全球城市体系金字塔顶尖的伦敦已不再是唯一的世界中心，“日不落帝国”辉煌已不再，尤其是20世纪后半期，第二产业不断衰落，再加上工业文明所遗留的资源匮乏现象及种种环境问题，如对泰晤士河的治理，也给伦敦城市发展与转型带来了沉重的负担。而在这一阶段，文化软实力战略的提出恰逢其时，背靠制造业与金融业发展的累累硕果，战略一经提出，就得到了较好的贯彻执行。以 1992 年英国公布的《创造性的未来》为文化诉求，伦敦的文化建设开展主要以市长名义颁布的三部战略草案为标志，即《伦敦：文化之都——发掘世界级城市的潜力》（2003）、《文化大都市——伦敦市长 2009—2012 年的文化重点》（2008）、《文化大都市——伦敦市长文化战略草案：2012 年及其以后》（2010）。

第一阶段，明确发展目标，兼容文化多样性。基于经济转型的背景，草案开篇即明确提出文化的历史地位，“文化是伦敦的核心，正是文化造就了伦敦社会、经济和城市外在显性形式”[4]。围绕着这样的理念，伦敦政府先是成立专门的城市品牌推广机构“无限伦敦”，筹划设立“创意之都基金”，发布《伦敦：一次文化的大盘点》以评估发展态势，再是加大节庆活动的举办次数，这些都为城市的发展注入了活力。

第二阶段，维护地位，重点领域寻求突破。在 2012 年伦敦奥运会的契机下，草案将重点放在了基础设施建设、文化平台的搭建、文化供给力度的加大三大层次上，并将文化与创意产业、旅游产业等相结合，形成城市发展的新兴竞争力。

第三阶段，放眼未来，释放文化活力。在前两个时期发展的积淀下，伦敦已被冠上多个称号，如国际设计之都、世界三大广告产业中心城市之一等。在这一时期，草案的亮点在于实施文化传播战略，强调创意文化建设是一项系统工程，需要在社会中不断扩散、渗透、传递和继承。例如伦敦卡、伦敦故事节、2012 伦敦文化盛典等的开发与筹办都是伦敦政府的具体行动。纵观伦敦文化软实力建设的三个时期，我们发现其根本宗旨在于将文化融合于产业，打造以文化体验为基础，创意、金融、制造等相关产业为支撑的创意经济新业态（见表 6-2）。

表 6-2　伦敦城市文化建设发展历程

时期	20 世纪 90 年代至 2008 年	2008—2012 年	2012 年至 2016 年 5 月
标志	《伦敦：文化之都——发掘世界级城市的潜力》	《文化大都市——伦敦市长 2009—2012 年的文化重点》	《文化大都市——伦敦市长文化战略草案：2012 年及其以后》

（续）

时期	20 世纪 90 年代至 2008 年	2008—2012 年	2012 年至 2016 年 5 月
市长	肯·利文斯	鲍里斯·约翰逊	鲍里斯·约翰逊
内容	明确发展目标，兼容文化多样性	维护地位，重点领域寻求突破	放眼未来，释放文化活力
详解	四项文化发展目标： （1）增强伦敦作为世界一流文化城市的地位 （2）把创新作为推动伦敦成功的核心 （3）确保所有伦敦人都有机会参与到城市文化中 （4）确保伦敦从文化资源中获得最大利益 以连贯一致的方式来营销和推广伦敦，维持和发展伦敦作为旅游、投资和留学的世界顶级目的地的地位	在 2012 年伦敦奥运会的发展契机之下，草案对未来三年的文化发展进行具有针对性的部署，确立了 12 个要点： （1）维持伦敦全球卓越的文化中心的地位 （2）塑造面向 2012 年及更为持久的世界级文化 （3）加强对年青一代的艺术和音乐教育 （4）提高艺术覆盖面和参与率 （5）加大对（伦敦）外围区域的文化供给 （6）为新人提供发展之路 （7）创造一个充满生气的公共空间 （8）支持草根文化 （9）推介伦敦 （10）为创意产业提供有针对性的支持 （11）维护文化在建筑领域中的地位 （12）加大政府对伦敦文化的支持力度	草案从六个方面预设了未来伦敦创意文化的发展路径，分别是： （1）保持世界文化之都的地位 （2）拓展民众参与优秀文化的渠道 （3）强化文化的教育培训 （4）增强基础设施、环境和公共空间的建设力度 （5）筹办 2012 年伦敦文化盛典 （6）实施文化传播战略

（资料来源：参考王林生（2013）发表在《福建论坛（人文社会科学版）》的研究成果《伦敦城市创意文化发展“三步走”战略的内涵分析》[5]，由南京卓远资产管理有限公司整理。）

作为已拥有两千多年历史的古老城市伦敦，人文资源等文化要素的沉淀在其文化建设的过程中也无疑居功甚伟，但却非必要条件，中国历史上楼兰古城的消失就是一个最好的例子，有文化软实力的形成基因，却缺少将其进行转换与改造的能力，缺少发掘软硬结合模式的潜力，那么这些城市的崛起可能也永远只是昙花一现。

（三）从政府主导到政府市场互相配合

城市是经济、社会、文化的重要载体，而它的建设和管理是一个长期的过程，在初期由政府为其量身打造一个“外壳”是必要的，即在城市功能定位、运行秩序、产业布局等多方面制定发展要义，然后再将政府在内的规则主体如市场装入城市发展之实（见图 6-4）。就大部分的国际化大都市的建设路径而言，也确实如此。其中，与纽约、伦敦并称三大世界级城市的东京就是这样的一个典例。

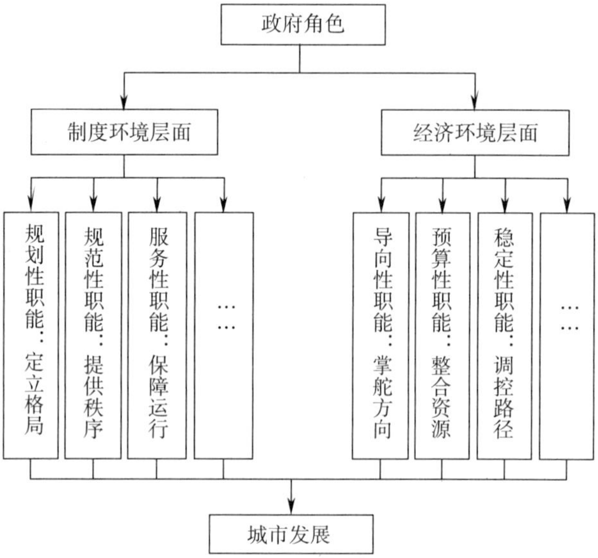

图 6-4　政府职能对城市发展的影响

（资料来源：南京卓远资产管理有限公司整理。）

具有强烈危机意识的日本政府，善于提早部署，未雨绸缪。在第二次世界大战后的经济复兴阶段，日本先是积极推进大型基础设施的兴建工作，又是谋定城市发展格局，提出首都圈整顿方案。在此战略的指导下，东京政府分别于1958年、1968年、1976年、1986年四提都市圈规划，又分别于1963年、1986年、1990年三提东京长期规划，并且为缓解东京都市圈的生态与社会发展的压力，还于1963年建立国家级科学城筑波。这些措施保障了城市在每个阶段都有目标可奔，有政策可依，政府的强力干预为城市指明方向。但是随着经济社会的发展，东京政府对社会资源的影响力也逐渐开始下降，尤其是在1998年的国家金融危机降临之后，东京政府只能眼睁睁看着主要的证券机构和商业银行破产而无法提供实质性救助，这也显示出政府并非万能，还需要借助市场力量才能走出阴霾，2001年起日本开始推进产业聚集区，促进地方产学官结合，形成有效的联合网络，加强与商社的联系，为新产品打开市场（见图6-5）。

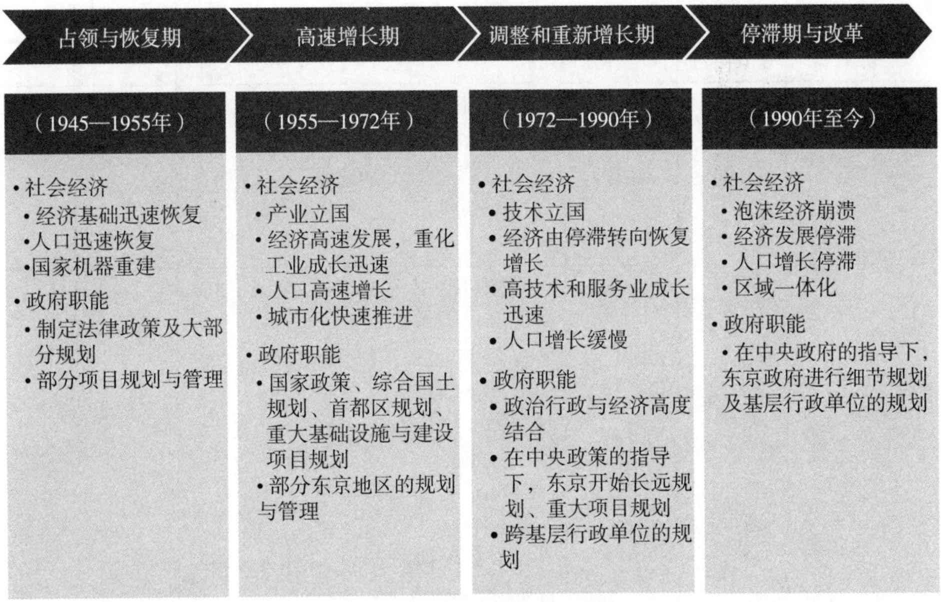

图 6-5　东京政府与城市发展

（资料来源：参考吴唯佳、唐燕、向俊波、于涛方（2014）发表在《上海城市规划》的研究成果《特大型城市发展和功能演进规律研究——伦敦、东京、纽约的国际案例比较》[6]，南京卓远资产管理有限公司整理。）

从这里可以看出，政府的力量在城市发展过程的作用不容忽视，因为如果放任其依靠市场力量自由发展，虽说市场具有自我恢复能力，可是其试错修正周期却相对较长，若是因此而错过了城市发展的最佳时期，那么只可能在时间的长河中慢慢地撞运气寻发展了。所以即使是追求自由民主的纽约政府也会介入城市发展，调控资源配置。以纽约市长任期内的重要规划和重大项目为例，如表 6-3 所示。

表 6-3　纽约市长任期内的重要规划和重大项目

市长	上任年份	卸任年份	主要规划	主要项目
爱德华·科克	1978 年	1989 年	1989 年《城市宪章》	巴特利公园城
大卫·狄更斯	1990 年	1993 年	《依据宪章第 197—a 款规划的程序原则》 《纽约城市滨水地区综合规划（1992 年）》	时代广场项目 南岸项目

（续）

市长	上任年份	卸任年份	主要规划	主要项目
鲁迪·朱利亚尼	1994年	2001年	区域调整（1995年） 《曼哈顿下城规划（1995年）》 《第三次大都市圈规划（1996年）》 《城市岛海事遗产保护研究（2001年）》	哈亚姆区再开发
迈克尔·布隆伯格	2002年	2013年	《史坦顿岛增长管理行动规划（2003年）》 《哈德森庭院环境影响声明（2004年）》 《纽约城市规划：更绿色更美好的纽约（2006年）》 《2020版纽约滨水地区综合规划（2011年）》 《纽约城市规划：更加强壮更具弹性的纽约（2013年）》	高线公园 世贸中心旧址重建

（资料来源：玉兰（2013）发表在《国际城市规划》上的研究成果《纽约城市转型发展与多元规划》[7]，南京卓远资产管理有限公司整理。）

综上，纵观以纽约、伦敦、日本三大世界级城市为代表的城市变迁历程，它们大部分都呈现出由单核到多核融合、由硬实力到软硬相兼、由政府主导到政府市场互相配合的发展态势，而我国城市也在步入或即将步入这个轨道。

二、区域的布局，优势的聚合

事实上，自党的十六大以后，我国的城市与城市之间、城市群与城市群之间、全球化城市与全球化城市之间就展开了一场悄然而又激烈的较量。在这场没有硝烟的战争中，盲打莽撞、模仿抄袭、靠山吃山靠水吃水的模式都只会惨遭失败，只有以城市战略为目标，同时实现自身优势的不断形成、运用、累积及转换，才能真正立于不败之地。

（一）优势城市：爱拼才会赢

在城市优势的带动下，我国西安、南京、深圳已经走在发展的前列，在它们之中蕴含着怎样的规律？在具体打造优势城市的过程中又有哪些不同的表现？对于其他城市而言，这样的城市形成路径是否可以适用？资源型城市又将如何套用，以完成艰难转型呢？

1. 典型城市：西安、南京、深圳

首先，我们以本书论证过程中列举的三个案例为基础，分析优势城市的形成路径的基本类型。西安、南京、深圳均在我国城市发展中站在前列，在新型城镇化战略的推动下，城镇人口与经济发展水平呈现同步增长态势，就2016年上半年国家统计局发布的数据来看，西安实现生产总值2684.93亿元，同比增长8.0%；南京实现生产总值4876.06亿元，同比增长8.4%；深圳实现生产总值8608.88亿元，同比增长8.6%：均远远高于全国平均水平6.7%，各市人口增长情况可见图6-6。

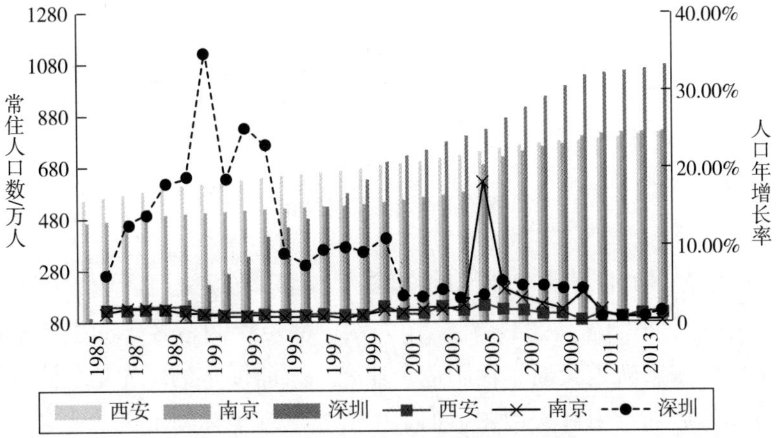

图6-6 西安、南京、深圳城市人口变化

（资料来源：《西安统计年鉴2015》《深圳统计年鉴2015》《南京统计年鉴》，南京卓远资产管理有限公司整理。）

（1）西安：城市资源与"文化之城"。西安最初的核心优势只是在于拥有历史文化资源，如2944处的历史文物、秦兵马俑、周丰镐、秦阿房宫、汉长安城、唐大明宫等历史遗址，200多处的宗教活动场所，还有具有"音乐界的活化石"之称的陕西戏剧——秦腔等。然而单就中国历史古都而言，还有北京、洛阳、安阳、开封等城市，这些特色并不能成为西安的独特优势，需要进一步打磨。在这之后，西安当地政府开始有意识地扶持文化产业发展，如制定城市发展规划、明确"五大主导产业"的发展重心，将文化资源运用到产业之中，使文化软实力与产业硬实力相结合，不断累积并发展完善。目前正值中国"一带一路"倡议的契机，西安积极与关中城市群内部其他城市建立有效的分工协调机制，形成优势互补，从竞争走向协同，推动区域的一体化，从而走上"内陆型改革开放的新高地”西安优势城市如图 6-7 所示。

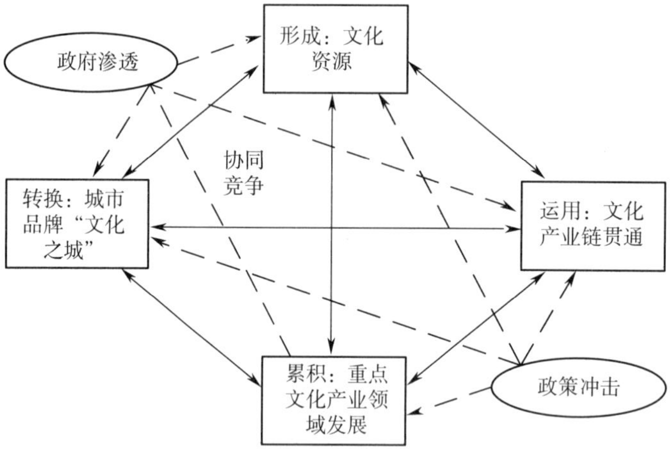

图 6-7　西安优势城市

（2）南京：产业集群与“速度之城”。南京轨道交通产业集群的形成始于 1908 年南京浦镇车辆厂的兴建，作为铁道部定点制造客车的生产基地、全国为数不多的城市轨道交通车辆制造企业之一，浦镇车辆厂先是与法国阿尔斯通公司合作，后陆续引进大型龙门加工中心、三维坐标测量机、铝合金大部件龙门焊接中心和焊接机械手等 154 台（套）大型设备，又同瑞士两家专业软件公司进行合作，共同开发网络控制软件，这时浦镇车辆厂已经完成了由“列车制造商”到“系统集成商”的飞跃。

在 2006 年，南京市政府为紧紧抓住“十一五”期间轨道交通发展的重要市场机遇，提出重点布局轨道交通产业，打造产业竞争新优势的战略部署。在政府的推动和轨道交通产业本身的吸引下，南京轨道交通产业逐步形成以浦镇车辆厂为核心，以南京华士、南京十四所、南京康尼、熊猫集团、国电南瑞、南京普天通信、国电南自、天加空调、南京消防器材股份有限公司等为上下产业链的产业集聚态势[8]。为保障集群内企业形成良性的竞争与合作关系，相关的诸如管理咨询、规划设计、会计律师、人力资源等配套服务机构相继出现，如此这种轴轮式的产业集群最终形成。目前，南京一些自主品牌已在北京、上海、天津、广州、南京、武汉、大连、重庆、深圳等多个城市应用，国内市场占有率达到 50% 以上。南京优势城市机理如图 6-8 所示。

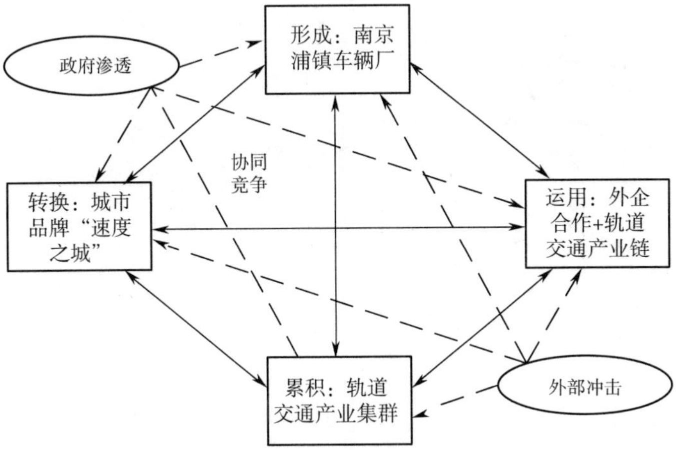

图 6-8　南京优势城市机理

（3）深圳：产业市场与“制度之城”。深圳的发展举世瞩目，走过了从无到有，从“广东省经济最为落后的小渔村”到“电子产业企业的集聚地”的转变。1979 年 7 月，国务院在深圳、珠海、汕头和厦门四地划出部分试办出口特区，深圳特区经济由此进入高速发展轨道，电子信息产业开启了迅猛发展之路。但是单纯以零件加工为主的电子信息产业发展却暴露出严重的问题，1985 年，深圳市政府和电子工业部门等部门组建了深圳市电子集团公司，意在组织多个企业合作组建集团公司，在相互取长补短和积极协作的过程中实现电子信息产业的转型。为扭转以生产消费类电子产品为主的产业格局，深圳市政府相继推出和实施鼓励外商投资高新技术产业的优惠政策，深圳电子信息产业发展重点也逐步转向计算机及软件、通信、微电子及基础元器件、机电一体化和新材料五个产业群的建设，同时，为加快与跨国公司合作的步伐，深圳先后引进全球百强企业和跨国公司，让其直接参与宝安、龙岗工业园的开发，并引进全球知名计算机厂商投资深圳的高新技术产业。2005 年以来，深圳政府提出了要在电子信息产业发展方面实行全面的“自主创新”战略，建设自主创新型城市，在高端领域参与国际技术竞争与合作，从根本上改变深圳市的经济增长方式。以此为基础，深圳电子类展会市场正在逐渐走向成熟。一些大型电子展的国际色彩越来越浓厚，电子展览业发展趋向专业化和品牌化，各展会逐步形成自己的专业化特色，并逐步形成品牌效应。电子信息产业作为深圳市建设国家创新型城市最重要的产业载体，自主创新已经成为产业发展的主要方向。深圳优势城市机理如图 6-9 所示。

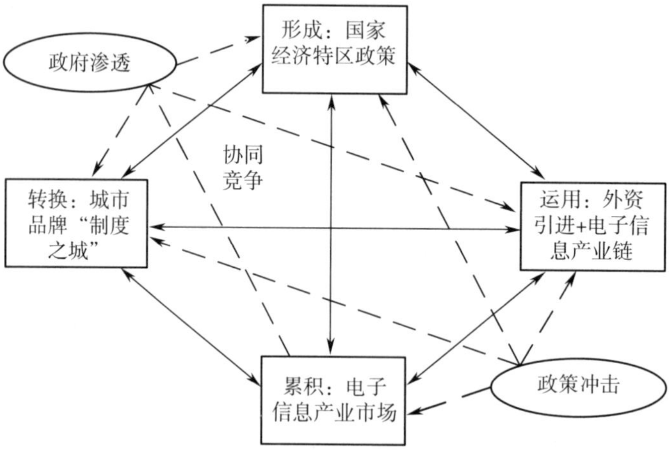

图 6-9　深圳优势城市机理

从上可以看出，西安、南京、深圳这三大城市在通往优势城市的路上也并非一蹴而就，而是经历过形成、运用、累积、转换这四个阶段的捶打与考验（见图 6-10）。就像哲学家黑格尔所说，“凡合乎理性的东西都是现实的，凡现实的东西都是合乎理性的”，不想当将军的士兵不是好士兵，而这三大城市在试练晋级的过程中脱颖而出也必然存在一个独特又合理的逻辑体系。

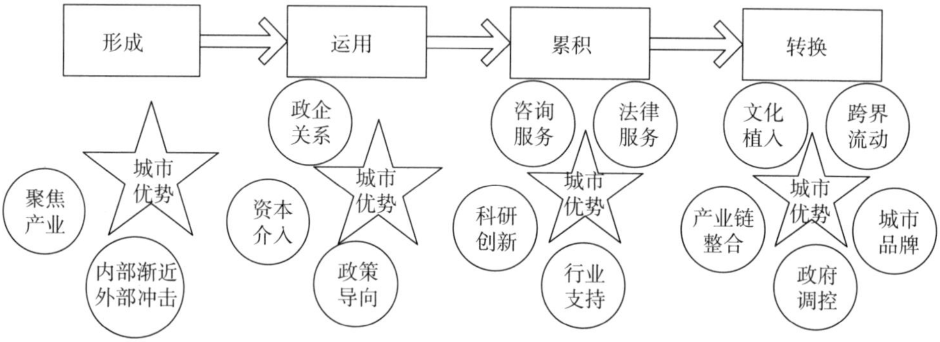

图 6-10　城市优势分阶段演进

（资料来源：南京卓远资产管理有限公司整理。）

2. 优势城市的演化规律

（1）形成优势→内部渐近 + 外部冲击。其实，任何一个城市都可以视为完整的生态组织系统，而它们的运行自成体系，或是在物竞天择下不断进行内部渐近式进化，或是在面对外部冲击时做出应激式反应，以保证系统进化能够趋向合理。而西安、南京、深圳形成优势并成为合理的存在的原因得益于两点：其一，产业形成基于系统的跃升或跃迁；其二，产业定位具有包容与延展性。

就前者而言，立足于文化历史资源的西安，与缘起于在津浦铁路开工之际设立南京浦镇车辆厂的南京，在城市发展中都将产业选择与自身特点相结合，在外界环境的推动下，文化与轨道交通成为它们产业的聚焦点，也随之完成了系统的跃升。而深圳城市的发展则依赖于国家改革开放政策的颁布，作为被指定的经济特区之一，它将过去呈碎片化发展的电子信息产业作为突破口迎来了发展高潮。在这里，相比于西安与南京，深圳的发展差不多是从无到有，从强烈的战略冲击到温和的政策调控，是一次系统的跃迁。三大城市优势形式见表 6-4。

表 6-4 三大城市优势形成

西安	南京	深圳
系统跃升	系统跃升	系统跃迁
世界四大古都之一 文化资源的积累沉淀	津浦铁路开工 南京浦镇车辆厂龙头企业带动	国家改革开放政策冲击 电子信息产业化零为整

就后者而言，产业是否适合持续发展关键还要看它的基因质量如何。无论是西安的文化产业、南京的轨道交通产业还是深圳的电子信息产业，它们的产品链都比较长，覆盖了制造业、服务业，且与其他行业之间存在协同与渗透，具有较强的延展性。这样一来可以纵深，不断升级换代、适应需求；二来可以横跨，多元化发展、扩大规模。

（2）运用优势→政策导向 + 资本介入 + 政企关系。城市优势的运用，实际上也就是指产业链的打造过程。由于各个产业的背景、内容与制度都存在着较大的差异，产业链的产生条件与方式也各有千秋，我们主要从以下三个层面进行分析：

1）在政策导向上，作为国家产业政策和科技政策重点支持的战略性新兴产业——文化产业、轨道交通业、电子信息业都已上升至国家战略层面，不同的是，西安的文化产业主要依靠重点领域突破、重大项目的承办等系列制度的制定来引导和规范产业调整与布局，并以此为自身资源优势圆心形成广告、新闻出版、文化旅游、文物及文化保护、会展、文化娱乐、广播影视等分布式发展。而南京的轨道交通产业与西安的电子信息产业则是侧重于外资引进、外企合作，采用优惠政策，吸引发达国家的各大知名公司入驻，并通过这种模式带动本地区相关产业的发展，提升自主创新能力。例如南京在此期间首选与法国阿尔斯通牵手，研制首列国产化地铁列车——上海明珠线地铁，深圳将目标对准地域相邻的港资企业，借助“三来一补”模式，承接香港和国际产业转移，“四机一器”的电子工业雏形初现。

2）在资本介入上，西安、南京、深圳产业链的建设资金来源除深圳是政府与企业共同提供外，其余均是建立专项基金，依赖财政资助。此外，它们还通过风险投资、贷款担保、产权交易等方式拓展投融资模式。

3）在政企关系上，西安、南京与深圳虽说都是由政府来制定一个导向框架，但是前两者在填充具体内容时是以平台公司、大型国企为主要推动力，而深圳却是在此指引下，融入外企、民企等市场力量，让政府与市场能够有效配合。三大城市的优势运用具体可见表6-5。

表6-5　三大城市的优势运用

	西安	南京	深圳
政策导向	利用自身优势，实现重点领域突破、重大项目的承办	外资引进、外企合作	外资引进、外企合作
资本来源	财政资助	财政资助	政府与企业共同提供
政企关系	政府引导	政府引导	政府引导

（3）累积优势→行业支持＋产业配套。城市优势的完善与发展离不开与之相适应的产业集群与产业市场，也离不开相关的产业支持。产业集群、产业市场的存在，相对于孤立的产业而言，交易费用会更低，生产效率会更高。而产业集群、产业市场也是城市优势发展的必经阶段，因为当相关的支撑企业在一定的地域集中并成组出现时，生产厂商能够更快捷地获取信息、更优质地获得原料与技术，而相关支持性企业又可以在这里发掘新的业务与新的增长点，这样往复循环，产业集群就在无形之中形成了。

在西安，驻扎着大量的科研机构、大中高校所开办的艺术学院、传媒学院、旅游学院、会计事务所、法律事务所、银行理财公司等，这些机构的涌入对于文化产业这个主业来说其实并没有产生直接的经济效益，也没有带来巨大的销售额。独木难支，不可能每个企业都发展成为巨无霸、全能冠军，它们还需要借助如财务、法律、理财等专业人员的力量，发挥他们的光与热，节省因烦琐业务所要花费的时间和管理成本，与此同时，也让主业企业能够更专注于自身核心优势，并不断向前开拓。这些支持产业发展的支撑机构同样也出现在南京与深圳的集聚区，并且在政府有意识的主导下，已形成一套行政服务体系。其中，深圳的电子信息产业在国际上已拥有一定的竞争力，面对国内与国外的需求，也催生出一系列以高新技术产业为中心的信息、咨询、金融、外贸、法律、保险、资产评估等领域的人才交流与培养培训体系。相较于深圳，南京的配套服务则主要表现在由南京大学、东南大学、南京航空航天大学、河海大学等综合实力较强的院校所不断输出的高素质人才，这也是支撑大量企业发展的后劲力量。三大城市的行业支持见表 6-6。

表 6-6　三大城市的行业支持

西安	南京	深圳
大学、科研机构、银行理财、财务、法律	高素质人才	围绕着高新技术产业所建立的跨专业的人才交流与培训体系

（4）转换优势→文化软实力＋城市品牌。在前期产业链、产业集群、产业配套等方面的铺垫下，文化软实力的作用在这一阶段也开始逐步显现出来。它是一种深层次的、难以复制的而且极不容易改变的元素，往往要在日积月累中与产业相融合，并最终转换成城市的品牌、城市的形象，这样才能在"千城一面"中增强城市的辨识度，将城市优势锻造成优势城市，并立于不败之地。

西安历史文化的厚重感、西部地区的独特宜居生态、东西方文化的碰撞交流，再加上这些元素都是无法全部移植的，因而赋予了这个城市文化产业独特的魅力。而南京，另一个以六朝古都之称闻名世界的城市则融入孙中山先生的"博爱"之义，蕴含多元文化交融特质，通过理念的制定与思想的传递，影响轨道交通产业发展的规模与效益。至于深圳，一直被视为改革开放的窗口，而且地理位置靠近香港，外界交流频繁，体现了强烈的对外依赖型的倾向。因此，在其电子产业的发展布局、转型升级中港资和外资的作用比较受到关注。三大城市的文化软实力见表 6-7。

表 6-7　三大城市的文化软实力

西安	南京	深圳
生态化、历史厚重	博爱博雅、宽容诚信、自强不息	外向合作、国际化

但是值得注意的是，任何一个在世界上存在的城市，都可能随时要迎接在与外界保持物质与信息交流时受到的挑战，这是难以预料的。举个极端的例子，随着生产与消费方式的改变，电灯取代了火柴、汽车取代了马车、数码照相机取代了胶片照相机，所以说城市的优势在打造过程中并不是一成不变的，它会在运用或累积阶段由作为主体的政府或投融资平台主体有意识地结合发展的动态与趋势来加以扭转，结果可能会偏离既定轨道，但是城市优势的核心与本质

却是要遵守的底线。

综上所述，西安、南京、深圳在通往优势城市之路的过程中，虽说都经历了形成、运用、累积、转换四大步骤，但是由于各城市优势的起源、所处的环境等存在不同，在每个阶段，具体发挥效用的元素有所不同，但是关键在于把握住它们的优势基因，找准定位，选好路径，然后才能成就未来。

3. 模型扩展：其他城市的应用

我们将优势城市模型扩展至其他城市，优势的聚合除了要在形成、运用、累积、转换中形成自我循环之外，还要结合机遇与时机、环境与政策、冲击与威胁等要素，来如虎添翼。特别是对拥有独特城市发展规律，即既以资源优势为发展核心却又受制于资源量枯竭与环境脆弱性的资源型城市而言，在应用优势城市这套理论模型时，还要注意适用的前提条件，以避免破产地级市的出现。

（1）24 个城市：各领风骚[9-11]。鉴于我国东、中、西三大区域的环境与区位条件、社会经济与城市化进程等等差异巨大，在市场机制和比较优势原则的作用下，各地区将采用各具特色、适宜当地条件的城市化发展模式。像东部地区主要走国际化、网络化之路，而中部地区则基于地理位置承接产业转移、发展制造业，轮到工业基础较差、环境较脆弱的西部地区则主要依托亚欧大陆桥、长江水道、西南出海通道等交通干线发展商贸、资源经济。

目前，已有 24 个城市崭露头角，它们在东、中、西部地区均有分布，但主要在东部地区集中。这些城市的发展一般都有迹可循，在挖掘如交通枢纽、资源积累、历史机遇等自身的优势之后，找到相适应的城市功能定位，再经历一系列的试验磨炼，打造出各自独特的城市品牌与竞争力。例如：始于交通港口，形成于对外开放，成熟于跨国跨区域协同，转换于企业精致管理的广州；得益于绝佳的国际贸易条件，又精准确立战略定位——中国与世界经济交互作用枢纽与平台，不断凝聚金融、资本、科技等力量，成为闻名于世界的中国都市代名词的上海；当然，还有兴起于“五口通商”的厦门、以环境优美而国内外驰名的珠海等。

这些城市在现阶段无疑是成功的，套用在优势城市模型上也无疑是行得通的，却会让人产生误解。就像那句俗语所说的，是骡子是马还是要牵出来遛遛，若是将其应用于困扰国家多时的老大难问题——资源型城市的艰难转型上，那么摆脱尴尬境地的城市是如何运用模型，成为真正的优势城市的呢？倪鹏飞在 2002 年对我国东、中、西部 24 个城市的竞争力做了总结整理，见表 6-8，虽然距现在已有 15 年，但这些城市目前还在延续着这些优势，对现在仍有参考和借鉴意义。

表 6-8 24 个城市的竞争力

区域	城市	竞争力	定位	优势	缺陷
东部地区	北京	综合竞争力提升最快的城市	全国的政治中心	人才竞争力、资本实力、金融控制力等均较强，政治区位是其最大的优势	若要成为科技创新中心，还需改善人居条件，加快制度创新，提高管理水平
	天津	科技与制造业最具潜力的城市	跨国公司投资和产业转移的重要据点，发展加工制造业及邻港工业潜力巨大	人力资源丰富、资本存量大、区位地缘(毗邻渤海)好、基础设施完善、城市规模大、加工制造业产业基础良好；投资成本低，利润回报高	制度创新、对外开放，以及与相邻地区经济一体化进程、行政效率等方面尚存在缺陷
	石家庄	企业平均规模最大的城市		地处中部内陆，腹地资源丰富。科技实力相对较强，企业管理竞争力较强，对外贸易依存度较高	自然区位没有优势，资本、基础设施、产业集聚、制度、文化等方面的竞争力不太强
	大连	管理和城市美誉度最高的城市	东北对外开放的窗口和最大的港口城市	人才竞争力、科技竞争力较强。自然区位好、城市环境优美，制度完善	近几年大连有所衰败，城市治理与管理缺乏与时俱进，产业结构尚需调整
	上海	综合竞争力最强的城市	中国与世界经济交互作用的枢纽和平台	资本、科技、区位、秩序、管理等竞争力强	国有企业改革任务繁重、高新技术产业发展和产业结构高级化不够快
	无锡	轻纺工业竞争力最佳的城市	城市发展潜力较大	资本、结构、秩序、管理方面具有一定的竞争力，在对外开放及参与区域一体化方面具有较强的竞争力	人才、科技、基础设施竞争力方面不具有优势
	杭州	环境竞争力最高的城市	“联合国人居奖”获奖城市	科技人才多、教育发达、环境优美、技术基础较发达，政府海外形象、领导人的素质具有较好的表现	对内、对外开放的步伐仍在加快
	南京	人才竞争力最强的城市	著名的旅游城市	在内河港运方面具有竞争力，人才竞争力强、科技综合实力强、工业经济及技术基础强、环境竞争强	制度文化、管理与开放等方面的竞争力尚需进一步提升

（续）

区域	城市	竞争力	定位	优势	缺陷
东部地区	青岛	创造知名企业最多的城市		劳动力素质较高，在信息家电、海洋生物工程与医药等行业拥有一批知识产权，环境优美、秩序竞争力较高，自然区位优势明显	高科技人才缺乏，科技成果转化不够快，资本竞争力相对较弱，产业结构调整相对滞后
	福州	经济持续增长最快的省会城市		资本竞争力较强，教育发达，有政治区位优势（临海、接近台湾），管理竞争力较强，对外开放具有相对优势	综合竞争力在东南沿海属较弱城市之列，人力竞争力不强，境内多山，交通受限，科技、基础设施、环境等方面的竞争力不太强
	宁波	经济制度竞争力最强的城市	充满生机和活力的沿海城市	政府管理效率高，企业产权清晰度较高，自然区位优势明显，资源配置度较高，制度竞争力及政府管理竞争力较强，基础设施完善，技术水平高	人才竞争力较弱，资本竞争力不强，行政及科技区位缺乏优势，城市经济的实力和发展能力没有形成优势
	温州	重商与开拓意识最强的城市	曾一度成为全国富得最快的城市	商帮文化强，温州人有很强的重商意识，产业市场专业化，经济环境宽松，经济市场化程度高	科技成果转化程度、城市规模扩大、人才质量提升、城市环境改善等方面尚待提高
	厦门	长期平均经济增长率最高的城市	最早的沿海开放城市之一，气候宜人、风景优美、环境质量优良的海滨城市	制度竞争力强，经济市场化程度高，城市竞争意识较强，劳动态度积极，区位较特殊，由于濒临台湾海峡，其经济深受两岸关系影响	人才质量、科技产业等方面尚需加强，社会与市场秩序有待进一步提高
	苏州	外向型经济最活跃的城市	经济充满生机和活力的中小城市	科技竞争力较强，区位优势明显（临上海和长江），参与区域一体化程度高，开放竞争力较强，聚集力相对较强	人才竞争力较弱，资本存量不强，基础设施、秩序、制度、文化和管理方面目标还不太强
	深圳	开放竞争力最强的城市	在城市创新和发展高科技产业方面拥有不可替代、非流动性竞争优势	资本便利性、科技转换力、区位地缘（毗邻香港）、文化竞争力等具有优势	人才的教育体系、人才和科技资源的引进及远程使用等难题

（续）

区域	城市	竞争力	定位	优势	缺陷
东部地区	广州	企业管理竞争力最强的城市	华南地区的副经济中心	综合资本存量大，金融控制力强，科技转化力强，拥有规模较大的水陆空立体交通网络，文化竞争力强，处于经济开放前沿，政府办事效率高，执行政策较具创造性和灵活性	城市环境、社会治安状况等方面需加强
	东莞	制造业竞争力提升最快的城市	城市参与区域一体化程度较高，外资占城市总资本的比重相对较高	拥有大量廉价土地、低成本的劳动力，地理位置邻港，抓住香港、台湾加工制造业产业转移的机遇，并形成产业群，在制度创新、产权改革、经济市场化进程等方面走在全国前列	人才、资本、科技、环境、结构方面不具有优势
	珠海	环境与文化竞争力最强的城市	以环境优美而国内外驰名	自然环境质量高，文化竞争力、劳动态度及竞争意识优势明显，开放竞争力较强	教育、人口素质有待提高，科技转换力弱，资本存量、金融控制力较小
中部地区	武汉	综合区位竞争力最强的城市	中南地区的经济、金融、科技中心和湖北的政策中心	人才竞争力、资本实力、金融控制能力较强。综合区位优势明显，如长江水道、京广铁路线和四通八达的公路网。城市集中力强，经济规模大	科技成果转化能力弱，秩序、文化、制度、管理、开放等软实力优势不明显
	南昌	京九沿线竞争力最强的城市	江西的政治、经济、文化中心	交通发达、腹地辽阔，资源丰富，区位竞争力较强。环境、产业结构、人才竞争力方面表现良好	科技、创新竞争力方面还不太强
	哈尔滨	东北亚最具竞争力的城市	东北的交通枢纽	以机电工业为主体的综合性产业城市，区位优势明显，对外水陆空立体交通网络发达，资源丰富，自然资源独具一格，企业产权清晰度高	边境贸易、经济合作和资源开发方面还需进一步提升其竞争力

（续）

区域	城市	竞争力	定位	优势	缺陷
西部地区	重庆	西部开发中最具竞争力的城市	西南地区重要的经济中心	腹地辽阔，资源丰富，资本实力和金融控制能力强，基础设施较好，在环境、秩序、制度、文化等竞争力方面表现较好	科技转化能力、政府管理能力、开放竞争力等方面有待加强
	成都	经济稳定性最佳的城市	西南地区重要的政治、经济、文化、科技、交通中心	人才竞争力较强，劳动力质量较高，资本实力、金融控制能力较强，区位竞争力较强，结构竞争力强，经济发展的稳定性良好	科技成果转化能力弱，秩序竞争力不强，在基础设施、制度、文化、管理、开放等方面的竞争力还有待提升
	西安	高科技产业竞争力最强的城市	西北五省区的政治、经济、科技、文化、交通和商贸中心，世界四大文明古都之一，著名的国际旅游城市	在国家航空、航天、兵器等方面科研院所众多，是西部的科技城，人文资源丰富	科技成果转化能力不强，资本、文化、管理、开放等竞争力方面还不太强

（资料来源：倪鹏飞.《二十四城各领风骚——点评我国二十四个城市竞争力》[9-11]。南京卓远资产管理有限公司整理。）

（2）资源型城市：艰难转型。实际上，我国的资源型城市在历史上也曾风光一时，它们凭借着煤炭资源、石油资源、森工资源、有色金属、黑色金属等优势，推动经济增长，促进社会就业，谋划产业布局，但是却在与时俱进中出了岔子，换言之，就是没有抓住外部冲击或是关键历史节点的尾巴，一直活在自己的小世界之中。等到有主动意识时，已悔之晚矣，只能开启艰难转型之路。但是由于我国大概有 5/6 的资源型城市都分布在中西部地区，交通不便、市场封闭、开放程度不高、对外交流机会也不多，使得它们的转型缺乏外部推力。因而，在国家中部崛起、西部大开发战略的主导下还需要在转换阶段加入软实力与政府的元素，以形成内部有效循环。目前成功的例子包括采用典型产业更新模式的法国洛林和我国的铜陵、焦作、鞍山，还有运用产业延伸模式完成转型的淮南、克拉玛依。我国资源型城市 / 地区分布具体可见表 6-9[12]。

表 6-9　我国资源型城市 / 地区分布

区域	省（区）	数量	城市 / 地区名	区域	省（区）	数量	城市 / 地区名
东部地区（26）	河北	5	唐山、邯郸、邢台、武安、迁安	中部地区（70）	吉林	10	辽源、白山、敦化、珲春、桦甸、蛟河、松原、舒兰、临江、和龙
	辽宁	7	抚顺、本溪、阜新、盘锦、葫芦岛、调兵山、北票		黑龙江	13	鸡西、鹤岗、双鸭山、七台河、大庆、伊春、五大连池、铁力、尚志、海林、穆棱、宁安、虎林
	山东	9	枣庄、东营、新泰、龙口、莱州、滕州、邹城、肥城、招远		山西	11	大同、阳泉、长治、晋城、朔州、古交、霍州、孝义、介休、高平、原平
	福建	2	永安、漳平		内蒙古	9	乌海、赤峰、满洲里、牙克石、东胜、锡林浩特、霍林郭勒、根河、阿尔山
	广东	3	韶关、云浮、乐昌		湖北	2	潜江、大冶
西部地区（22）	陕西	2	铜川、韩城		湖南	6	耒阳、冷水江、郴州、资兴、涟源、临湘
	甘肃	3	白银、金昌、玉门		河南	8	平顶山、鹤壁、焦作、濮阳、义马、汝州、灵宝、登封
	宁夏	1	石嘴山		江西	5	萍乡、丰城、德兴、乐平、高安
	新疆	5	克拉玛依、哈密、阿勒泰、库尔勒、阜康		广西	2	凭祥、合山
	云南	4	东川、个旧、开远、宣威		安徽	4	淮南、淮北、铜陵、马鞍山
	贵州	2	六盘水、福泉				
	四川	5	攀枝花、广元、华蓥、达州、绵竹				

无论是产业更新还是产业延伸，都是建立在这些城市具有一定的产业基础上，否则一切都是空谈。而且从平衡的视角来看，城市的存在本来就具有两面性，它既是吸引资源进驻的“引力场”，又是输出财富的“辐射源”，城市的

输入与输出是在不断变化的，而到底是输入压过了输出，还是输出胜过了输入，则是这个阶段城市优势是否要继续运用与累积的标准，也是选择运用哪种模式进行转型的条件，若是难以维系，那么城市也必然会在外界环境的冲击下和优势的累积中改变既定的传统途径方向，继而融入新兴要素。

鞍山市是产业更新模式转型城市中的典型，作为一个以铁矿为主的资源型城市，承受着较大的下行压力。为解决这一问题，鞍山市政府起草发布了《全面深化改革实施意见》《促进产业转型升级若干意见（征求意见稿）》等，将城市的资源优势在运用的方向上稍微偏离传统的钢铁产业轨道，转而瞄准激光科技、高端阀门、新能源电池等战略性新兴产业，然后再通过优惠政策吸引大量企业的进驻，让新方向、新标杆在不断累积中成长，最后转换为城市的新代名词“激光科技之城”。

淮南则是产业延伸模式运用的典型，以煤矿资源丰富而著称，是国家重点建设的 13 亿吨煤炭基地之一。它的转型策略在于立足形成于资源优势的煤电产业，在运用过程中不断延伸煤炭产业链，向“四煤”“两型”产业转变，积极承接长三角和沿海东部转移的工业项目，并在此基础上，凭借着煤炭联产，逐步形成以电力工业、化学原料及化学制品制造业、医药制造业、能源科技等为主的工业体系。然后在第二产业要素体系累积过程中，完善传统商贸服务业，为高新技术产业发展提供技术人才支撑。最后再融合文化软实力的运用，园林绿化、生态环境建设发展成效显著，成功转换城市形象，被住建部正式命名为“国家园林城市”。资源型城市的转型如图 6-11 所示。

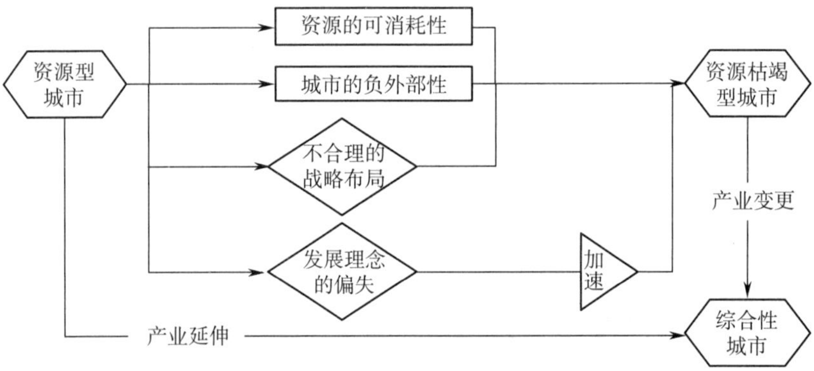

图 6-11　资源型城市的转型

从西安、南京、深圳的具体实践，再到世界难题资源型城市的艰难转型，优势城市模型经过了跨时间、跨区域、跨要素的检验，并且随着经济的发展与实力的提升，呈现出不断向周边延伸、产业扩散的趋势，城市群与全球化也应运而生。

（二）城市群：抱团取暖

城市的发展史表明，任何城市都不可能孤立地发展[13]。而城市群则是在我国经济、社会、体制急剧变革的大背景下，通过不同等级、不同层次城市的长期竞争与协作而形成的有着主次序列的城市网络体系的终极表现。这也就意味着，优势城市是城市群的主导与枢纽，城市群是优势城市发展的高端形态。其中西安、南京与深圳分别位于发展相对成熟的关中、长三角、珠三角三大城市群之中。表 6-10 列出了 1990—2008 年三大城市群的发展情况，从中可看出近 20 年的变化。

表 6-10　三大城市群的发展情况

区域	年份	地区生产总值 / 亿元	常住人口 / 万人	人均生产总值 /（万元 / 万人）
长三角城市群	1990	2441	7232	3375
	2000	16008	7552	21197
	2005	33973	8266	41100
	2007	46862	8368	56001
	2008	53954	8412	64139
珠三角城市群	1990	1008	2149	4691
	2000	8420	2565	32827
	2005	18244	2764	66006
	2007	25607	2864	89410
	2008	29747	2919	101908
关中城市群	1990	280	1942	1443
	2000	1282	2151	5960
	2005	2560	2327	11002
	2007	3577	2348	15236
	2008	4475	2358	18981

（资料来源：《长江和珠江三角洲及港澳台统计年鉴 2009》《西安统计年鉴》《陕西统计年鉴》，南京卓远资产管理有限公司整理。）

首先，在一个结构完善的城市群体系中，优势城市是发展的依托支撑，而城市群则是其控制力或中心性的体现与延伸。例如以西安为中心的关中城市群，拥有临潼、长安、咸阳、三原等。它们在国家“一带一路”倡议的契机下，将发展的重心置于文化旅游和现代服务业上，积极建设重点基础设施和生态环保工程项目，并围绕着西安的文化产业优势，推动关中城市群先进制造业基地、文化旅游产业基地、能源化工产业基地和绿色产业基地四大产业基地规划发展。这样的原理也同样适用于长三角与珠三角城市群的发展，南京与深圳作为城市群的佼佼者，在体系中根据自身的优势产业轨道交通与电子信息，找准了自己的定位，有效地拓展了城市群的产业属性与功能定位。

其次，城市群是优势城市极化与扩散效应的必然结果。当优势城市发展或者极化到一定阶段，在人力成本、地价、能源、环境污染等多重因素的叠加之下，其城市优势的发挥可能大打折扣，这时鉴于区域临近的关系，它可能将相关的产业进行部分转移，与其他城市建立前后向联系，而自己保留技术含量高、附加值大的部分，提高生产效率。伴随着各种要素在城市间的扩散流动与区域一体化进程的加快，这些城市将逐步形成分工合理的城市群体系。以作为要素扩散途径的交通为例，根据《长江三角洲地区城际轨道交通规划（2005）》，长三角城市群已基本形成了以上海、南京、杭州等大城市为核心的1~2小时交通圈，以全面实现相互兼容。

但是近年来由于产业同化、产业结构相似等问题的出现，城市群的发展也多受人诟病。这背后的原因在于盲目发展而忽视了自身优势的挖掘，遇到赚钱项目一哄而上，譬如珠三角和长三角地区一再掀起的机场建设热潮，这样的盈利只是短暂的、不可持续的，要建立自身不可替代的拳头产品，还是要一步一步地来，千锤百炼方能出真知，不能一口吃成一个胖子。

（三）全球化：要素的跨界流动

英国历史学家艾瑞克·霍布斯鲍姆曾指出，“自由经济理论所承认的唯一均衡，是世界性的均衡”[14]，而在第三次全球化的浪潮来袭之际，我国作为参与促进世界均衡的一员也深入其中，目前全球互通的理念已深入每个城市角落，尤其在目前已有所小成的优势城市中表现得更为明显。

首先，在与世界之间联系更加紧密的过程中，我国城市在深化城市优势的累积与转换能力的同时分工也将更加明确。人力、物力、财力等生产要素在全球范围的加速流动与优化配置，在我国各城市的表现特点如下：其一，对于北京、上海、广州等国际性都市而言，越来越多跨国公司的区域性总部选择在这里驻扎，为其综合实力提供了辅助；其二，对于西安、南京、深圳等科技创新实力较强的中心城市而言，科研投入的加大与先进经验的引入，将使其产业集聚效应更加明显，产业市场建设更加完善，促进优势转换能力的提升；其三，对于中西部等欠发达的城市而言，那里将成为承接制造产业二次转移的集聚区，从而获得城市优势得以运用的机遇与驱动力。

其次，我国城市优势的强弱大小，也决定着其在与国际经济竞争和合作中的地位。实际上，在经济全球化的趋势下，具体坐在谈判桌上的国际竞争主体，早已不是过去的处于同等背景之下的对手，可能是表现极为不同的市场势力的竞争者，这时优势、实力、品牌才是关键的评判标准。

因此，我国城市要想在国际中争得一定席位，还需打磨自身优势，转换成品牌形象，让其能够建立深层次认知。

三、主体的作用，优势运行的规矩方圆

事实上，作为主体的政府及国有成分公司因负有的天然领导及组织使命，也对“优势城市”的构建起到了不可小觑的作用，政府与国有成分在城市发展中的作用机制如图 6-12 所示。

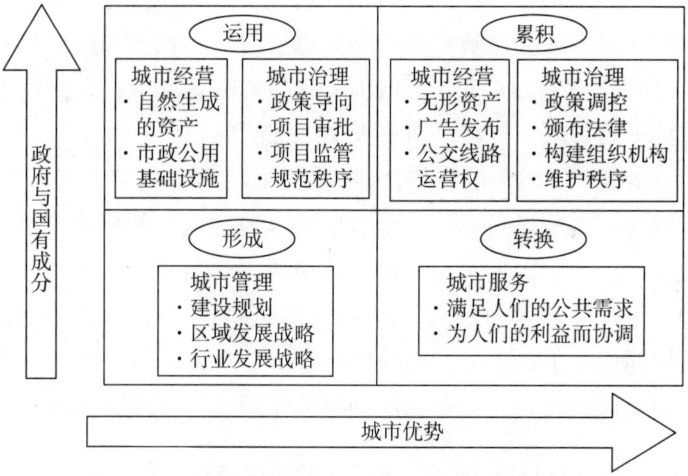

图 6-12　政府与国有成分在城市发展中的作用机制

注：城市治理是指协调不同主体确立城市经济发展战略目标的战略导向的经济活动[15]；城市管理是指为了实现城市经济发展目标而提高资源使用效率的任务导向的经济活动[15]；城市经营是确立城市经济发展战略目标，并整合运营城市内外资源，实现该目标的经济活动[15]。城市服务是指以城市人类发展为目标，以提供良好服务为主线，以政府—市场、政府—公民的双重伙伴关系为基础的管理[16]。

（一）政府：城市建设的决策者与管理者

关于政府与优势城市构建之间的关系与作用，从整体上说，通常表现为在城市优势的运用与累积阶段，也就是构建模型的关键时期，政府通过优惠政策

颁布、把握经济方向将引导与协同作用发挥到最大，像对城市市政公用等资产的经营及对城市运行与秩序的治理；而在城市优势的形成与转换阶段，政府一般通过管理与服务两项职能，提供规则与制度的框架，来满足人们公共管理的需求，实现经济的发展需求，对优势城市的构建起到了间接作用。

具体而言，像西安市政府在文化产业优势形成之初，在领悟国家文化体制改革战略的基础上，发布了《西安市加快发展文化产业实施方案》《关于深化体制改革和加快发展文化产业的实施意见》等，确定了西安市文化产业今后的发展思路，也指导了其文化产业的布局与调整方向，为西安文化产业优势制定运行的框架与整体纲领。在运用与累积城市优势转换为现实生产力时，西安市政府又在国家将西安作为全国文化体制改革综合试点城市的发展契机与机遇下，先后提出了与之相适应的税收优惠、企业贷款担保管理优惠、房屋补贴等优惠政策，引导大量文化产业及相关配套企业的入驻，激发当地文化产业的活力，并且在此基础上，专门成立文化体制改革综合试点工作领导小组，整合文化各领域资源，提供资金、咨询、管理、咨询支持，跟踪宏观经济态势，把握产业发展方向，培育六大优势文化产业集群。最后，西安市政府通过举办文化交流项目、开展文化会议会展，如 2016 中意文化交流项目在西安的落地，将文化产业与城市品牌融合，彰显西安人文之都的魅力。

值得注意的是，当城市的优势遭遇类似资源枯竭、消费方式转变的威胁时，为扭转发展颓势，转变增长方式，由政府建立专门的组织机构十分必要。例如德国的鲁尔区在由“德国的工业心脏”改造为以煤炭和钢铁生产为基础、以电子计算机和信息产业技术为龙头、多种行业协调发展的新型经济区的过程中曾颁布相关法律并成立了鲁尔煤管区开发协会，专门负责该区域的整治。

此外，将对国内西安、南京、深圳主体作用进行梳理，如表 6-11 所示。

表 6-11　西安、南京、深圳的主体作用梳理

城市	战略	规划	政策	运用
西安	中共十六大要求：推进文化体制改革 2002 年 11 月 8 日）	《西安城市旅游规划》 《国家十一五文化发展规划纲要》 《陕西省文化产业发展纲要》 《西安市加快发展文化产业实施方案》	税收政策：营业税补贴暂行办法 财政政策：企业贷款担保管理优惠政策；房屋补贴 其他：吸引外资；成立专项产业基金；搭建产业园区	1. 在政策的指导下，利用“文化资金 + 风险投资 + 贷款担保 + 财税补贴 + 房屋补贴”，推动产业发展 2. 整合文化各领域资源，提供咨询、管理、咨询支持； 3. 推进从单一文化项目投资向多元文化产业投资运营转变，构建核心文化产业群

（续）

城市	战略	规划	政策	运用
南京	《中共中央关于科学技术体制改革的决定》（1985年） 20世纪90年代中期开始出现产业集群现象	《江苏省关于培育产业集群促进区域经济发展的指导意见》 《江苏省政府关于进一步促进中小企业发展的实施意见》 《江苏省政府关于加快健康服务业发展的实施意见》	外资政策：所得税“三免两减半” 关税优惠：部分进口免税或减税 土地规划：相关工业用地转让方面的支持政策	1. 在政策的指导下，引进外资企业，进行合作研发，形成技术与品牌优势 2. 以已有资源为核心，构建南京轨道交通相关产业链，如信号处理、城轨全线消防、牵引供电、通信等 3. 引导集群内企业分工，形成良性的竞争与合作关系
深圳	国务院批准在深圳试办“出口特区”（1979年7月）	《深圳市人民政府印发关于进一步扶持高新技术产业发展的若干规定（修订）的通知》 《深圳市高新技术产业园区发展规划纲要》 《深圳国家创新型城市总体规划（2008—2015）》 《深圳市人民政府印发关于加强自主创新促进高瓣技术产业发展若干政策措施的通知》	税收政策：“二免三减半”；免征营业税 土地政策：在每年新增工业用地中高新技术产业用地不低于60% 人才政策：设立专项经费；人才公寓供应 产学研：资助重点实验室及研究中心	1. 在政策的指导下，根据经济形势的变化，推进国有企业内部改革 2. 整合相关领域国企平台，引入国内外战略投资者，配合相关产业的发展 3. 引导龙头企业，带动相关领域的集群与发展

（资料来源：南京卓远资产管理有限公司整理。）

（二）国有成分：城市经营的主体

近年来，国企走过了分类改革、股权多元化改革、“1+N”文件改革体系的颁布，又经历了从管资产到管资本的转变，尤其是原来作为具有政府性、公益性与市场性三重属性的特殊企业投融资平台也开始剥离政府债务进行现代企业制度的过渡，这一系列的职能转变也让它们在优势城市构建过程中所从事的城市资产的经营活动发生着变动。

在这里，国有成分与投融资平台所发挥的作用有所不同。前者主要表现为对产业的直接引领，特别是在资本密集、技术密集型产业，如南京浦镇车辆厂之于南京的轨道交通产业，由于这个产业涉及机械、电气、计算机、声学等多个技术领域，企业进入门槛较高，极具垄断特性，若是直接由民营企业开启则可能会导致无序运行，而由资本实力强、规模大的国企代表南京浦镇车辆厂作为开端，则有利于高起点高标准的产业链体系的构建，对产业整体竞争实力的提升也具有促进作用。下面对西安、南京、深圳国有企业固定资产投资变迁做出总结，如图 6-13 所示。

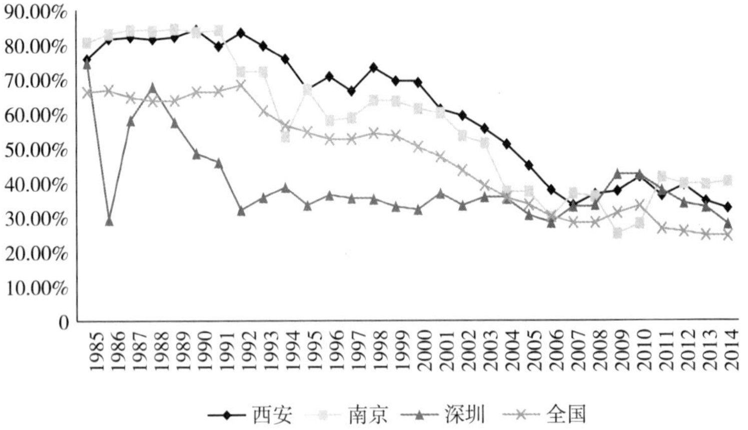

图 6-13　西安、南京、深圳国有企业固定资产投资变迁

（资料来源：南京卓远资产管理有限公司整理。）

而后者像西安、南京、深圳、上海等这样的城投公司则主要发挥间接作用。它们过去只是代表政府行使市场的职能，如为基础设施的建设提供杠杆融资，而现在它们作为城市经营的主体，可以通过公共产业的专业化服务，整合社会资源，参与城市资产的投资、融资和管理，如土地、水资源等自然资产、市政公用设施等人力资产以及由道路、桥梁等的命名权而延伸出的无形资产，形成企业的核心竞争力。目前诞生于浦东的上海城投已发展出跨越路桥、水路、环境、置业四大板块主业格局。这些城投公司业务与职能的转变，为城市优势的运用与累积提供了更好的投资环境，盘活沉淀资产，摆脱政企不分的尴尬局面，也让企业排除了后顾之忧。

纵观优势城市的塑造与重构全过程，我们发现若想在城市的“科举大考”中争得前三甲，完美地打造优势城市，其关键在于把握一基准、一配合、四要素。其中，一基准是指城市的发展都要从城市战略出发，做到有条有框；一配合是指通过“无形的手”市场与“有形的手”政府之间的合作，使城市优势经过竞争与协作的洗礼；四要素则是指形成、运用、累积、转换对于城市优势的打磨，以造就城市优势产业层面的可持续发展。

第二节　展望未来，观优势城市可持续发展

创新是城市可持续发展的动力源泉，也为优势城市的打造给予了更多的机会与挑战，如扩大城市优势的边界，融入生态保护与社会和谐的理念，赋予城市优势更广泛的内涵，为优势城市的前进道路指明了方向；向外延伸优势城市主体的合作边界，引入 PPP 模式，通过加大社会资本在基础设施及公共服务设施领域介入力度，提高主体的管理效率。这两个领域的创新与经济、政治、文化交织在一起，构造出了优势城市的未来发展图景。

一、创新路径

2016 年 10 月，具有里程碑意义的成果文件《新城市议程》在第三届联合国住房和城市可持续发展大会上发布㊀，其本质在于为未来城市可持续发展设定全球标准，以推进兼具包容、安全和可持续功能城市的建设。可持续发展也是优势城市追求的根本命题，而它们若是希望能够在城市发展的道路上披荆斩棘、勇往直前、铸就持续的辉煌，那么光靠城市产业的发展还是远远不够的，因为在城市这个系统中，只有产业是无法完成自我循环的，还需要两个基石，即“环境保护”与“社会和谐”的维护与反馈，这样三者之间才能搭建起坚固稳定的框架，共谋持续发展。如近年来“生态城市”“智慧城市”“特色小镇”等新兴名词的爆发正是借持续发展之势而衍生出的优势城市的新型路径。

（一）注入生态活力，让环境保护与城市发展共享共赢

环境的破坏是工业文明时代的遗留产物。随着城市经济的飞速发展与地位的不断提升，城市人口激增、规模急速膨胀，土地资源大量流失，城乡环境问题日趋严重，与此同时，资源短缺与环境恶化又反过来阻碍城市优势与竞争力的提升路径。而且在继农业化浪潮、工业化浪潮、知识化浪潮之后的第四次浪潮即生态化浪潮的背景下，人们开始日渐关注起绿色经济的发展，“生态城市”

㊀ 联合国住房和城市可持续发展大会又称联合国人居大会每 20 年举办一次：首次在加拿大温哥华举办，通过了《温哥华人居宣言》；第二次在土耳其伊斯坦布尔召开，通过《伊斯坦布尔人居宣言》《人居议程》；第三次的地点则是厄瓜多尔的首都基多。

这个新概念也应运而生。“生态城市”首次被提出是在 20 世纪 70 年代联合国教科文组织发起的“人和生物圈”（MAB）计划研究过程中，具体是指将城市社会发展对自然资源这一支持系统的需求控制在生态承载能力与环境容量范围之内。相较于传统城市，它表现出兼具和谐、循环、高效、多样等多重属性。

生态城市的建设是促进城市经济与资源环境和谐发展的重要途径之一，它主要关注以下几点：①规划先行。在城市建设过程中，首先运用生态学学理，纵观城市的整体空间布局、交通运输体系规划，制定与之相适应相协调的生态城市建设目标、原则和途径，并指导城市的可持续发展。②注重城市美化绿化。生态城市描述的就是一种人与自然和谐共处的居住环境，而城市的美化绿化不仅是自然平衡的一种展示，还是调节生态系统的一种手段。目前生态城市的建设大多将增加绿化面积作为目标之一，如在《天津生态城的建设规划纲要》中，就明确指出，围绕创建国家园林城市，新增绿地面积 1 亿平方米以上，均衡绿地布局。③发展循环经济。传统的“资源—产品—废弃物”单线经济模式意味着创造的财富越多，所消耗的资源与废弃物也越多。而循环经济的运用，则将自然生态系统物质循环与能量流动方式相结合，充分利用现有资源与高科技，实现高效利用与循环利用的目标，并贯彻渗透于城市发展的产业结构、生产过程、居民生活、生态保护等各个方面，是建设生态城市的重要支撑。

但是由于相较于国外来说，我国生态城市建设起步较晚，经验、技术相对滞后，目前处于依赖于国家在政策、技术等方面的扶持下进行的生态建设，还需加大建设模式及技术的创新，真正寻找到一条适合我国生态发展的途径。

（二）用“智慧”连接社会，展示城市和谐发展新高度

社会和谐是每一位在城市中生活的居民所关注与追求的最佳状态，但是由于文化冲突、交通制约、管理落后等现象的存在，让人们在分享由城市优势锻造成果的同时并不能过多地收获附加价值，进而衍生出社会不平衡的局面。在以互联网、物联网、云计算等为标志的第三代信息革命的推动下，“智慧城市”这个新概念的出现则有效缓解了这种情况。智慧城市是以知识经济、资源集约配置为目标，将人文主义、技术主义相结合，从而形成集城市居民与信息通信技术于一体、具有可持续发展意义的城市建设模式[17]。如今，我国上海、深圳、无锡、南京、成都、杭州与武汉等城市均已相继提出了“建设智慧城市”的发展战略。

智慧城市的构建一般遵循着顶层设计先行、聚焦产业、管理评价及服务与

之共进退的发展规律。

（1）在顶层推动上，立足全局，明确顶层设计方案，有效规划智慧城市的建设路径与创新方向。具体来说，就是要从我国基本国情出发，以各个城市的发展情况为依据，提出切实可行的建设方案。例如在上海浦东新区智慧城市建设之前，《智慧浦东建设纲要（iPudong2015）》就已发布，明确要在城市光网、无线城市、三网融合方面，共同推进城市的基础设施建设，但是在这里也还要注意，顶层方案的设计还需要根据城市规模的大小来量体裁衣，以避免盲目建设，过度投资。像大中型城市可以提出向世界智慧城市进军的目标，走“大而全”之路，而小城市则可以另辟蹊径从数字城市、云计算、物联网等入手，走“小而美”之路。

（2）在智慧产业上，以产业为载体，调整城市区域功能分布，突出地域特色与个性，打创新牌。这主要体现在两个层面，首先可以依据城市自身功能划分，选择承接传统产业，并将新兴技术手段注入其中，促进其代际更新与转型升级，换句话说，也就是不断调适传统产业的发展模式，以跟上当下的经济发展态势。其次，可以找寻城市发展的“新模式”，发展科技型新兴城市。

（3）在智慧管理与服务上，构建对接平台，推进管理服务与产业之间的同步，保质保量地完成智慧城市的建设。古人云，千里之堤毁于蚁穴，那么建设智慧城市这样既费人又费财的大工程，非常需要后台配套的管理与服务来及时协调与整合资源，形成有效平台，对接社会上所有可利用的力量，广纳意见，以防微杜渐。不仅如此，智慧城市的建设还只是第一步，接下来的管理重头戏则在于要进行考核评估，以确认目前的路径是否适合继续前行，是否需要进行修正完善，否则会流于形式而缺乏实质。像南京、上海的智慧城市建设都出台了关于考核评价的文件，但是目前在此方面仍缺乏适用标准，尚需完善，可将国内外智慧城市及应用领域进行对照，见表6-12。

表6-12　国内外智慧城市及应用领域对照表

领域	国外	国内
交通	伊斯坦布尔、托莱多、伊夫林、科隆、根特、奥卢、曼彻斯特、伯明翰、釜山	北京、昆山、佛山、成都、广州、杭州、上海、无锡、深圳、宁波等
环保	科隆、根特、奥卢、博洛尼亚、曼彻斯特、巴黎、特伦托、伯明翰	北京、沈阳、成都、杭州、无锡、广州、深圳等
市政	雅典、不来梅、柏林、桑坦德、奥尔胡斯、特伦托	北京、济南、佛山、包头、深圳、沈阳、昆山等

（续）

领域	国外	国内
公共安全	马德里、斯德哥尔摩、仁川	北京、南京、上海、昆山、杭州、拉萨、无锡等
应急联动	马德里、斯德哥尔摩、仁川	北京、济南、南宁、南京、杭州、无锡等
节能低碳	阿姆斯特丹、哥本哈根、伦敦、巴塞罗那、埃斯波	北京、沈阳、深圳、武汉、昆明、杭州等
旅游	热那亚、济州、冲绳	北京、南京、苏州、镇江等
社区	马尔默、坡州市、水原市	广州、杭州、北京、无锡、宁波等

（资料来源：李健、张春梅、李海花的研究成果《智慧城市及其评价指标和评估方法研究》[18]；卓远视界第 42 期《智慧城市建设专题研究》。）

（三）让生态、智慧点缀产业，通往可持续的优势城市之路

实际上，产业作为城市发展的核心早已贯穿于生态城市、智慧城市的建设当中，也就是说以产业发展为代表的城市优势与环境保护，或者与社会和谐之间都是可以相互融合的，那么若将可持续发展的三要素城市优势、社会和谐、环境保护放于同一系统之内，那又将产生怎样的模式呢？就目前来看，特色小镇这个概念倒是可以看作城市可持续发展的一个缩影。

起源于浙江的块状经济与区域特色产业多年实践的特色小镇，具体是指具有明确产业定位、文化内涵、旅游功能、社区特征的空间载体。“特而强、聚而合、小而美、活而新”的特色小镇在建设过程重内涵、重实施，两个方面具体阐述如下：

（1）特色小镇融合产业、文化、旅游、社区等内涵，更具有包容性。其中尤以珠海的 TOD 小镇表现最为突出，它深化公共交通网络体系构建内涵，以便生活在其中的人们可以享受到以慢行为主的绿色社区的氛围。而像以台州市路桥区的“沃尔沃小镇”为典例的特色小镇则是多个领域都有所出击，在产业上强调汽车工业，建立汽车整车及零部件生产基地，在文化与旅游上强调汽车产业与文化旅游的有机结合，打造集汽车、教育、休闲、娱乐、运动、商务等功能为一体的汽车主题文化公园，在社区上强调以人为本的管理模式，而且每个层面都是围绕着共同的主题进行结构设置。

（2）特色小镇建设的同时，还要推进公用服务与设施的建设。在特色小镇规划之初充分考虑生态环境容量，最大限度地降低城镇建设对生态环境的影响。另外，注重特色小镇的历史文化传承，不断挖掘特色小镇的民俗文化，在

改善特色小镇的生态、人文环境的同时注重"以人为本"的城镇基础设施建设和公共服务建设，吸引更多知识密集型的高素质人才，增强居民的文化认同感和归属感。

以小带大，建立起生态、人文、产业和谐共处局面的特色小镇模式可谓优势城市通往可持续发展之路的基石，它明确了三者之间的作用方式与行为规则，为优势城市继续前行的方向埋下了伏笔。

二、创新主体

事实上，在推进城镇化进程中，对于基础设施及公共服务设施的投资大概已经历了三个阶段的演变，即从政府投资为主到侧重于社会资本投资，再到目前被普遍接受的将聚焦点放在 PPP 模式的投资。PPP 模式的引入是我国深化投融资体制改革的重大举措，也为优势城市打造过程中主体作用的发挥提供了更多的创新思路，如城市增长联盟理念的融入，让更多的利益共同体，经济利益集团、公共部门、第三部门的领导者组成联盟，让他们自觉为城市增长做出应有的贡献。

根据财政部于 2014 年颁布的《关于推广运用政府和社会资本合作模式有关问题的通知》（财金〔2014〕76 号），PPP 模式实质上是双方在基础设施及公共服务领域建立的一种长期合作关系。通常情况下，由社会资本承担建设运营、修缮维护等工作，并通过"使用者付费""政府付费""可行性缺口补助"获得合理投资回报；政府则承担起项目监管的职能，如对基础设施及公共服务的价格与质量进行监测考核，以避免公共利益得不到保障局面的发生。这从一个方面来讲，排除了政府的大包大揽，缓解政府的财政困境，另一方面也避免了政府将项目完全推向市场，在没有有效监管的情况下，致使消费者的社会利益受到损害，并且融入社会资本方的工作理念，提高管理效率，充分发挥城市主体的作用。这样 PPP 模式将二者有机地结合起来，促进城镇化建设的有序发展。

下面以轨道交通为例，进行详细阐述。我国城市轨道交通运营里程、客流量及其增幅的逐年增加，一方面，对于投资体量巨大的轨道交通来说，这势必给政府财政带来不少压力。另一方面，客流量的大幅增加也给轨道交通运营带来了很大的挑战。为此，国家在轨道交通领域积极推行 PPP 模式，扩大城市主体的合作边界，以期解决轨道交通的投融资、建设与运营问题。从近两年的实施情况来看，轨道交通领域 PPP 实施的效果较为明显，在一定程度上缓解了政府的财政压力和运营专业化问题，提高了城市建设的管理效率，越来越多的城市在轨道交通项目的建设运营中采用PPP模式，见表6-13。

表6-13 全国轨道交通落地PPP项目（不完全统计）

序号	项目名称	运作模式
1	北京轨道交通新机场线引入社会资本项目	BOT+AB包[①]
2	北京市轨道交通14号线	BOT+AB包
3	北京市轨道交通16号线	BOT
4	呼和浩特市城市轨道交通1、2号线一期工程项目	BOT+AB包
5	哈尔滨市轨道交通2号线一期工程项目	BOT
6	哈尔滨市轨道交通3号线二期工程项目	BOT
7	徐州市城市轨道交通3号线一期工程项目	BLMT
8	徐州市城市轨道交通1号线一期工程项目	BLMT
9	徐州市城市轨道交通2号线一期工程项目	BLMT
10	苏州市轨道交通1号线工程项目	股权合作
11	合肥轨道交通2号线	BOT+AB包
12	芜湖市轨道交通1号线、2号线项目	BOT
13	福州市轨道交通2号线机电设备PPP项目	BOT
14	武夷新区旅游观光轨道交通武夷山东站至武夷山景区线	BOT
15	青岛地铁1号线PPP项目	BOT
16	青岛地铁4号线PPP项目	BOT
17	青岛市红岛至胶南（井冈山路—大珠山段）轨道工程R3线	BOT
18	青岛市红岛至胶南（嘉陵江路—井冈山路段和大珠山—董家口段）轨道交通工程13号线二期	股权合作+BOT
19	郑州市轨道交通3号线一期工程PPP项目	BOT+AB包
20	武汉市轨道交通8号线一期工程	BOT
21	重庆市轨道交通9号线一期工程PPP项目	BOT+EPC
22	贵阳市轨道交通2号线二期工程PPP项目	BOT
23	贵阳市轨道交通2号线一期工程	BOT
24	昆明市轨道交通5号线工程项目	BOT+AB包
25	昆明轨道交通9号线PPP项目	PPP+ EPC
26	乌鲁木齐市轨道交通4号线一期工程	BOT
27	乌鲁木齐市轨道交通3号线一期工程	BOT
28	乌鲁木齐市轨道交通2号线一期项目	BOT

（续）

序号	项目名称	运作模式
29	大连地铁 5 号线 PPP 项目	BOT
30	南京地铁 5 号线工程 PPP 项目	BOT+EPC
31	三亚有轨电车示范线 PPP 项目	BOT
32	西安地铁临潼线（9 号线）一期 PPP 项目	BOT
33	深圳地铁 4 号线二期工程	BDOT
34	深圳地铁 6 号线	BOT+ 物业
35	北京地铁 4 号线	BOT+AB 包
36	成都市 IT 大道有轨电车项目	AB 包 +BOT
37	杭州地铁 1 号线	AB 包 +BOT
38	佛山轨道交通 2 号线	BOT+TOD②
39	北京亦庄新城现代有轨电车 T1 线	BOT

① AB 资产包模式实际上是在 BOT 模式下“妥协”的产物，通过政府初期投入部分建设资金，减小运营期的补贴。具体来说，在轨道交通项目建设过程中，将项目采取分拆运作，即根据物理界面和投资平衡性拆分为两个工作包（资产包），A 部分由政府负责投资建设，B 部分由政府授权出资单位与社会资本合资设立的 PPP 项目公司负责。PPP 项目公司获得授权经营 AB 项目资产（其中 A 部分向政府租赁使用，租金可调节，租期与特许经营期同步），特许经营期满后由 PPP 项目公司将 B 部分资产（设施）全部无偿移交给政府，A 部分租赁协议期满终止。

② TOD 模式：以公共交通为导向的开发模式。TOD 为 Transit-oriented Development 的简写，是规划一个居民或者商业区时，使公共交通的使用最大化的一种非汽车化的规划设计方式。在轨道交通 PPP 项目中应用此模式，一般需要一定的上盖开发或相关土地资源来匹配。

参考文献

[1] 李成彬 . 创意城市：从城市发展史谈起 [J]. 现代管理科学，2014，（6）：90-92.

[2] 苏智良，江文君 . 双城记：上海纽约城市比较研究 [J]. 上海师范大学学报（哲学社会科学版），2008（5）：22-30.

[3] 石俊杰 . 软权力理论透视 [J]. 重庆大学学报（社会科学版），2009（2）：109-113.

[4] 鲁刿歌 . 创意城市：艺术造物视野下的文化想象与环境重塑 [J]. 上海城市管理，2014（4）：76-79.

[5] 王林生 . 伦敦城市创意文化发展“三步走”战略的内涵分析 [J]. 福建论坛（人文社会科学版），2013（6）：48-54.

[6] 吴唯佳，唐燕，向俊波，等 . 特大型城市发展和功能演进规律研究——伦敦、东京、纽约的国际案例比较 [J]. 上海城市规划，2014（6）：25-33.

[7] 玉兰 . 纽约城市转型发展与多元规划 [J]. 国际城市规划，2013，28（6）：19-24.
[8] 项荣 . 轴轮式产业集群演进规律与升级策略研究——以南京浦镇车辆厂为核心的轨道交通产业集群为例 [D]. 南京：东南大学，2009.
[9] 倪鹏飞 . 二十四城各领风骚——点评我国二十四个城市竞争力（二）[J]. 当代经济，2002（5）：9.
[10] 倪鹏飞 . 二十四城各领风骚——点评我国二十四个城市竞争力（三）[J]. 当代经济，2002（6）：27.
[11] 倪鹏飞 . 二十四城各领风骚——点评我国二十四个城市竞争力（四）[J]. 当代经济，2002（7）：22.
[12] 云光中 . 资源型城市产业发展新模式研究 [D]. 武汉：武汉理工大学，2012.
[13] 邓晓丹 . 依托地域优势营造城市核心竞争力 [J]. 中国党政干部论坛，2007（10）：59-60.
[14] 艾瑞克·霍布斯鲍姆 . 帝国的年代（1875—1914）[M]. 贾士蘅，译，北京：中信出版社，2014.
[15] 黄文华 . 城市经营与城市管理和城市治理的关系 [J]. 当代财经，2006（12）：97-100.
[16] 司南 . 公共性视角下城市公共服务价值评价研究 [D]. 济南：山东大学，2015.
[17] 甄峰，秦萧 . 智慧城市顶层设计总体框架研究 [J]. 现代城市研究，2014（10）：7-12.
[18] 李健，张春梅，李海花 . 智慧城市及其评价指标和评估方法研究 [J]. 电信网技术，2012（1）：1-5.

后　记

本书从2014年开始构思，直至2017年出版，三年间数易其稿，汇聚了许多人的智慧和汗水，艰辛异常。然而，对于以“提供城镇化问题综合解决方案”为己任的南京卓远资产管理有限公司（以下简称南京卓远）来说，这一切都是值得的。

早在2012年，南京卓远关于平台公司的著作《通往持续增长之路》出版后，在业界引起巨大反响，该书全面、清晰地阐述了关于平台公司自身发展的逻辑与路径。然而，随着政策调控的持续态势，平台公司的发展格局全面被重塑，仅从平台公司自身来谈转型明显已经不合时宜，业界急需一本更高、更广视角的著作，来全面应对日益错综复杂的发展环境。

从那个时候开始，我们就在不断思考，并打算从“城镇化”这一伟大的时代命题来寻求新的突破口。2014年，适逢《国家新型城镇化规划（2014—2020年）》发布，我们便有了进一步研究城镇化的计划，最初的想法是围绕“人、土地和产业”三个要素，构建一套关于新型城镇化的评价指标体系，用来评价和指引各地的城镇化工作实践，并带动平台公司的发展。

后来，经过反复论证，并广泛征求业界专家的意见和建议，我们将新型城镇化作为研究的起点，但落脚点放在城市，将三大要素中的“人”转变为主体，“土地”升级为资源，“产业”保持不变，并创造性地将迈克尔·波特的钻石模型引入研究过程中，搭建起优势城市的钻石模型。由此一来，新型城镇化、城市和平台公司便在一个有机的系统中有序地展现出来。

这就是本书内容来源的一个简短回顾。我们可以看到，本书并非基于凭空想象，内容也不是孤立存在，它是基于南京卓远与生俱来的使命和与时俱进的定位而出现的，是南京卓远系列丛书中的一本。可以预计，围绕城镇化领域，我们还将有更多、更优秀的书籍出版，一切都是为了“关注城镇化、助推城镇化”，并提供“城镇化问题综合解决方案”。

最后，再次感谢为本书做出努力和牺牲的所有人，没有你们的付出，则没有本书的面世。虽然书中一定还存在诸多不尽如人意的地方，例如，钻石理论的适用性、案例的时效性、结论的严谨性等，我们也将在后续工作中继续予以完善，但是，我相信，只要我们保持这种奋斗和创新的精神，不断从市场和客户那里汲取智慧和能量，南京卓远的出版物一定会日趋精良，达至卓越。